JACQUELINE DAVIES e JEREMY KOURDI

A VERDADE
SOBRE O TALENTO

UM GUIA PARA FORMAR UMA EQUIPE DINÂMICA, CONCRETIZAR POTENCIAIS E AJUDAR OS LÍDERES A TER ÊXITO

Tradução
Beth Honorato

www.dvseditora.com.br
São Paulo, 2013

A VERDADE SOBRE O TALENTO

Um guia para formar uma equipe dinâmica, concretizar potenciais e ajudar os líderes a ter êxito

DVS Editora 2013 - Todos os direitos para a língua portuguesa reservados pela editora.

THE TRUTH ABOUT TALENT

A guide to building a dynamic worforce, realizing potential, and helping leaders succeeed

This edition first published in 2010

Copyright © 2010 John Wiley & Sons Ltd.

All Rights Reserved. Authorised translation from the English language edition published by John Wiley & Sons Limited. Responsibility for the accuracy of the translation rests solely with DVS Editora and is not the responsibility of John Wiley & Sons Limited. No part of this book may be reproduced in any form without the written permission of the original copyright holder,J ohn Wiley & Sons Limited.

Nenhuma parte deste livro poderá ser reproduzida, armazenada em sistema de recuperação, ou transmitida por qualquer meio, seja na forma eletrônica, mecânica, fotocopiada, gravada ou qualquer outra, sem a autorização por escrito do autor.

Tradução: Beth Honorato

Diagramação: Konsept Design e Projetos

```
Dados  Internacionais  de  Catalogação  na  Publicação  (CIP)
       (Câmara  Brasileira  do  Livro,  SP,  Brasil)

       Davies, Jacqueline
          A verdade sobre o talento : um guia para formar
       uma equipe dinâmica, concretizar potenciais e
       ajudar os líderes a ter êxito / Jacqueline
       Davies e Jeremy Kourdi  ; tradução Beth
       Honorato. -- São Paulo : DVS Editora, 2013.

          Título original: The truth about talet.
          ISBN 978-85-88329-91-1

          1. Administração de pessoal 2. Capacidade 3.
       Pessoal - Motivação 4. Talento I. Kourdi, Jeremy.
       II. Título.

13-04319                              CDD-658.314
```

Índices para catálogo sistemático:

1. Motivação de pessoal : Administração de
   empresas   658.314

JACQUELINE DAVIES e **JEREMY KOURDI**

A VERDADE
SOBRE O TALENTO

UM GUIA PARA **FORMAR UMA EQUIPE DINÂMICA, CONCRETIZAR POTENCIAIS** E AJUDAR OS LÍDERES A **TER ÊXITO**

Tradução
Beth Honorato

www.dvseditora.com.br
São Paulo, 2013

Este livro é dedicado a nossos filhos e, em particular, a Alix, que chegou recentemente, e a Ella e Mia, sobrinhas ainda pequenas de Jacqueline. Esperamos ansiosamente um futuro em que vocês possam concretizar todo o seu potencial no trabalho.

Sumário

Introdução   1
Reconhecendo o "ciclo fatal" dos talentos.   3
Sobre nossa pesquisa.   6
    Sete constatações fundamentais.   7
Como este livro está estruturado.   8

1   Agora todos nós temos talento   **15**
O que queremos dizer com talento.   21
A ecologia do talento e a verdade sobre o talento.   23
A verdade sobre o talento.   26
    Agora todos nós temos talento.   30
    O talento é abundante e diverso.   30
    As pessoas talentosas são aquelas que agregam valor, e não
      simplesmente aquelas que conseguem chegar ao topo.   30
    O potencial é discricionário.   30
    Desenvolver e mobilizar o talento é a essência da liderança.   31
    O RH deve ser repensado para oferecer processos para uma
      "força de trabalho de um".   31
    As pessoas talentosas são atraídas para lugares onde estão outras
      também talentosas.   31

2   Uma nova maneira de pensar sobre talento   **33**
O que as empresas pensam sobre talento.   33
    O que queremos dizer com talento.   34
Em que sentido a gestão de talentos está mudando.   37
    Uma oferta de mão de obra fragmentada e flutuante.   38
    Da crise de crédito à crise de capacidade.   40
    Consumo em rede (ou consumo colaborativo).   41

viii A Verdade sobre o Talento

Onde estamos hoje: o problema dos pontos de
vista atuais sobre "talento" nas empresas. — 42

A crença de que o futuro pode ser gerenciado: da sucessão ao
planejamento por cenários. — 43

A crença de que podemos reconhecer hoje nossos líderes do
futuro (e gerenciar sua carreira). — 45

A marcha dos indivíduos com "alto potencial". — 46

Potencial para o quê? — 47

Ser perspicaz. — 49

Indo além dos talentos usuais... — 50

A ascensão do potencial discricionário. — 53

Uma visão mais tangível sobre talento. — 54

Como fazer diferença? — 56

Reflexões sobre liderança. — 57

3 Diversidade de talentos: é preciso crer para ver — 59

Relação entre talento e diversidade. — 59

Meritocracia e diversidade: fontes de talento. — 60

Sapos cozidos e batatas chilenas... por que a diversidade é vital. — 63

Diversidade: a melhor maneira de proteger sua empresa contra a
obsolescência e evitar a homogeneidade. — 65

Uma nova guerra por talentos. — 67

Medidas práticas que começaram a fazer diferença. — 68

Reflexões sobre liderança. — 71

4 Estratégia: iniciando com a finalidade em mente — 73

Estratégia: a primeira prioridade. — 75

Mentalidade e cenários voltados para o futuro. — 76

Por que a mentalidade e os cenários voltados para o futuro são preciosos? — 76

Aprendendo com o passado, preparando-se para o futuro. — 81

Checklist: utilizando o pensamento por cenários. — 82

Desenvolvendo a estratégia. — 86

A essência das estratégias bem-sucedidas. — 86

Checklist: desenvolvendo sua estratégia. — 87

Implantando a estratégia. — 88

Divulgando a estratégia. — 89

Estratégia de RH em ação.	90
Ferramentas estratégicas para o RH.	92
1. Idealizando a estratégia correta de RH	92
2. Estruturando e refinando a estrutura e o foco da empresa	92
3. Influenciando e ampliando a cultura e o ambiente	92
4. Desenvolvendo líderes para o futuro	93
5. Identificando aptidões essenciais	93
6. Gerenciando o desempenho e a recompensa	94
7. Envolvendo as pessoas e aumentando a satisfação	94
8. Aprendendo e gerenciando o conhecimento	94
9. Mantendo o foco e a flexibilidade e gerenciando os serviços de RH	95
Reflexões sobre liderança.	95
Perguntas-chave.	96

5   Contratar e interligar: desenvolvendo a ecologia do talento de sua empresa   99

Encontrando e nutrindo talentos.	99
Gerenciando a ecologia do talento.	101
O impacto do mercado externo.	102
O vínculo fundamental com a estratégia.	103
Talento: um cavalo de Troia valioso.	103
O profissional talentoso adora empresas talentosas.	104
O papel esquecido da estrutura.	106
Do organograma ao capital social.	108
A importância das redes.	110
A natureza das equipes talentosas.	111
Adotando novos hábitos.	112
Como a cultura pode ser crucial para o sucesso ou o fracasso da estratégia de talento.	113
Cavando grandes buracos	114
A revanche da curva de Gauss (ou curva "em forma de sino").	116
As culturas que atraem talentos.	117
Desenvolvendo a ecologia do talento.	121
Quando a meta é obter um efeito "roda volante".	122
Reflexões sobre liderança.	122

x A Verdade sobre o Talento

6 Personalização: a força de trabalho de um só   125

Levando seus talentos para o local de trabalho   125

A vida simplesmente se tornou personalizada: a tendência à customização em massa.   126

A ascensão da marca do empregador.   128

A importância da segmentação.   129

Compreendendo o que é memética   130

Segmentando o talento.   133

Técnicas para classificar o desempenho.   133

Utilizando dados sobre os funcionários.   134

Investigando a fundo a proposição de valor do funcionário.   135

Reflexões sobre liderança.   137

7 Envolvendo-se com os talentos   141

Envolvimento do funcionário: o que é e por que ele é importante?   141

Os benefícios do envolvimento   143

O que afeta o envolvimento dos funcionários?   144

Teoria dos três fatores.   147

Envolvimento e os três fatores.   149

Checklist: associando o entusiasmo dos funcionários com o sucesso empresarial.   150

A regra dos 150: Gore Associates.   157

Sears e a cadeia de lucratividade em serviços.   158

Criando uma atmosfera de envolvimento.   160

Percebendo o que não funciona.   160

Envolvendo as pessoas.   161

Reflexões sobre liderança.   163

8 O significado do trabalho   167

O significado do trabalho.   **167**

A importância do significado do trabalho.   171

Pessoas: muito mais que "recursos humanos".   172

Fazendo com que o trabalho se torne mais significativo.   172

Reflexões sobre liderança.   174

9 Liderando talentos — 177

Os desafios para a liderança do século XXI. — 178

Globalização, interconexão e interdependência. — 180

Complexidade crescente — 182

O desafio do crescimento sustentável. — 183

A necessidade de inovação. — 185

Mudando atitudes, elevando as expectativas. — 186

As organizações estão mudando. — 189

O conhecimento conta. — 190

Uma nova abordagem sobre liderança. — 191

Um caso de negócios — 192

As pessoas são a resposta (especificamente sua cabeça, coração e instinto). — 193

Conhecendo seu estilo de liderança. — 194

Conhecendo os diferentes estilos de liderança. — 195

Levando a liderança a sério. — 197

Reflexões sobre liderança. — 201

10 Técnicas para concretizar o talento de toda a sua força de trabalho — 203

Liderando com o coração. — 205

Equilibre as necessidades dos indivíduos e da empresa. — 205

Procure se conhecer e relacione-se emocionalmente com os outros. — 205

Procure sempre se conhecer. — 206

Desenvolva a empatia. — 207

Mantenha o controle. — 208

Utilize diferentes formas de trabalhar. — 209

Desenvolva a inteligência emocional (QE). — 210

Inspire confiança. — 211

Utilize a visionariedade para aumentar a colaboração e o entendimento — 228

Desenvolva a criatividade e a inovação. — 231

Desenvolva uma equipe diversa e uma postura empática. — 232

Utilizando o intelecto, a inteligência e a percepção. — 233

Repensar — 233

Reestruturar. — 234

Concentrar-se nos resultados e em fazer as coisas acontecerem. — 235

Desenvolver e expressar um ponto de vista. — 236

xii A Verdade sobre o Talento

Liderança com coragem. 237

Assumir riscos com informações incompletas. 237

Equilibrar risco e recompensa. 238

Agir com integridade, inexoravelmente. 239

Comunicar-se corretamente e no momento certo. 239

Dar autonomia e delegar poderes às pessoas. 241

Aconselhar e desenvolver talentos. 243

Conclusão: Criando uma roda volante de talentos **251**

Analise o talento com base no contexto. 253

Trate todas as pessoas como sendo talentosas. 254

Concentre-se na agregação de valor. 254

Personalize o trabalho. 255

Desenvolva o potencial de todos. 255

Leve a liderança a sério. 256

Cultive a ecologia do talento. 257

Apêndice: Investigando a verdade sobre o talento **259**

Agradecimentos quanto à pesquisa. 261

Índice remissivo **265**

Introdução

"O futuro é uma corrida entre a educação e a catástrofe."

H. G. Wells

O início de nossas pesquisas para este livro coincidiu com a maior crise econômica de nossos tempos. Curiosamente, isso aumentou a sensação de insegurança com relação ao emprego, evidenciando, ao mesmo tempo, um conjunto de opiniões vociferantes sobre como as empresas devem ser dirigidas e ampliando o debate público a respeito de como as empresas assumem riscos e sobre a personalidade dos executivos que os legitimam. Com a quebra do banco Lehman, uma onda de execuções hipotecárias comerciais se seguiu em todos os cantos do mundo. Pela primeira vez desde a Segunda Guerra Mundial, os governos começaram a intervir nos mercados para evitar que o sistema financeiro entrasse em colapso. Os bancos abriram seu capital e efígies de banqueiros foram enforcadas nos postes de iluminação de Londres. O desemprego nos Estados Unidos da América (EUA) chegou a 10%, o maior índice desde a Grande Depressão, em 1929.

No âmbito social, também havíamos entrado em uma nova era. Com o aumento de crédito e dos salários, começamos a nos preocupar com o consumo. As emissões de carbono e as mudanças climáticas dominavam as pautas da mídia: tentar viver de uma maneira mais sustentável passou a ser uma preocupação pública. Começamos a perceber nossa interdependência e relação com as comunidades no outro lado do mundo, questionando como era possível fabricar roupas com apenas alguns centavos de dólar e investigando de perto os métodos de produção e contratação das empresas que haviam conseguido isso.

Paralelamente, o debate sobre o próprio trabalho havia atingido a maioridade. Na "blogosefera", inúmeros opinantes questionavam por que o trabalho estava tão "fora de moda". Eles apontavam para mudanças sociais — particularmente as redes de base tecnológica e a tendência à customização do consumo — e indagando: **"Por que não trabalhamos dessa maneira?"** Observamos igualmente uma imensa proliferação dos *sites* de avaliação de empregadores, o que guarda grandes semelhanças com a tendência do consumidor-cidadão, em que os clientes avaliam os serviços e orientam uns aos outros sobre problemas de qualidade ou entrega. Os funcionários estavam se conectando à Internet para falar sobre suas verdadeiras experiências profissionais e para classificar publicamente o desempenho dos respectivos principais diretores executivos (CEOs, ou seja, *chiefs executive officers*).

Com base em nossa revisão de literatura e de opiniões sobre a **gestão de talentos**, também víamos com nitidez que uma mudança de perspectiva estava a caminho. Percebemos que os críticos começavam a questionar a eficiência das técnicas convencionais e do respectivo retorno sobre o investimento. A crítica mais ousada partiu de Peter Cappelli, em seu excelente livro *Talent on Demand* (*Talento sob Demanda*), que mapeou a ascensão e queda da **era da gestão de talentos**. A principal declaração de Cappelli é de que os métodos de gestão de talentos são da década de 1950 e que o vaivém do mercado de trabalho exige uma abordagem mais dinâmica. Ele propõe um método de gestão de oferta *just-in-time* (no tempo exato), para assegurar que as empresas tenham o talento necessário no exato momento em que precisam. Isso minimizaria o risco de as empresas terem um "estoque" subutilizado — muitos ou poucos talentos à disposição, com habilidades insuficientes ou vagas que restringem o crescimento. Sua proposta de adoção da estratégia "formar e contratar"* é, em nossa opinião, a mais pragmática que já vimos. Ela exige uma previsão mais sofisticada e mais ofertas de desenvolvimento *just-in-time*.

Embora apoiemos essa iniciativa, ao que parece o sucesso desses dois métodos (formar e contratar) depende totalmente da cultura, da estratégia e das relações organizacionais nas quais elas se assentam. Essa dimensão "sistêmica" do problema do talento é subestimada nas publicações mais abrangentes, em que os comentaristas enfocam formas cada vez mais sofisticadas de encontrar e desenvolver os "funcionários mais brilhantes" e os "futuros líderes". Isso ocorre na cultura empresarial ocidental, na qual o talento está relacionado ao potencial de um indivíduo de ocupar níveis hierárquicos executivos, e deu lugar a uma série de métodos de gestão de talentos, todos eles preocupados em selecionar (e eliminar) os indivíduos com base em dois grupos: o que inclui as **"pessoas de talento"** e o que inclui todos os **demais**. Conquanto nesse caso a argumentação a princípio

---

* N. da T.: O nome original dessa estratégia é *make or buy* (fazer/formar/comprar ou comprar/terceirizar/contratar). No contexto da gestão de talentos, optamos por formar *versus* contratar.

seja convincente — "temos poucos recursos e só podemos investir naqueles que nos oferecerão o melhor retorno sobre o investimento" —, nosso ceticismo sobre isso e se de fato essa estratégia gerou os benefícios que havia prometido.

Reconhecendo o "ciclo fatal" dos talentos.

Enquanto profissionais dessa área, compramos essa ideia e trabalhamos durante vários anos para torná-la uma realidade. Trabalhamos com diretores executivos e realizamos amplas revisões de talentos.** Trabalhamos com psicólogos para avaliar o potencial das pessoas. Trabalhamos com especialistas tecnológicos para criar bancos de dados e capturar habilidades na força de trabalho. Trabalhamos como *coach* (orientador) de "talentos". Trabalhamos com recrutadores para varrer o mercado em busca de mais talentos. E mesmo assim, ao refletir sobre a diferença que essa atividade de fato estava fazendo, percebemos que isso ainda não era suficiente.

Isso não quer dizer que o trabalho que estávamos realizando não tivesse valia; ele tinha. Oferecemos aos diretores executivos maior discernimento para que fundamentassem suas decisões. Nossos sistemas diminuíram a carga administrativa e os indivíduos com os quais trabalhamos ganharam maior capacitação. Podíamos (e assim o fizemos) avaliar nossos resultados em cada uma dessas atividades, e em todas as áreas foi possível identificar uma melhoria. Foi no momento em que retrocedemos e examinamos o quadro geral que conseguimos perceber que o problema da dinâmica da qualidade e da oferta das organizações que buscam talentos não havia sido solucionado. Tal como outros profissionais dessa área, continuamos a pelejar com a atração e retenção, tentando resolver esse problema com remunerações cada vez altas. Embora pudéssemos oferecer aos nossos "talentos" treinamento executivo de primeira qualidade, nossa luta para transferi-los para novos cargos era contínua.

Essa luta era sistêmica e o sucesso era garantido apenas quando inúmeros fatores organizacionais e individuais complexos se alinhavam. Os indivíduos tinham aptidão para mudar de cargo? Eles confiavam suficientemente em seus che-

---

** N. da T.: O termo original é *talent review*, um conjunto de ferramentas de gestão estratégica que reúne três componentes: *scorecard* (gestão de desempenho), plano de desenvolvimento e matriz de desempenho/potencial e currículo interno.

fes para assumir o risco? As empresas em que eles trabalhavam eram capazes de demiti-los? Havia recursos humanos suficientes para repô-los? E assim por diante.

Na verdade, metaforicamente falando, havíamos tapado os problemas óbvios com um esparadrapo sem de fato chegar à raiz do problema.

Ao conversar com nossos colegas em outras empresas, eles também falaram a respeito do trabalho monótono e interminável das revisões de talentos, do planejamento de sucessão e das atividades de análise e desenvolvimento. Muitos estavam enfastiados com a máquina burocrática que praticamente parecia ter ganhado vida própria. Embora todos estivessem ocupados, pouquíssimos conseguiam indicar com sinceridade a **vantagem comercial das atividades de desenvolvimento de talentos**. Podíamos falar sobre os riscos que havíamos enfrentado, mas não sobre como as outras atividades tenham contribuído para o sucesso de longo prazo de nossas empresas. Por que os diretores de *marketing*, os diretores de produto e os diretores financeiros tornam-se presidentes, diretores executivos e membros do conselho com uma frequência bem maior do que os diretores de recursos humanos? Será que isso tem a ver com a falta de relação percebida entre o trabalho dos profissionais de recursos humanos (RH) e o impacto comercial direto sobre a empresa?

Percebemos que as empresas seguem um "ciclo ou espiral de destruição" com relação aos talentos:

O ciclo de destruição dos talentos

Acreditamos que hoje muitas empresas estejam presas a essa espiral sistêmica, o que gera consequências importantes para a governança corporativa e o banco de talentos disponível. Duas histórias famosas sobre a sucessão de diretores executivos nos fazem lembrar nitidamente disso. Coincidentemente, em fevereiro de 2010, a diretoria da maior varejista do Reino Unido, a Marks & Spencer, e a principal emissora comercial do Reino Unido, a ITV, anunciaram os sucessores dos seus diretores executivos na mesma semana. Essas duas nomeações atraíram grande atenção, particularmente porque ambos eram candidatos externos contratados por um valor, segundo consta, superior a 15 milhões de libras cada um. Como isso ocorreu em uma conjuntura econômica difícil, naturalmente muitas pessoas ficaram perplexas — não apenas pelo valor astronômico do pacote de remuneração, mas também pelo fato de pagarem esses salários altíssimos independentemente do desempenho da empresa.

A justificativa utilizada por essas duas empresas para defender suas decisões foi de que a **disponibilidade de talentos era pequena**: uma simples questão de oferta e demanda. Não pela primeira vez, essa resposta provocou uma mordaz reprovação entre vários comentaristas, céticos de que essas empresas importantes não tivessem conseguido preparar sucessores internos. O que muitas pessoas consideraram chocante foi o fato de não haver nenhum planejamento de sucessão e nenhum candidato interno adequado para dois cargos mais visíveis e mais significativos do ponto de vista comercial no Reino Unido. Resignadas a olhar para fora da empresa, ambas as diretorias constataram então que o banco de talentos de altos executivos era, aparentemente, muito pequeno. Ou essas duas sociedades anônimas do Reino Unido não desenvolveram diretores capazes de dirigir uma empresa de grande porte ou as diretorias das maiores e melhores empresas britânicas simplesmente não consegue encontrá-los. Obviamente, como a punição por erros (por escolha inadequada do executivo) desse nível é superior a 15 milhões de libras por cargo, sem falar dos problemas de incerteza e demora na substituição de um diretor executivo, essa é uma **ineficiência alarmante** que precisa ser corrigida.

Os métodos de gestão de talentos estão verdadeiramente à deriva com relação à estratégia e aos desafios que as empresas enfrentam no presente.

O que parece mais provável não é a pouca oferta de altos executivos importantes e capacitados, mas simplesmente o fato de os conselhos de administração com frequência ficarem totalmente alheios às várias pessoas negligenciadas e subestimadas que são extremamente capazes de dirigir uma empresa grande e complexa. Como os conselhos estão no topo da hierarquia, eles escapam impunes com uma arrogância cega ao dizer que "a oferta de pessoas capazes de estar ao nosso lado e dirigir a empresa é inacreditavelmente pequena". Essa crença, na melhor das hipóteses, é sem base (desinformada) e provavelmente egocêntrica. Pode ser que existam muitas outras pessoas que consigam dirigir bem grandes empresas comerciais. Entretanto, elas não têm oportunidade, na medida em que os diretores e os caçadores de talentos (*head-hunters*) preferem escolher astros com um ótimo currículo. Em outras palavras, eles preferem a primeira opção segura.

Este livro é um produto de nossas pesquisas sobre o que poderia estar provocando esse ciclo de destruição (ou fatal). Ele se baseia em longas conversas com grupos de interesse e profissionais de RH envolvidos com o sistema de gestão de talentos. Conversamos com altos executivos e caçadores de talentos e também com pessoas que foram consideradas "talentosas" e com aquelas que não o foram. Conduzimos também um levantamento global anônimo junto a 300 executivos da Europa, dos EUA, da América do Sul, do Oriente Médio, da Índia e da China. A única coisa que eles tinham em comum era uma frustração com a maneira como a gestão de talentos estava sendo conduzida.

Sobre nossa pesquisa.

O objetivo de nossa pesquisa era compreender melhor as crenças e suposições das pessoas a respeito do talento e de que forma isso poderia influenciar os métodos atuais. Utilizamos nossas pesquisas para voltar aos primeiros princípios e abordar várias questões:

- O que é "talento" e por que precisamos dele?
- Por que, mesmo em um período de recessão econômica, nunca existem talentos suficientes?
- Até que ponto o talento é uma ideia universal e global?
- Por que, não obstante a "escassez", mulheres e pessoas talentosas de grupos minoritários ainda não conseguem ocupar cargos importantes?
- Existe alguma relação entre a escassez de talentos percebida e a nossa forma de enxergar o trabalho hoje em dia?
- Quem de fato tem controle sobre os talentos?

- Quais são os rituais, os comportamentos e os métodos que influenciam o modo como as pessoas talentosas são gerenciadas?

Sete constatações fundamentais.
O que constatamos foi surpreendente, encorajador e, em algumas circunstâncias, complexo. Em termos gerais, constatamos que os métodos de gestão de talentos estavam distanciados da estratégia e dos desafios que as empresas enfrentam atualmente. Sintetizamos essas percepções em um conjunto de sete constatações (*insights*) principais:

1º) A necessidade de reavaliar como as pessoas contribuem e agregam valor na economia moderna — trata-se de uma questão de **conhecimento, inovação** e **desenvolvimento de relacionamentos** no presente, e não de potencial executivo no futuro.

2º) A necessidade de contestar o pensamento convencional de que o talento está relacionado a **"alguns poucos especiais"** e não a **"muitos vitais"**. Será que talvez não tenhamos o suficiente porque estamos sempre buscando talentos em lugares errados e agindo de maneira errada?

> *Na melhor das hipóteses, parece absurdo afirmar que as "pessoas são nosso melhor patrimônio" e depois desprezar consideravelmente os talentos e as aspirações da maioria.*

3º) As situações que as empresas estão enfrentando são difíceis e competitivas e os mercados estão turbulentos. Para resistir a isso, precisamos criar empresas talentosas **e** indivíduos talentosos.

4º) A interdependência entre as pessoas de uma organização e as pessoas de outras empresas é fundamental. A maneira como os indivíduos apoiam-se uns nos outros e o talento é alcançado por meio de laços sociais e de equipe faz uma diferença decisiva e marcante.

5º) Os indivíduos controlam quando e com quem desejam compartilhar seu potencial. A ideia de que uma empresa pode gerenciar o talento e o potencial é um conceito superado.

6º) A própria natureza do trabalho é imensamente importante. O grau de estímulo e envolvimento do trabalho — e como as pessoas conseguem se conectar com o que elas fazem e perceber a enorme diferença que isso faz — é **vital**.

7º) A forma como os talentos são criados é influenciada pela **"ecologia"** da empresa como um todo — seu senso de propósito, seus ritos, o comportamento de seus diretores, o método de contratação e demissão de funcionários, tudo isso influencia o desenvolvimento de talentos.

8 A Verdade sobre o Talento

Essas observações evidenciam a necessidade de compreender a dimensão social da dinâmica do talento. Ficamos durante muito tempo preocupados com o capital humano: as habilidades e os recursos que cada indivíduo oferece, isto é, os **"fatores internos dos funcionários"**. Contudo, deixamos de examinar o papel desempenhado pelo capital social — os **"fatores entre os funcionários"**.

Como este livro está estruturado.

Escrevemos este livro com o objetivo de apresentar algumas ideias para escapar do ciclo destrutivo do talento. As ideias que oferecemos são intencionalmente provocativas. Nossa intenção, neste livro, é estimular novas perspectivas e métodos. Isso porque as verdades mais importantes a respeito do talento são as crenças que sustentamos sobre ele.

No Capítulo 1, "Agora todos nós temos talento", primeiramente refutamos inúmeras crenças básicas que alimentamos sobre o talento. Examinamos de perto várias histórias individuais — Gary Flandro, estagiário de verão da Nasa, bem como de Bob Woodward e Carl Bernstein, jornalistas que perseguiram obstinadamente a investigação de Watergate — e refletimos sobre a capacidade desses indivíduos de se destacarem e, com isso, entrar para a história.

Constatamos que os talentos podem vir de lugares inesperados e que o sucesso dos indivíduos depende em grande medida de um trabalho árduo, do senso de oportunidade e do apoio de outros colegas. Nesse sentido, acreditamos que esta é a hora certa para compreender melhor as condições oferecidas aos talentos e em que **amplitude** a personalidade da empresa define o **desempenho** e o **desenvolvimento dos indivíduos**.

O Capítulo 2, "Uma nova maneira de pensar sobre o talento", ressalta o fato puro e simples de que, para compreender e lidar com o conceito de talento, é necessário compreender para que ele serve. Examinamos até que ponto a configuração variável de nossas economias está determinando diferentes necessidades em nossas empresas e de que forma isso está influenciando a demanda por talentos. Mais do que nunca, nossas empresas precisam ser rápidas e adaptáveis e estar interligadas. Isso determina a demanda por um portfólio mais amplo de pessoas talentosas, que, independentemente de sua função, sejam capazes de gerar um **valor sustentável**.

No lado da oferta, três tendências significativas estão convergindo: a **oferta oscilante de mão de obra**, uma **crise de aptidões** e um maior **consumo em rede.*** Analisamos o impacto da retração econômica global sobre o mercado de trabalho, observando que a insegurança quanto aos fundos de pensão postergou a aposentadoria prevista dos *baby boomers* (pessoas nascidas entre 1945 e 1964). Além disso, não obstante essa elevação temporária da oferta de mão de obra, ainda existe uma escassez de habilidades fundamentais. Acreditamos que essa "escassez de aptidões ou de capacidade" está sendo provocada por um sistema educacional cuja concepção está mais direcionada à era industrial do que à era da informação. Como H. G. Wells ressaltou: "O futuro é uma corrida entre a educação e a catástrofe" — e essa incapacidade de preparar adequadamente nossos filhos para o novo mundo do trabalho é o aspecto mais problemático da oferta futura de talentos.

Dirigir nossa atenção para pequenos grupos com grande potencial deixa nossas empresas perigosamente vulneráveis a conjunturas econômicas instáveis.

A isso estão associadas mudanças dinâmicas em nossa vida social, com frequência provocadas pela inovação tecnológica, e acreditamos que isso não esteja repercutindo nos ambientes de trabalho ou na maneira de prepararmos nossos talentos. Examinamos uma questão crucial — **potencial para o quê?** — e explicamos por que a atenção dirigida a pequenos grupos com grande potencial expõe perigosamente nossas empresas a conjunturas econômicas instáveis.

Diante dessas mudanças significativas, as empresas prosperarão por meio da diferenciação, um fato explicado no Capítulo 3, "Diversidade de talentos: é preciso crer para ver". Essa **diferenciação** é alcançada por meio da **inovação** e, mais especificamente, pela capacidade de reagir às exigências variáveis de diferentes grupos de consumidores. Por que motivo, então, a liderança das empresas continua tendo um aspecto tão homogeneizado? É surpreendente que, não obstante a maior diversidade na sociedade e no consumo (as mulheres tomam mais de 70% das decisões de compra no mundo desenvolvido e em torno de 300 bilhões de libras esterlinas são gastos ao todo no Reino Unido por ano por indivíduos acima de 55 anos, por pessoas com deficiência e pela comunidade

---

* N. da T.: O termo *connected consumption* (consumo em rede), também chamado de consumo colaborativo, baseia-se em uma cultura de acesso, utilização e recirculação de bens e serviços em que não se utiliza a tradicional aquisição ou troca monetária. No consumo colaborativo, o verbo **comprar** é substituído por **compartilhar**, trocar, emprestar e alugar.

gay), isso não se reflita na liderança de nossas empresas. É por essa razão que perguntamos se nossos métodos convencionais de identificação de talentos não estariam exacerbando essa lacuna com relação à diversidade.

A necessidade de obter uma vantagem empresarial prática quanto à forma como as pessoas são gerenciadas e dirigidas é o tema do Capítulo 4, "Estratégia: iniciando com a finalidade em mente". Esse capítulo explica que a **estratégia** é a primeira prioridade e abrange outras atividades, como atendimento aos clientes e agregação de valor, gestão financeira, inovação e liderança de pessoas. Infelizmente, estratégia é uma palavra empregada excessivamente e não raro se faz com que ela pareça "magia negra" — na verdade, estratégia significa meramente mudar uma empresa da posição em que ela se encontra no presente para a posição que ela deseja estar no futuro. Isso traz à tona o fato de que nesse percurso indispensável uma função que tem sido surpreendentemente e sistematicamente negligenciada e subvalorizada é a dos profissionais seniores de RH.

> *Pessoa talentosa é qualquer indivíduo que agrega valor a uma empresa ou a uma atividade, um conceito ao mesmo tempo simples, vital e com frequência instigante.*

Esse capítulo também apresenta vários instrumentos práticos que possibilitam que as empresas embarquem nessa jornada estratégica na posição em que se encontram no presente para chegar à posição em que precisam estar. Esses instrumentos abrangem o **planejamento por cenários**, bem como os princípios básicos de desenvolvimento, implantação e divulgação da estratégia. Esse capítulo apresenta também instrumentos estratégicos para os profissionais de RH que lhes permitem mobilizar, estimular e dirigir as mentes de talento para que conduzam a empresa na direção correta. Não temos dúvida de que, se isso ocorrer com maior frequência, e os profissionais de RH associarem diretamente o que eles fazem com a estratégia e as prioridades bem demarcadas da empresa, veremos muito mais pessoas nos cargos corporativos mais altos — por exemplo, presidência do conselho e diretoria executiva.

No Capítulo 5, "Contratar e interligar: desenvolvendo a ecologia do talento de sua empresa", examinamos de perto o desafio da implantação de estratégias. Uma questão importante, porém não muito bem compreendida, é a necessidade de criar condições adequadas para que as pessoas de talento prosperem, o que chamamos de **ecologia do talento**, algo vital quando desejamos que as pessoas de talento desempenhem seu papel. Isso é fundamental porque garante que essas pessoas e a respectiva empresa atinjam seu verdadeiro potencial. Os fatores que modelam a ecologia do talento são explicados nesse capítulo, notadamente as condições externas do mercado e sua correlação com a estratégia da empresa.

Além de explicar de que forma a **ecologia do talento** é gerenciada, examinamos a questão de que a **pessoa talentosa** é qualquer indivíduo que **agrega valor** a uma empresa ou a uma atividade, um conceito ao mesmo tempo simples, vital e com frequência instigante. Adicionalmente, falamos sobre a melhor forma de encontrar e nutrir talentos, a necessidade de ter a estrutura correta, a importância das redes e a natureza das equipes talentosas. Esse capítulo mostra que a cultura da empresa pode determinar o sucesso ou fracasso de sua estratégia. Recorremos também a uma metáfora inteligente e extremamente apropriada do escritor de negócios Jim Collins e apresentamos o **"efeito volante"**, em que as mudanças pequenas e incrementais na cultura de uma empresa geram gradativamente um forte impulso entre todos os envolvidos.

As questões cada vez mais significativas relacionadas à marca do empregador, da proposição de valor ao funcionário e da segmentação são explicadas no Capítulo 6, "Personalização: a força de trabalho de um". A questão aqui é que a mobilidade geográfica e social da mão de obra aumentou sensivelmente no espaço de uma geração. As pessoas estão preocupadas consigo mesmas e com seu futuro e elas podem fazer alguma coisa a esse respeito. Com relação aos empregadores ocidentais, o conceito de desenvolver uma carreira para o resto da vida **evaporou**. Isso influi de consideravelmente na forma como as pessoas são gerenciadas. Os funcionários precisam ser estimulados a empregar todos os seus talentos no trabalho. Essa situação foi defendida calorosamente por gurus de negócios como Ricardo Semler há quase duas décadas, mas hoje ela é ainda mais urgente. Na economia do século XXI, o momento de enxergar os funcionários como uma "força de trabalho única especial" está ficando para trás. Um método mais adequado é a customização em massa, em que a pessoa é vista como uma "força de trabalho de um" (individual).

Defrontar-se com esse desafio não é uma tarefa fácil. Um dos desafios fundamentais enfrentados pela liderança é a **criação de valor** (a característica que define os funcionários talentosos), e essa tarefa está descrita no Capítulo 7, "Envolvendo-se com os talentos". O envolvimento dos funcionários é vital para melhorar o desempenho, a eficiência e a produtividade da empresa. O raciocínio por trás do envolvimento ou engajamento dos funcionários é simples. Se os funcionários de uma empresa estiverem envolvidos assiduamente com seu trabalho — não apenas motivados, mas valorizando o que fazem e se esforçando para fazê-lo melhor em todos os momentos —, eles serão mais produtivos para a empresa e ficarão mais propensos a implantar qualquer nova estratégia e também mais satisfeitos consigo mesmos. O truque é sair de uma situação em que as pessoas talvez estejam (ou talvez não estejam) **apenas contentes** e **motivadas** para uma situação de trabalho em que elas sejam sempre **leais** e estejam invariavelmente **comprometidas** e **envolvidas** com seu trabalho.

No Capítulo 8, "O significado do trabalho", analisamos por que as pessoas são muito mais que **"recursos humanos"** e por que, no futuro, o trabalho precisará ser mais pessoal e significativo. Embora da boca para fora isso seja fácil de dizer e possa soar de maneira otimista — até ingênua —, não há dúvida de que para a maioria dos funcionários o significado é importante. Considere, por exemplo, o grau de sucesso das empresas com relação aos seguintes desafios:

- Sua empresa tenta realizar uma mudança positiva na sociedade, fazendo coisas de maneira diferente e melhor?
- Os dirigentes estão criando as condições corretas para que seus funcionários possam se desenvolver, prosperar e serem bem-sucedidos?
- Os valores de sua empresa de fato informam e orientam as pessoas com relação à forma como elas devem trabalhar (ou esses valores não passam de palavras vazias)?
- As pessoas têm orgulho de trabalhar em sua empresa?
- Confiança, entusiasmo e relacionamentos sólidos são considerados elementos triviais?

Essas questões também ancoram o Capítulo 9, "Liderando talentos", que mostra como o desafio de liderar tem mudado nos últimos anos. Atualmente, alguns dos maiores desafios e oportunidades para os empresários são desencadeados por estes três fatores: maior **globalização, interconexão** e **interdependência**. Por esse motivo, a complexidade e a necessidade de crescimento, inovação e de uma abordagem que atenda às expectativas dos clientes e funcionários são crescentes.

Entretanto, existe uma resposta, que é investigada no Capítulo 10, "Técnicas para concretizar o talento de toda a sua força de trabalho", para analisar a relação entre a liderança e os talentos e responder várias questões:

"De que forma você atrai pessoas capacitadas para a sua empresa e pode assegurar que elas realizem seu pleno potencial?"

"De que forma você estimula, envolve e inspira as pessoas em todos os níveis para que elas alcancem seu pleno potencial ou até se superem?"

"Qual é o apoio prático as pessoas de fato desejam obter no trabalho e qual apoio elas recebem?"

"Mais importante do que isso, como você pode desenvolver uma força de trabalho dinâmica, ajudar as pessoas a concretizar seu potencial e possibilitar que elas tenham sucesso?"

A resposta para vários desses desafios enfrentados pela liderança pode ser encontrada:

- utilizando a intuição e a inteligência emocional;
- utilizando o intelecto, a inteligência e o discernimento;
- demonstrando integridade e uma liderança decisiva e corajosa.

Há uma conclusão denominada **"criando uma roda volante de talentos"**, na qual se une esses temas e se explica de que forma é possível criar um sistema, o efeito **roda volante do talento**, e promover o progresso contínuo e implacável da empresa e de cada um dos seus profissionais talentosos.

Capítulo 1

Agora todos nós temos talento

"Os biólogos sempre falam sobre a 'ecologia' de um organismo: o carvalho mais alto da floresta não é apenas o mais alto porque se desenvolveu da abelota mais resistente: ele é o mais alto também porque nenhum outro lhe bloqueou a luz do sol, o solo ao seu redor era profundo e rico, nenhum coelho roeu-lhe a casca como normalmente roe um broto e nenhum lenhador o cortou antes que ele amadurecesse."

Malcolm Gladwell, *Fora de Série* (Sextante, 2008)

O que é talento e qual o melhor ponto de vista sobre talento? Este capítulo explica o que é talento e por que acreditamos **que não é possível gerenciá-lo**. Apresentamos aqui as principais questões, particularmente o ponto de vista de que o contexto em que o talento atua é tão importante quanto aquele do indivíduo, e o fato de que envolver toda a força de trabalho não é simplesmente uma das várias tarefas da liderança; **é a liderança propriamente dita**. Além disso, o que é crucial, este capítulo explica por que as abordagens elitistas sobre gestão de talentos não funcionam e por que as empresas bem-sucedidas precisam concretizar melhor o potencial dos diferentes tipos de talento presentes em sua força de trabalho.

No verão de 1965, Gary Flandro trabalhava como estagiário na agência espacial da Nasa. Nessa época, a Nasa estava em meio às primeiras missões da Marinha a Marte, e Flandro recebeu uma incumbência de rotina e supostamente bem menos interessante de calcular, detalhadamente, o movimento e as posições relativas dos planetas e o melhor momento para lançar a sonda para uma futura expedição a Júpiter.

16 A Verdade sobre o Talento

Gary Flandro demonstrou cuidado e entusiasmo por essa incumbência. Sabendo que o campo gravitacional de um planeta poderia lançar uma sonda para outro alvo com uma velocidade bem maior, Flandro calculou em que momento os quatro maiores planetas do sistema solar (Júpiter, Saturno, Urano e Netuno) estariam no mesmo lado do Sol, na mesma proximidade. Em seguida, calculou que um momento específico para uma missão a Júpiter possibilitaria também, em virtude da proximidade, lançar a sonda utilizando a órbita de um dos quatro planetas externos para visitar o seguinte e continuar sua jornada. Por fim, Gary Flandro calculou que somente uma vez a cada 175 anos os quatro planetas estariam próximos o suficiente para tornar uma missão desse tipo viável.

Esse foi um avanço extraordinário na exploração espacial: Flandro, estudante de mestrado em estágio de verão, descobriu o que ficou conhecido como a missão *Grand Tour* por vários planetas — um feito que utiliza a gravidade para possibilitar que uma espaçonave (como foi a *Voyager*) explore os quatro maiores planetas do sistema solar. Isso levou a Nasa a lançar a *Pioneer* e *Voyager*, sondas espaciais extremamente bem-sucedidas que, durante as décadas de 1970, 1980 e 1990, contribuíram significativamente para o conhecimento sobre o sistema solar. Hoje, a Voyager é o objeto mais distante e viajado na história humana, e a jornada de Gary Flandro é igualmente interessante. Durante vários anos ele foi professor de exploração espacial na Universidade do Tennessee e acabou sendo incluído pelo Instituto Americano de Aeronáutica e Astronáutica entre os 30 maiores colaboradores do mundo para o campo da aeronáutica. Nada mal para um jovem estudante que recebeu a incumbência de concluir uma tarefa de rotina!

Outro norte-americano da mesma geração de Gary Flandro é Roberto Woodward, nascido em março de 1943, em Illinois. Ele estudou história e literatura inglesa na Universidade de Yale e concluiu o bacharelado em 1965, antes de iniciar um período de serviço de cinco anos na Marinha dos EUA. Depois de ser dispensado como tenente em agosto de 1970, Woodward pensou na possibilidade de fazer direito, mas acabou se inscrevendo para uma vaga de jornalista no *The Washington Post*. Ele cumpriu um período de experiência de duas semanas, mas não foi contratado porque não tinha experiência em jornalismo. Após um ano no *Montgomery Sentinel*, jornal semanal nas redondezas de Washington, DC, ele foi contratado como jornalista do *The Washington Post* em setembro de 1971. Durante sua permanência nesse jornal, Bob Woodward formou uma parceria com outro jornalista, Carl Bernstein, que estudara na Universidade de

Maryland, mas não havia se formado. Juntos, esses dois jovens jornalistas, relativamente inexperientes, perseguiram obstinadamente a investigação que viria a se tornar o escândalo de Watergate e que com o tempo ocasionaria a **primeira renúncia** de um presidente na história norte-americana — a renúncia de Richard Nixon à presidência em agosto de 1974.

Em *A Good Life* (*Uma Boa Vida*), autobiografia publicada em 1995, o ex-editor-chefe do *The Washington Post*, Ben Bradlee, deu destaque a Bob Woodward no prefácio, comentando que ele não podia subestimar as contribuições de Woodward, um jornalista que Bradlee considerava o **melhor de sua geração** e o melhor que já havia visto. Tanto Woodward quanto Bernstein mantiveram sua posição no ponto mais alto de sua profissão (e, felizmente, presidentes norte-americanos subsequentes também parecem ter elevado seu nível de atuação).

Mas o que as histórias de Gary Flandro, Bob Woodward e Carl Bernstein tem a ver com nossa percepção sobre gestão de talentos? Vários fatos são bastante óbvios, enquanto outros exigem um pouco mais de reflexão.

Primeiramente, **talento** exige **esforço**. É tentador pressupor que as pessoas mais talentosas não conseguem fazer nada errado: o sucesso dessas pessoas parece quase predeterminado e tudo o que elas precisam fazer é simplesmente "se mostrar". Isso não é verdade! Gary Flandro já havia se formado no ensino secundário, obtido o grau universitário e o grau de mestre e já estava preparado para obter seu diploma de doutorado. Ele estava acostumado a trabalhar com afinco e a estudar e isso, presumivelmente, foi o principal motivo que levou a Nasa a contratá-lo. De maneira semelhante, Woodward e Bernstein sabiam que sua profissão exigia um empenho paciente, diligente e às vezes tedioso. Todos os três trabalhavam arduamente. Na verdade, talvez seja um equívoco chamar essa dedicação de trabalho. O que eles faziam virou uma **paixão**. É bem provável que eles pensassem constantemente nos problemas que enfrentavam mesmo quando estavam longe da empresa. Talento requer energia para se desenvolver e florescer. Felizmente para esses indivíduos (e nós outros), eles conseguiram encontrar uma área de atividade — uma **paixão autêntica** — que os incentivaria a seguir adiante e lhes permitiria se destacar. (No fascinante *Outliers* — *Fora de Série* —, o escritor Malcolm Gladwell defende uma ideia semelhante, apresentando evidências para a sua afirmação de que o tempo necessário para alguém se tornar **fora de série** em uma atividade é **10.000 h.**)

A questão subsequente a respeito do talento é que ele provém de **qualquer lugar** e de **todos os lugares** e pode se revelar a **qualquer momento**. Por exem-

18 A Verdade sobre o Talento

plo, os administradores da Nasa que contrataram Gary Flandro evidentemente sabiam que eles estavam obtendo os serviços de um estudante universitário brilhante, mas provavelmente não se deram conta de que estavam contratando um dos maiores colaboradores para o campo da aeronáutica. De modo semelhante, Harry Rosenfeld, editor metropolitano do *The Washington Post* que dispensou Bob Woodward após um período de experiência de duas semanas em 1970, não se deu conta de que aquele homem sem nenhuma experiência jornalística que ele havia acabado de demitir voltaria, no prazo de quatro anos, ao *The Washington Post* e conduziria uma investigação que acabaria provocando a renúncia do presidente norte-americano então no poder.

Essa questão — de que o talento provém de qualquer lugar e de todos os lugares e se revela a qualquer momento — é especialmente significativa no presente, nas primeiras duas décadas do século XXI. Nos primeiros 30 anos de nossa vida vimos o mundo recobrar-se dos choques do século XX. Mais especificamente, a Guerra Fria, o *apartheid* (segregação), os governos atrozes, a pobreza horrenda na região do globo chamada de Terceiro Mundo e a instabilidade econômica na Primeira e na Segunda Guerra Mundial. Obviamente, houve também feitos surpreendentes, especialmente nos campos da ciência e tecnologia. Porém, isso não encobre o fato de o final do século XX ter testemunhado enormes disparidades de renda e oportunidades ao redor do mundo.

Hoje, essa situação está mudando. Países como Brasil, Rússia, Índia e China (chamados de "BRIC") estão se desenvolvendo rapidamente, bem como outros países populosos apelidados de N11 (ou "Next 11", os países de rápido crescimento subsequentes são: Bangladesh, Egito, Indonésia, Irã, México, Nigéria, Paquistão, Filipinas, Coreia do Sul, Turquia e Vietnã; os termos BRIC e N11 foram cunhados pelo banco de investimentos Goldman Sachs). Além disso, os índices de crescimento econômico são significativos e constantes. Por exemplo, entre 1980 e 2006 a economia da China apresentou um inacreditável crescimento de 9% ao ano. Isso ajudou a tirar milhões de pessoas da pobreza e a integrá-las em uma economia cada vez mais globalizante. Mesmo que esses países de rápido desenvolvimento fracassem economicamente ou politicamente em algum momento futuro, tanto quanto as democracias ocidentais na primeira metade do século XX, seu crescimento, sua prosperidade duradoura e sua influência parecem hoje garantidos, pelo menos durante o século XXI. As consequências disso têm longo alcance e são particularmente significativas para as empresas. Por exemplo, é um fato básico e preocupante pensar que **5%** da população estudantil mais importante da China é significativamente maior do que **toda** a população estudantil do Reino Unido.

As histórias da Nasa e do *The Washington Post* também ressaltam a profunda influência que as culturas organizacionais exercem. Obviamente, essas duas organizações, Nasa e *The Washington Post*, eram lugares excepcionais. Ambas sofreram grandes reveses e sem dúvida cometeram erros importantes. Porém, indiscutivelmente, passaram a ser vistos como organizações definidas pelo talento e pela personalidade de seus funcionários e, talvez, mais importante do que tudo, pela capacidade de atingir suas metas. Ainda hoje o *The Washington Post* é considerado um dos maiores jornais do mundo, enquanto a Nasa conserva sua capacidade de infundir entusiasmo, admiração e interesse. Evidentemente, isso é em parte um reflexo do que eles fazem e do que fizeram no passado. Contudo, isso sugere, categoricamente, que uma série de problemas de liderança está em jogo quando as organizações possibilitam que seus funcionários mais talentosos desenvolvam seu potencial e tenham êxito. Isso inclui aconselhamento e apoio mútuo, trabalho e colaboração em equipe, inovação, construção de relacionamentos e capacidade para desenvolver habilidades. É óbvio que o sucesso pessoal invariavelmente determina o sucesso da empresa, mas a organização ou, mais especificamente, a equipe, norteia e estimula o indivíduo.

Por exemplo, em fevereiro de 1676, Isaac Newton, renomado cientista britânico, escreveu para Robert Hooke, outro cientista de sucesso com o qual Newton disputava descobertas no campo da óptica, comentando: "Se consegui ver mais longe foi por me apoiar sobre os ombros de gigantes". Os historiadores tendem a não acreditar que essa afirmação tenha sido uma modéstia reticente de Newton (com certeza um dos maiores cientistas da história); a visão prevalecente é de que essa afirmação foi na verdade um ataque sarcástico ao rabugento Hooke, que, embora imensamente bem-sucedido por seus próprios méritos, era baixinho e corcunda. Seja qual for a opinião por trás desse comentário de Newton, a ideia de que o avanço é obtido **progressivamente** e **interdependentemente**, fundamentando-se de maneira metódica nas descobertas e constatações de outros, continuou viva na matemática e na ciência. Assim é com relação a várias questões empresariais, como a necessidade de as pessoas de talento poderem aprender com quem está ao seu redor e com o que ocorreu no passado.

Fundamentalmente, é o ambiente em que as pessoas talentosas atuam que lhes permite desenvolver seu potencial e ter êxito: a empresa lhes dá acesso, oportunidade e estímulo.

20 A Verdade sobre o Talento

Outra ideia que vem à mente quando refletimos a respeito das histórias diversas de Flandro, Woodward e Bernstein é que, não obstante suas conquistas, eles eram indivíduos comuns (pelo menos em comparação com seus pares), e não os maiores gênios da história. Gary Flandro talvez tivesse se tornado um cientista espacial, mas em 1965 ele era estagiário universitário. Com isso queremos dizer que provavelmente não era evidente para a Nasa que um estagiário de verão faria uma contribuição tão importante para a exploração de outros planetas! Da mesma forma, ninguém percebeu que a investigação de Woodward e Bernstein sobre um arrombamento em Washington, DC, no complexo de Watergate, produziria essas consequências de longo alcance. Além do mais, **é bem provável que isso nunca tenha passado pela cabeça dos indivíduos envolvidos.** Um jornalista que mal havia saído da casa dos 20, com menos de quatro anos de experiência profissional, investigou um crime (e o encobrimento da verdade por pessoas do alto escalão) que derrubou um presidente. Os cálculos de um estudante durante um programa de estágio de verão foram essenciais para a exploração bem-sucedida dos planetas externos. Embora essas histórias sejam surpreendentes, existe a suspeita de que as empresas mais bem-sucedidas abrigam vários exemplos impressionantes, porém menos chamativos, de pessoas que conseguem concretizar mais e ir mais longe do que elas jamais imaginaram possível.

Esse é um dos fatores mais fascinantes do talento: a maioria de nós tem talento ou, mais precisamente, **somos todos mais talentosos do que julgamos ser.** Chamamos essa ideia de que podemos alcançar mais do que imaginamos de **potencial discricionário**, e esse é um dos principais temas deste livro. O desafio para os líderes e as empresas é encontrar as pessoas certas e ajudá-las a ir ainda mais longe do que elas jamais imaginaram possível. Isso nos parece um grande desafio e o significado do que se considera uma excelente liderança.

Outra constatação que vem à mente quando consideramos o fenômeno dos funcionários que apresentam um talento distintivo é o fato de que eles sempre parecem exibir várias características notáveis. Especificamente, isso inclui **iniciativa, flexibilidade** e **garra**. Eles exibem um desejo incansável de descobrir coisas, de realizar coisas e, acima de tudo, de progredir. Eles querem concretizar e, muito mais do que isso, desejam que seu trabalho tenha **significado**. Essas qualidades — iniciativa, garra e desejo de que o trabalho tenha significado — têm inúmeras consequências e efeitos. Por exemplo, elas geram **paixão, entusiasmo e curiosidade**. Além disso, elas impelem os funcionários talentosos a procurar oportunidades conscientemente e, tal como se suspeita, inconscientemente. As pessoas talentosas tendem a se encontrar nos lugares certos no momento certo com maior frequência do que outras pessoas, e isso ocorre porque elas estão procurando oportunidades, elas circundam as oportunidades, e as oportunidades também as procuram. Em outras palavras, **elas criam sua própria sorte!**

Fundamentalmente, é o ambiente em que as pessoas atuam que lhes permite concretizar seu talento e ter êxito; os indivíduos com os quais elas trabalham, os projetos nos quais elas trabalham e a forma como elas são lideradas. E tendo em vista a escassez de habilidades no atual mercado de trabalho, a responsabilidade do líder atual é criar um ambiente em que os talentos latentes na força de trabalho como um todo possam ser revelados.

O que queremos dizer com talento.

Desse modo, o que de fato queremos dizer com **talento**? Essa é uma palavra valiosa que poderia ficar desmerecida se empregada em excesso ou se utilizada muito amplamente sem uma elucidação a respeito de seu significado. Hoje, por exemplo, podemos observar que o termo **talento** pode ser empregado com referência a alguém fisicamente atraente ou a uma estrela, uma prima-dona, uma pessoa polivalente ou simplesmente a alguém que tenha uma habilidade específica. O perigo é que, se o termo for empregado em excesso pode ficar desacreditado, e os conceitos por trás dele serão, de modo semelhante, depreciados ou rejeitados. Nos negócios, a linguagem realmente importa. Por esse motivo, tentamos oferecer uma definição bastante clara do termo talento: **uma definição fundamentada na realidade empresarial**.

Apreciamos o ponto de vista convencional segundo o qual o termo talento refere-se a uma aptidão ou **capacidade especial** para concretizar, mas essa definição é compreensivelmente ampla. Com relação às empresas e aos desafios da liderança, acreditamos que a pessoa talentosa seja qualquer pessoa que **agregue valor a uma empresa** ou a uma **atividade**. Ou, dizendo de outra forma, para ser considerado um **talento**, você precisa agregar valor a alguma coisa e melhorá-la de alguma forma.

Este é um dos motivos por que o talento é tão importante: ele é a essência da melhoria, da inovação, da competitividade, do atendimento ao cliente e do progresso. No século XXI, não é mais suficiente concentrar-se apenas em alguns executivos com "grande potencial", aquelas pessoas que demonstram ter capacidade para serem eficientes em um nível hierárquico superior. O século XXI está testemunhando uma mudança em direção ao valor resultante da inovação em serviços/produtos, da experiência de marca e das relações sociais e da percepção mais aguçada por parte de clientes, grupos de interesse e comunidades mais amplas.

Para compreender esse ponto de vista de talento, é necessário também considerar uma verdade econômica básica: a **lucratividade requer escassez**. Se houver muita oferta para um determinado bem (como o conhecimento), seu preço e valor serão baixos. Se a oferta for escassa, é mais provável que esse bem seja mais valioso e gere lucro. Essa é a lei da oferta e da demanda. E o que com frequência causa a escassez? **Habilidades** e **conhecimento**. Por exemplo, na indústria farmacêutica, se houver uma alta demanda por um determinado produto para o qual se tenha uma patente e não exista nenhum produto alternativo, o futuro será lucrativo, mesmo se os custos de pesquisa e desenvolvimento tiverem sido substanciais. Desse modo, um conhecimento escasso e valioso pode ajudar a gerar lucros excepcionais. Crucialmente importante, se a fonte desse conhecimento foram pessoas — nesse caso, os pesquisadores e cientistas que trabalham na empresa farmacêutica. Entretanto, é fundamental perceber que não são as pessoas, o potencial e o talento que são escassos, mas pessoas com **habilidades** e **conhecimentos adequados**. As empresas tornam sua vida mais difícil do que deveria porque ignoram a necessidade de liderança, privilegiam alguns poucos escolhidos, não ajudam as pessoas a concretizar seu potencial e utilizam muitas pessoas para desenvolver coisas originais, valiosas e que exigem critério. Portanto, o que deveríamos fazer é preencher as lacunas de habilidade. Isso significa modernizar a educação e, igualmente, posicionar a empresa em "centros de talento" — aqueles lugares em que a oferta de habilidades especializadas é grande.

Até certo ponto, isso pode parecer óbvio. Com certeza não é uma novidade que o talento de uma empresa farmacêutica repousa em seus cientistas. Contudo, do mesmo modo que a perícia de um cientista constitui o ápice de sua formação e de seus estudos e no momento faz parte de um processo de geração de conhecimentos e percepções e de produção e venda de um produto, o cientista também está recebendo apoio em seu trabalho essencial. Outras pessoas estão contribuindo de uma maneira significativa e valiosa para que o cientista consiga um avanço revolucionário e o produto seja desenvolvido, fabricado, comercializado, distribuído e aprimorado. Na verdade, poderíamos arriscar a dizer que, embora o cientista seja **brilhante**, se não houver algum nível de apoio, o sucesso será em grande medida ilusório, se não impossível!?!?

A ecologia do talento e a verdade sobre o talento.

A definição de que **talento é a capacidade de agregar valor é significativa**. Uma das questões mais debatidas entre os profissionais de gestão de recursos humanos refere-se à identificação do "potencial" e do "talento", o que traz à tona a pergunta: "**Potencial para o quê?**" Como é possível prever

Talentoso é qualquer indivíduo que agrega valor a uma empresa ou a uma atividade – um conceito ao mesmo tempo simples, vital e com frequência instigante.

com precisão a capacidade futura de uma pessoa de ter êxito em uma função de liderança? A questão básica é a ênfase sobre a previsão, que, em nossa opinião, é muito vaga e incerta. É chegado o momento de apresentar uma definição mais tangível de talento: uma definição mais concreta, confiável e dinâmica do que as previsões e conjecturas sobre o futuro oferecidas em uma classificação de desempenho anual. Uma definição mais abrangente leva em conta o impacto de um indivíduo sobre sua empresa — a diferença e o valor resultantes de sua presença e de seu empenho.

Essa definição (de que talento é a capacidade de agregar valor) revela-nos as verdades sobre o talento. Uma das verdades mais expressivas é que o talento exige um ambiente adequado em que possa florescer, ao que chamamos de **ecologia do talento**, isto é, a **situação**, a **cultura** e o **entorno** nos quais o profissional talentoso de uma empresa atua. **Ecologia** é uma ótima metáfora para talento; por exemplo, nesse caso se sustenta que o talento não existe em separado, ou seja, ele depende do entorno, pode ser frágil, desenvolve-se e beneficia-se se for nutrido. Esse conceito e suas implicações tanto para os líderes quanto para as empresas são discutidos em detalhes mais adiante.

Essa definição de talento tem várias implicações fundamentais para os líderes e as empresas nas quais eles atuam. Primeiramente, a **inovação**, os relacionamentos e o **desenvolvimento** estão, inseparavelmente, associados ao talento. Isso significa afastar-se dos métodos tradicionais de gestão de pessoas, cujo foco hierárquico recai sobre o potencial dos executivos, em direção a um método que favoreça as pessoas capazes de inovar, de vender produtos ou ideias, de

24   A Verdade sobre o Talento

aprender a melhorar e a fazer mais e até mesmo de mudar a maneira como a empresa atua. Essas questões são básicas nas empresas bem-sucedidas e são atributos essenciais das organizações que conseguem gerenciar bem seus talentos. Agir dessa forma talvez não o torne o diretor executivo principal subsequente de sua empresa, mas gera conhecimentos vitais, relacionamentos fundamentais e uma abordagem "otimista e confiante" que favorece o aperfeiçoamento, a participação e a responsabilidade pessoal. Esse é o tipo de talento que nossas empresas necessitarão. Por isso, precisamos pensar de uma maneira extremamente diferente sobre como melhor atrair e reter um profissional talentoso.

Essa definição aplica-se a empresas sem fins lucrativos e a empresas públicas e privadas. Por exemplo, praticamente não há dúvida de que o trabalho de Gary Flandro como estagiário foi uma contribuição fundamental para a organização, a Nasa, e para o campo de exploração espacial como um todo. Do mesmo modo, o *The Washington Post* até pode ter se beneficiado imensamente do trabalho de Woodward e Bernstein enquanto organização comercial, mas esse benefício se estendeu também, de forma geral, para a sua categoria profissional. Eles fizeram o jornalismo parecer **estimulante**, **respeitado** e **bacana** — pelo menos por um tempo.

A segunda implicação dessa definição é que agora precisamos abandonar a ideia de que é possível gerenciar o talento. Ativos tangíveis podem ser gerenciados, mas não as pessoas de talento e seu potencial. Só podemos seduzi-lo, atraí-lo e inspirá-lo. Não podemos gerenciá-lo. Pense nisso: **gestão de talentos** é um paradoxo. Tentar gerenciar pessoas talentosas é como arrebanhar gatos ou pregar gelatina na parede. Por que você utilizaria a **gestão** (e como é que poderia) para controlar um **talento**, um conceito que historicamente engloba planejamento, organização, liderança, direcionamento, facilitação e controle de uma organização, se o profissional talentoso já possui uma aptidão especial ou capacidade pessoal para a concretização? Na realidade, o conceito de gestão de talentos foi criado no início da década de 1990 por uma empresa de *software* de tecnologia da informação (TI) que estava comercializando um novo banco de dados de funcionários. A gestão de talentos funciona com dados; **não funciona** com as pessoas e com o seu potencial!!!

Outra implicação da definição de talento é o fato de ele ser **diverso** e bem mais onipresente do que se possa imaginar. Às vezes ele se sobressai, mas com frequência passa despercebido e não se concretiza, porque é associado à autoconvicção de um indivíduo e à capacidade de uma organização de se envolver com seus funcionários. Aqueles que exibem seus pontos fortes confiantemente, são autoconscientes e assumem para si a responsabilidade por sua vida e carreira são mais propensos a encontrar formas de agregar valor, e esse talento é mais propenso a ser reconhecido. De igual modo, aqueles que ainda precisam concretizar seu potencial necessitam de funções e ambientes que lhes ensinem continuamente novas habilidades e inspirem autoconfiança. Em cada caso, acreditamos que o potencial (isto é, a capacidade de exibir talento e agregar valor) seja **discricionário** e que o talento exige um envolvimento que tem regras próprias, mas não gerenciamento. Esse conceito de potencial discricionário também é analisado detalhadamente mais adiante.

Como o talento está relacionado a agregar valor a uma empresa, devemos igualmente pensar em criar empresas talentosas em que os funcionários mais competentes preocupem-se em criar valor e em concretizar todo o seu potencial, e não apenas em perseguir a promoção seguinte e possivelmente ultrapassar seus limites (suas competências) e se prejudicar. Embora o valor seja gerado por indivíduos, na maioria das vezes é obtido por meio de equipes e redes sociais dentro e fora da organização. Isso significa que precisamos encontrar pessoas com habilidades e experiências diversas e valorizar indivíduos e situações que são diferentes entre si.

O sucesso raramente é uma busca individual. O talento e o valor provêm da colaboração; isso pode ocorrer por meio de um empreendimento em equipe ou por meio da concorrência entre pares.

Essa abordagem é explicada com eloquência pelo HSBC, uma das maiores empresas de serviços financeiros do mundo. No bem acolhido pacote que o HSBC oferece aos novos funcionários admitidos por sua unidade no Reino Unido, há a seguinte afirmação:

"Em um mundo em que a uniformidade e a padronização são predominantes, estamos construindo nossa empresa com a convicção de que pessoas diferentes de culturas distintas e diversos estilos de vida e profissão agregam valor [...]. É a associação de pessoas diferentes e a fusão de ideias diferentes que oferecem o combustível essencial ao aprimoramento e ao sucesso. No HSBC, a **diversidade** é algo que deve ser valorizado e celebrado. Trabalhar com colegas com diferentes procedências e culturas garante maior entendimento e percepção. A diversidade não é apenas uma característica inescapável de nossa história e crescimento; ela é a essência de nossa empresa. Nossos colegas e clientes são de todas as culturas, cores, crenças e grupos étnicos imagináveis."

Como hoje as empresas devem criar valor em praticamente qualquer área em que atuam, isso significa adotar uma mentalidade que veja o talento como algo **profuso**: ele não é mais **escasso**; ele nos cerca de todos os lados. Só precisamos ser mais competentes para criarmos ambientes que o estimulem. Isso beneficia o indivíduo e seu empregador, em uma relação simbiótica em que o sucesso de um se apoia no sucesso do outro. No pressuposto que tem de que o talento é algo profuso também é preciso repensar o "contrato psicológico" e entender de que forma o trabalho pode tornar-se mais significativo. Isso requer também que examinemos, no ambiente de nossas empresas, **o conceito de ecologia do talento.**

O potencial de um indivíduo é concretizado e, às vezes, reprimido pela **cultura**, por **interdependências** e pela **liderança** existente em uma empresa. Nessa situação, precisamos pensar menos sobre as árvores altas e bem mais na floresta como um todo. Nas publicações sobre gestão, essa ideia com frequência é chamada de **abordagem sistêmica**, na qual a organização é mais do que a soma de suas partes.

Como hoje as empresas devem criar valor em praticamente qualquer área em que atuam, isso significa que devem adotar um pressuposto que veja o talento como algo profuso: ele não é mais escasso; ele nos cerca de todos os lados. Só precisamos ser mais competentes para o encontrarmos e nos envolvermos com ele.

De modo geral, o talento, isto é, a capacidade de criar ou agregar valor, é **abundante**. O progresso econômico e social experimentado pelo mundo inteiro durante os últimos 100 anos é uma consequência do empenho de muitos, e não de poucos. Nos últimos anos, esse progresso estendeu-se para novas sociedades, como os países dos blocos BRIC e N11 mencionados anteriormente. Não há dúvida de que esse "progresso" também provocou problemas graves, e o que vimos foi uma rota esporádica e imprevisível para o progresso e uma maior produtividade, pontuados por problemas econômicos e insucessos empresariais de grandes proporções. Imaginamos que esse progresso fortuito seja o reflexo de um estilo de gestão de pessoas também fortuito e em grande medida insatisfatório.

A verdade sobre o talento.

Como o talento é abundante e definido pela forma como agrega valor, a **gestão de talentos** está muito mais relacionada com pessoas e liderança e bem menos associada com outra coisa qualquer. Uma das consequências desse ponto de vista é que os métodos e as posturas atuais com respeito ao talento estão envelhecendo e perdendo a utilidade. Em suma, acreditamos que seja o momento exato de explorar a ideia de gestão de talentos. Trabalhamos nessa área durante vários anos e tivemos oportunidade de ver inúmeros estudos, levantamentos e projetos. A conclusão de cada um deles é sempre a mesma: "Não temos uma quantidade suficiente de pessoas qualificadas", "Precisamos fazer algo mais", "O RH não é proficiente", "Os gestores não estão dedicando tempo suficiente a isso" e assim vai. Queríamos ir à raiz do problema de **nunca se ter uma quantidade suficiente de talentos** e de **o talento parecer tão difícil de gerenciar**. Examinamos estudos de caso de profissionais da área e artigos acadêmicos prestigiados e conversamos com diretores de inúmeras organizações privadas e sem fins lucrativos. Conduzimos também um estudo global exclusivo para examinar o que as pessoas pensam sobre talento e como as empresas lidam com ele (Esse estudo compilou os pontos de vista de quase 300 profissionais e executivos proeminentes no mundo inteiro).

Esses estudos levam a crer que é chegado o momento de repensar os primeiros princípios. Percebemos que um setor inteiro desenvolveu-se em torno da ideia de gestão de talentos. Por exemplo, pacotes de *software*, métodos de consultoria e programas especiais de desenvolvimento. Obviamente, existem interesses velados que transformaram o processo de **"gestão de talentos"** em uma magia misteriosa dominada por poucos. Não precisa ser assim. Tudo isso está fundamentado em uma crença comum de que os indivíduos talentosos são um grupo pequeno e exclusivo, "os mais brilhantes e os melhores", de que eles devem receber investimentos intensos e de que sua carreira poderia ser gerenciada de uma maneira que lhes permitisse ter êxito nos mais altos escalões. E, ainda assim, mais de uma década após o famoso estudo da McKinsey, a pesquisa *War for Talent* (*Guerra por Talentos*), não conseguimos encontrar uma empresa que achasse que de fato havia tido um êxito de forma a atender às suas necessidades.

Diretores de RH nos revelaram confidencialmente que, quando eles investiram em grupos exclusivos de **"desenvolvimento acelerado"** (*"fast track"*) ou em bancos de talentos, constataram que é difícil levar as mudanças de carreira adiante; a **retenção**, portanto, torna-se um problema fundamental em relação àqueles que são considerados "talentosos". Aqueles que não pertencem ao grupo de talentos sentem-se marginalizados e desconectados. Não obstante esses problemas, os líderes continuam questionando a qualidade da oferta e gastando milhões de dólares (ou reais) em recrutamento externo de executivos.

Um dos entrevistados respondeu: "É mais ou menos como ter uma peça do quebra-cabeça no lugar certo e ficar mudando as outras continuamente — é como jogar *Tetris*". Outro disse: "Elaboramos um bom programa de desenvolvimento acelerado para nossos futuros líderes, mas isso criou uma sensação, ou seja, uma expectativa de promoção que simplesmente não conseguimos satisfazer."

Parece que as abordagens convencionais de gestão de talentos exigiram um investimento significativo, trazendo com compensação um ganho pequeno. Além disso, existe uma preocupação crescente quanto à possibilidade de as abordagens convencionais de gestão de talentos na verdade **destruírem** o valor de uma empresa.

E mais importante do que isso, não obstante o surgimento de um setor inteiro e o amadurecimento e maior esclarecimento dos profissionais de RH, não parecia que estávamos próximos de obter uma melhoria. Aliás, muitas das pessoas que participaram de nosso levantamento global nos disseram que o próprio conceito de gestão de talentos parecia comprometido e que as metas originais da gestão de talentos pareciam ainda mais distantes. Nesse aspecto, a gestão de talentos é um pouco parecida com o **comunismo soviético**: uma ideia interessante e bem-intencionada em teoria, mas um desastre na prática, que está enraizada no século passado e hoje, além de apresentar uma ampla gama de interesses velados, está definitivamente abusando de sua boa acolhida.

> *As abordagens convencionais de gestão de talentos são um pouco parecidas com o comunismo soviético: uma ideia interessante e bem-intencionada em teoria, mas um desastre na prática, que está enraizada no século passado e hoje, além de apresentar uma ampla gama de interesses velados, está definitivamente abusando de sua boa acolhida.*

Foi nesse momento que percebemos que as crenças fundamentais em torno de toda essa área precisavam ser examinadas. Essas crenças fundamentais que acreditamos que apresentem falhas são:

- Não existe uma quantidade suficiente de talentos.
- Apenas os mais brilhantes são talentosos.
- Essas pessoas se tornarão nossos futuros líderes.
- A maior parte dos recursos deve ser investida nos talentos.
- A função do RH é acelerar o desenvolvimento desses indivíduos e projetar sua carreira.

Começamos a questionar como essas pressuposições haviam resistido às mudanças do século XXI, tendo em vista sua complexa demografia, a fragmentação social, a globalização, os mercados emergentes, o avanço tecnológico, as expectativas e prioridades variáveis, a expansão e retração econômica e os novos modelos de negócios. Concluímos que essas pressuposições pertencem a uma época diferente.

Acreditamos que as várias décadas de investimento em um batalhão de elite de futuros executivos na verdade **não compensaram**. Nesse mundo o talento era visto como um recurso escasso, nunca havia talentos suficientes; o potencial era estático e raro; quanto àqueles que eram avaliados e demonstravam potencial mais alto (normalmente os que exibiam características semelhantes aos indivíduos que já haviam subido ao topo), havia um investimento especial, aconselhamento, desenvolvimento intenso e rotatividade gerenciada — e, como seria de esperar, também chegavam ao topo. Quanto aos 90% restantes da força de trabalho, o nível de investimento era, comparativamente, desproporcional — e do mesmo modo, como seria de esperar, **a falta de habilidade em todas as áreas ampliava-se**. Entretanto, se o objetivo dessas abordagens darwinianas sobre o talento tiver sido oferecer planos de sucessão e fazer a mesma coisa em maior quantidade, então elas tiveram um sucesso moderado. Se sua intenção tiver sido conseguir outra coisa qualquer, então elas com certeza fracassaram. A nosso ver, como a natureza dos negócios e do trabalho está mudando de uma maneira extremamente rápida, **investir apenas** em **bancos de talentos** que levam anos para amadurecer é uma **atitude estática**, **complacente** e **comercialmente perigosa**.

Mais do que nunca, o talento funciona de uma maneira sistemática: as pessoas talentosas são atraídas por meio de relacionamentos, desenvolvem-se por meio de relacionamentos e são mantidas por meio de relacionamentos. O oposto também é verdadeiro.

Para nós já é tempo de pensar com maior cuidado sobre o contexto organizacional e examinar nossas pressuposições a respeito do próprio talento. A nosso ver, estamos aplicando o raciocínio reducionista do século XX aos desafios e às pessoas do século XXI.

Mais do que nunca, o talento funciona de uma maneira sistemática: **as pessoas talentosas são atraídas por meio de relacionamentos, desenvolvem-se por meio de relacionamentos** e são **mantidas por meio de relacionamentos**. O oposto também é verdadeiro.

O maior desafio, a nosso ver, é que todas as pessoas da empresa têm um papel a desempenhar com relação ao fortalecimento da oferta de talentos. Isso não está relacionado apenas à maneira como ajudamos as pessoas a desenvolver suas habilidades e aptidões e a concretizar seu potencial. Também está associado à forma como estruturamos a natureza do trabalho em si. A questão decisiva é que é a **ecologia do talento** de uma organização que determina seu sucesso: com isso nos referimos ao modo como a empresa funciona, ao motivo pelo qual ela existe, ao que ela valoriza e à maneira como ela muda. Precisamos nos concentrar no contexto organizacional do talento, examinando mais de perto a floresta de árvores altas. Porque, no que se refere à discussão sobre talento, dizendo ao pé da letra, não conseguimos ver a floresta dessas árvores.

Com base nisso, existem várias verdades sobre o talento que devem ser consideradas e discutidas.

Agora todos nós temos talento.

As empresas precisam pensar a respeito da ecologia do talento: como elas podem desenvolver uma cultura em que todos tenham um papel a desempenhar em prol de seu sucesso. Imagine o poder que é concretizar o potencial da força de trabalho como um todo, e não apenas da carreira estelar de alguns poucos escolhidos.

O talento é abundante e diverso.

Para que as empresas e as pessoas tenham êxito, os gestores precisam acreditar no talento e no potencial de seus funcionários. De outro modo, isto é, continuar se comportando de uma maneira que leva a crer que o talento é raro, alienará várias pessoas nas gerações atuais e futuras e gerará um comportamento efêmero e egoísta nos líderes futuros.

As pessoas talentosas são aquelas que agregam valor, e não simplesmente aquelas que conseguem chegar ao topo.

Esse sucesso pode ser obtido reinventando produtos, as relações com o mercado e o modelo do próprio negócio.

O potencial é discricionário.

Essa ideia envolve dois elementos. Primeiro, o empenho dos empregados, o seu compromisso e o seu envolvimento são "alugados" pelo empregador; segundo, as pessoas com frequência podem realizar muito mais do que qualquer outra pessoa ou elas mesmas possam imaginar. Por esse motivo, as empresas precisam encontrar melhores soluções para atrair, inspirar e, particularmente, **envolver ou engajar** seus funcionários. Do mesmo modo que a diferença entre os atletas de elite normalmente é bastante próxima, a diferença entre as grandes empresas que estão competindo entre si também é extremamente tênue — a diferença não raro se refere ao grau com que os funcionários se sobressaem. Os líderes precisam ajudar os funcionários a concretizar seu potencial e a se destacar; isso torna o trabalho mais gratificante para todos, em comparação a simplesmente fazer o mínimo.

Desenvolver e mobilizar o talento é a essência da liderança.
Isso está intimamente relacionado com a questão anterior. Ser capaz de envolver o talento exige grande discernimento e habilidade, certamente uma das aptidões gerenciais mais significativas. Se você tem dúvidas sobre isso, pense no seguinte: quantas das empresas de maior excelência do mundo são péssimas empregadoras? A relação entre os métodos de trabalho e contratação e o sucesso empresarial com certeza é complexa, mas a experiência demonstra que essa correlação é inegável.

O RH deve ser repensado para oferecer processos para uma "força de trabalho de um".
O trabalho deve tornar-se mais significativo para os funcionários, e esse significado é em grande medida pessoal. Para isso, as proposições de valor aos funcionários precisam ser extremamente personalizadas e flexíveis.

As pessoas talentosas são atraídas para lugares onde estão outras também talentosas.
Os líderes devem prestar maior atenção à forma como uma empresa funciona; equipes talentosas, redes, experimentação, transparência e flexibilidade, tudo isso tem um peso enorme. Se você ignorar esses fatores, os indivíduos talentosos também o ignorarão.

Portanto, quantos Gary Flandro provavelmente estão sentados em silêncio em algum canto de sua empresa? Eles se sentem capazes de dar uma contribuição real e duradoura para a sua empresa? A verdade sobre o talento é que eles conseguiriam dar essa contribuição, apenas se adotássemos uma abordagem diferente e mais adequada e exibíssemos um estilo de liderança que corresponda à época em que vivemos.

Neste livro, destacamos várias questões vitais para os líderes e suas empresas. Por exemplo, por que motivo, não obstante nossas boas intenções, os líderes não conseguem encontrar, gerenciar e desenvolver os profissionais talentosos dos quais eles precisam? Como você atrai pessoas competentes para a sua empresa e possibilita que elas concretizem seu pleno potencial? Como você estimula, envolve e inspira as pessoas em todos os níveis a alcançar a verdadeira grandeza? Em que sentido o ambiente de trabalho está se transformando? Existem novas regras de contratação no século XXI? Qual é o apoio prático que as pessoas de fato desejam no trabalho e o que elas obtêm? Sobretudo, como você pode desenvolver uma força de trabalho dinâmica, ajudar as pessoas a concretizar seu potencial e viabilizar seu sucesso?

Essas perguntas e, na verdade, este livro de forma geral, ressaltam uma questão particularmente significativa e possivelmente controversa, a visão de que todos nós temos sobre o talento. Todos nós podemos encontrar coisas em relação às quais nos sentimos inadequados, e todos nós podemos ser regulares ou medianos em muitas delas. Contudo, todos nós também temos dons e talentos. Com certeza depende de cada um de nós, apoiados por nossos líderes e nossos empregadores, encontrar esses talentos e concretizar o máximo que pudermos por meio deles. Não se trata apenas de uma postura progressista, competitiva e de interesse próprio a ser adotada. Constitui também a coisa certa a fazer. **Essa é a verdade sobre o talento!**

No capítulo subsequente, examinamos os atuais pontos de vista sobre o talento e avaliamos por que eles estão cada vez mais ultrapassados e inadequados. Explicamos por que nossas percepções sobre o talento devem ser revistas e por que precisamos adotar uma postura mais inclusiva. Alternativamente, ressaltamos a ideia de **potencial discricionário** — uma das verdades fundamentais sobre o talento e uma nova forma de pensar sobre essa questão de vital importância.

Capítulo 2

Uma nova maneira de pensar sobre talento

O que as empresas pensam sobre talento.

O que é **talento** — você conseguiria reconhecê-lo caso se deparasse com um? Mais importante do que isso, até que ponto o talento é relevante para a sua empresa? Essas perguntas são fundamentais para as discussões sobre talento. Entretanto, não raro ficamos empacados na primeira: **o que é talento?** Nos negócios, assim como na vida, o talento passou a ser definido como **"aquela pessoa que tem um dom ou uma aptidão especial"**. "Especial" denota incomum ou raro e evoca a imagem de prodígios como Mozart ou atletas como Usain Bolt. Nos últimos anos, a ideia de talento tem sido intimamente relacionada com o estrelato; de Kelly Clarkson, da competição *American Idol*, a Susan Boyle, da competição britânica *Got Talent*, talento é uma história batida sobre indivíduos que lutam contra privações pessoais e saem do anonimato para galgar o status de celebridade.

Essas associações evidenciam nossa maneira de pensar sobre talento dentro das empresas. Temos diretores executivos e banqueiros de investimento internacionais na categoria de *superstar* que atraem para si o título de "mestres do universo". Essa visão foi sustentada nos últimos anos pelos métodos de RH devotados ao reconhecimento e à fomentação de "executivos de talento e com grande potencial". Isso deu origem aos **bancos de talentos** de elite: pessoas que recebem atenção, investimento e recompensas especiais ao longo da carreira. Esses indivíduos são de fato talentosos e influentes. Todavia, para nós, esse raciocínio de que o talento é "exíguo, raro e especial" está ultrapassado.

Por quê? Muito simples: porque essa visão sobre talento não promoverá o crescimento das empresas nem as sustentará no futuro (ver Figura 2.1).

Figura 2.1 - A evolução da humanidade

O que queremos dizer com talento.
Poderíamos até defender que essa abordagem sobre a identificação e promoção de talentos desempenhou um papel importante na criação de uma geração de executivos que se consideram invencíveis. O problema não é que eles não sejam talentosos (porque muitos são indivíduos brilhantes, motivados e dedicados), mas a dependência em excesso de uma empresa para com um tipo específico de talento — baseado na competência gerencial, que é a capacidade de se sair bem em níveis hierárquicos cada vez mais altos. Somos também céticos quanto ao fato de o termo talento ter se tornado sinônimo de **"alto potencial"**, por acreditar que fundamentar toda uma estratégia de gestão de talentos apenas em alguns poucos indivíduos capazes de ter êxito no futuro nos níveis hierárquicos mais altos seja, na melhor das hipóteses, contemplar uma bola de cristal extremamente cara.

Existe também uma frustração crescente entre os executivos com o **retorno sobre o investimento** oferecido pelos métodos atuais de gestão de talentos.

Todos eles desejam, sem exceção, pessoas mais capacitadas. Contudo, poucos acreditam que as medidas que eles mesmos estão tomando de fato levem a esse resultado. Nas conversas que travamos com os participantes de nossa pesquisa, constatamos que vários deles expressaram essa mesma frustração e apresentaram sua visão sobre o que causa esse problema e de que forma ele pode ser solucionado. As respostas dos participantes com relação a um ponto de vista sobre talento mais fundamentado e tangível é: uma visão que se baseia na contribuição existente no presente, e não no potencial futuro. Na verdade, três questões importantes destacam-se nessas respostas:

- De que as pessoas talentosas são aquelas que mudam as coisas.
- De que precisamos saber aproveitar melhor os talentos latentes dos funcionários em toda a empresa.
- De que essa definição de talento transcende as fronteiras nacionais e é igualmente citada na Europa, nos EUA, na América do Sul, no Oriente Médio e na Ásia.

Entretanto, quando começamos a nos atentar para os detalhes, vemos que de fato ocorrem adaptações fundamentais às culturas locais. Essas adaptações estão relacionadas à forma como os líderes que estão realizando mudanças realmente atuam, à qualidade dos resultados que eles obtêm e a como isso contribui para a organização como um todo. Isso evidencia que o contexto é extremamente importante, bem como a necessidade de garantir que as atividades do profissional talentoso estejam vinculadas com a aspiração e estratégia da empresa e igualmente com o ambiente econômico. Em última análise, é isso, e não a competência do indivíduo, que determina de que forma o talento é avaliado. Como comentou um executivo: "O talento é determinado pelo contexto e pelas necessidades da organização: as habilidades e as qualidades que uma empresa precisa em um determinado momento podem ser completamente diferentes daquelas que um setor diferente pre-

A maneira de pensar dos altos executivos a respeito do talento está cada vez mais ultrapassada, ineficiente e autossuficiente. Esse raciocínio atém-se à seleção de alguns poucos indivíduos brilhantes que dirigirão a empresa no futuro — eles recebem todas as oportunidades e todos os recursos e, surpreendentemente, conseguem chegar ao topo. O que se fez em relação ao talento e o potencial das outras pessoas? E a imprevisibilidade do futuro? Essa visão de talento não promoverá o crescimento das empresas nem as sustentará no futuro.

cisa em um ponto distinto do ciclo econômico." Outro executivo ponderou: "Um soberbo redator de discursos é subestimado quando a empresa precisa de um orador."

O conceito de talento é dinâmico — ele muda de valor de acordo com as circunstâncias econômicas da organização. Assim como nós, nossos respondentes também acreditam que, se os ambientes em que as organizações bem-sucedidas estiverem atuando ficarem cada vez mais complexos e competitivos, elas precisarão de uma maior variedade de talentos para ter êxito. A variedade de talentos necessária será determinada pela estratégia empresarial e variará segundo o setor e as condições do mercado. As empresas inteligentes procurarão talentos em lugares novos ou incomuns. Para isso, é preciso olhar além da trajetória de potencial do executivo, em direção ao "núcleo vital" (atores B) e aos gerentes de linha de frente.

> *O talento está relacionado ao indivíduo que consegue gerar um valor sustentável, e não ao indivíduo que consegue chegar ao topo. A variedade de talentos necessária será determinada pela estratégia empresarial e variará segundo o setor e as condições do mercado. As empresas inteligentes procurarão talentos em lugares novos e incomuns. Para isso, é preciso olhar além da trajetória de potencial do executivo, em direção ao "núcleo vital" (atores B) e aos gerentes de linha de frente.*

Nossa pesquisa também leva a crer que as organizações necessitam de uma nova definição de talento, uma definição que explore o potencial da força de trabalho **como um todo**. Observamos pouquíssimas recompensas na ênfase constante sobre o "alto potencial" e acreditamos que é chegado o momento de tornar o talento mais tangível. Nossa pesquisa indica que no presente e no futuro o talento estará relacionado com os indivíduos que conseguem gerar um **valor sustentável**, e **não** com aqueles que **chegam ao topo**. Esse valor poderia ser obtido com o desenvolvimento de produtos, de relações com o mercado e da própria empresa. São essas as pessoas que podem construir relacionamentos cruciais, extrair ideias dos dados disponíveis e criar novos produtos e serviços. São esses os novos líderes organizacionais, e a identificação desses líderes não está relacionada ao seu potencial de galgar cargos executivos cada vez mais altos, mas à forma como eles atuam no presente e geram resultados tangíveis e sustentáveis.

Em que sentido a gestão de talentos está mudando.

Vire-se. Olhe ao redor. O que você vê? Os mercados ditam as regras, mas os manifestantes estão marchando contra o capitalismo global. O índice composto da Nasdaq* desceu pelo ralo. Os desastres lançaram suas sombras amedrontadoras. Há perigos à espreita em todos os cantos das corporações. Gases lacrimogêneos foram lançados ao ar em Seattle, Gotemburgo e Gênova. As bolsas de valores evaporaram. Os dramas documentários invadiram nossas salas de estar. Empresas como a ABB e Enron foram viradas de ponta-cabeça e às avessas. Em suma: tijolos e balas, bin Laden, *big brother* e chefes ruins até a alma.

Prefácio de *Karaoke Capitalism*, de Jonas Ridderstrale e Kjell Nordstrom.

À medida que adentramos a segunda década do século XXI, observamos com espanto como nossos padrões de comércio e organizacionais estão mudados, mesmo em relação àqueles que vigoraram no início do novo milênio. O poder econômico está mudando do Ocidente para o Oriente. Nesse contexto, os clientes estão se tornando cada vez mais exigentes e mais ativos. Estamos também consumindo de maneira distinta, em momentos de nossa escolha e de várias formas diferentes. Mais do que nunca, nossas escolhas são influenciadas por aquilo que acreditamos e pelo modo como desejamos nos apresentar para o mundo. Nosso novo lugar pessoal na sociedade (o que o profissional de *marketing* chamaria de **nicho demográfico**) e nossa prosperidade relativa complicam ainda mais essas escolhas. A **"mudança repentina"** de cada pessoa aumenta ainda mais a complexidade para quem está nos fornecendo seus serviços. Poderíamos ter imaginado as mudanças econômicas e sociais que ocorreram em menos de uma década? No Capítulo 9, falamos sobre as consequências disso tudo para os líderes do século XXI; aqui, detalhamos as três forças mais significativas que estão dando forma a uma nova maneira de ver e gerenciar o talento (ver Figura 2.2). Elas estão relacionadas com a **oferta de mão de obra**, a **disponibilidade de habilidades adequadas** e o **consumo**.

---

* National Association of Securities Dealers Automated Quotations (Nasdaq), em português Associação Nacional Corretora de Valores e Cotações Automatizadas, é uma bolsa de valores eletrônica, constituída por um conjunto de corretores conectados por um sistema informático.

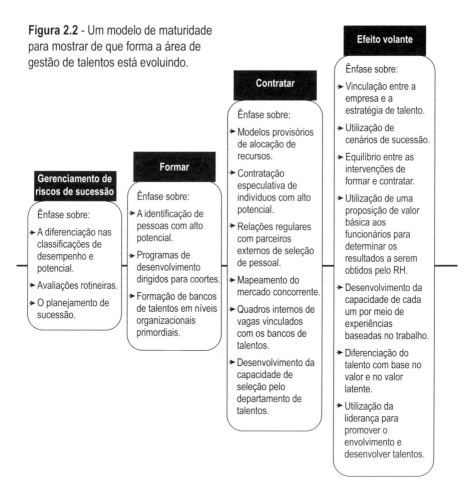

Figura 2.2 - Um modelo de maturidade para mostrar de que forma a área de gestão de talentos está evoluindo.

Uma oferta de mão de obra fragmentada e flutuante.

Em todos os cantos têm sido utilizadas com assiduidade as previsões demográficas sobre faixa etária e taxas de natalidade, e disso resultam várias tendências novas e imprevistas. Embora a força de trabalho esteja **envelhecendo**, o índice de aposentadoria não aumentou tão sensivelmente como se previa. As pessoas acima de 60 anos continuam trabalhando. E como a idade de aposentadoria estipulada pelos governos está se elevando, isso tende a aumentar. A economia é o principal motivo para isso. Tendo em vista a flutuação das bolsas de valores e os bilhões

Talento não está relacionado à capacidade de um indivíduo de galgar cargos cada vez mais altos. Está relacionado ao seu desempenho no presente e à obtenção de resultados tangíveis e sustentáveis.

de dólares (reais) que estão sendo enxugados dos fundos de pensão, isso provavelmente continuará.

Esses *baby boomers* (pessoas nascidas entre 1943 e 1960) agora estão vendo a **geração X** (1961-1981) e a **geração Y/do milênio** (1982-2000) juntarem-se à força de trabalho. O significado desses grupos é o tamanho, bem como suas expectativas de trabalho. A oferta maior é de *baby boomers*, que continuam dominando o nível executivo da maioria das principais corporações. Vários comentaristas ressaltam as diferenças entre esses três grupos, particularmente quanto ao seu estilo preferido de se comunicar e à sua atitude com relação ao trabalho. Compreender essas **diferenças** é **fundamental**, embora os empregadores caiam na **armadilha de estereotipar**. Uma postura mais esclarecida é identificar o que eles têm em comum e descobrir como envolvê-los pessoalmente. Enfatizamos essa questão porque, do ponto de vista social, nos últimos dez anos houve uma falsa e surpreendente distinção com relação a como esses grupos vivem e consomem. Por exemplo, os *baby boomers* são os consumidores de *WII*, *Xbox* e *Playstation* que mais crescem. A **geração Y** e seus primos da geração **"nativos digitais"** (aqueles nascidos de 2000 até o momento) preferem a comunicação face a face a outras mídias, não obstante seu apetite diário pela interatividade *on-line*. Os integrantes da geração X normalmente saturam o mercado de todas as novas mídias e, obviamente, dirigem as empresas que estão dominando a era digital.

Em 2000, havia no mundo ocidental uma percepção de que o desemprego havia sido domado. Agora, em seis das economias mais prósperas do mundo, a demanda por mão de obra está começando a falhar, com 10% de desemprego nos EUA e na França, quase 8% no Reino Unido, na Itália e na Alemanha e um alarmante 19% na Espanha (a partir de dezembro de 2009). O desemprego aumentou também nos países do bloco BRIC (Brasil, Rússia, Índia e China), não obstante o vigor relativo dessas economias tenha dado a impressão de que os seus mercados de trabalho pareciam mais "animados".

A recessão de 2008-2010 leva a crer que o trabalho de menor remuneração continua perseguindo a menor unidade de custo e a se deslocar para o exterior. Na África Ocidental e na Europa Oriental, novos ingressantes estão surgindo para assumir esse trabalho, enquanto a Índia sobe na cadeia de valor, oferecendo apoio terceirizado em áreas tão amplas quanto a de engenharia de *software*, pesquisa farmacêutica e desenvolvimento de serviços financeiros varejistas. Essa demanda global pela terceirização continuará a crescer à medida que as empresas estejam reorganizando as suas estruturas operacionais com o objetivo de poupar dinheiro. Esse trabalho terceirizado no momento está ocorrendo por meio de inúmeras alianças e parcerias. Nesse contexto, é difícil concordar com a previsão de que **"não existem talentos suficientes"**, em particular quando a "geração do milênio", geralmente otimista, enfrenta a maior taxa de desemprego de diplomados em uma geração.

Da crise de crédito à crise de capacidade.

A despeito dessa oferta excessiva de mão de obra, a percepção de que faltam talentos continua fazendo muitos diretores executivos perder o sono. Com base nas conversas que travamos com esses executivos foi possível perceber que essa ansiedade não está relacionada simplesmente à falta de oferta suficiente; está, isso sim, relacionada a não ter o *mix* **correto de aptidões**, que são as habilidades essenciais para ser competitivo, inovar e desenvolver um negócio sustentável. O problema é a rapidez com que essas aptidões são necessárias e o ritmo com que elas mudam.

Nós, do Ocidente, estamos cometendo uma falta com os empregadores por oferecer um mix de habilidades insuficiente e inadequado, mas também estamos cometendo uma falha com nossos filhos justamente em um momento em que precisamos que eles sejam a geração mais versátil e resiliente da história.

Pense nos currículos das universidades atualmente. O tempo de pesquisa, validação, projeto, ensino e avaliação pode levar vários anos para se concluir. Isso significa que não é incomum transmitir para uma classe de 2010 estudos de caso da virada do século. Estamos ensinando habilidades a nossos filhos para uma era diferente, uma situação que foi descrita pelo chefe global de educação do Unicef como um "conhecimento estático". Portanto, não obstante a quantidade inédita de pessoas que se formam e obtêm nota máxima, essa defasagem histórica se revela no sistema educacional. Essa situação também se associa a uma maior inquietação quanto à exclusão social, na medida em que vários jovens ficam para trás e optam por não continuar a estudar.

Esses problemas são evidentes não apenas em relação **ao que** ensinamos, mas também a **como** ensinamos. Nossas escolas e universidades já estão lutando com uma defasagem de aprendizagem geracional; comos os nativos digitais do presente entendem a fria formalidade das salas de aula e dos auditórios. Martin Bean, o novo vice-reitor indicado para a Universidade Aberta do Reino Unido, chamou a atenção da comunidade de educação para que fique alerta à "crise da relevância", uma referência ao conteúdo educacional e também aos próprios educadores.

O problema fundamental com nossos sistemas educacionais é que eles foram concebidos no século XIX com o intuito de oferecer mão de obra para uma era industrial (Segunda Revolução Industrial). Embora esses sistemas tenham sido criados há um século, muitas crenças e práticas ainda sobrevivem: o professor versado que se posa na frente da classe, os grupos de faixa etária, as filas e as campainhas ou sinos para que os alunos voltem para a sala de aula — isso é reminiscente de um filme da década de 1950.

O trágico nesse sentido é que não estamos vivendo em uma era dourada: estamos vivendo em um mundo em que a humanidade está enfrentando alguns dos maiores desafios. Nós, do Ocidente, estamos cometendo uma falha com os empregadores por oferecer-lhes pessoas com um *mix* de habilidades insuficiente e inadequado, mas também estamos cometendo um erro com nossos filhos justamente em um momento em que precisamos que eles sejam a geração mais versátil e resiliente da história. O argumento para uma mudança fundamental na educação é apresentado em um filme extremamente interessante: *We Are the People We've Been Waiting For* (algo como *Somos as Pessoas pelas Quais Estávamos Esperando*), lançado em novembro de 2009. Esse filme foi chamado de *Uma Verdade Inconveniente para a Educação* e inicia-se com a citação de H.G. Wells: "O futuro é uma corrida entre a educação e a catástrofe." A nosso ver, ele é uma contribuição vital para o debate sobre talento.

Consumo em rede (ou consumo colaborativo).
Os seguintes fatos aleatórios demonstram nosso crescente apetite por um novo tipo de comunicação:

- Em dezembro de 2008, 110,4 bilhões de mensagens de texto foram enviadas nos EUA, em comparação a 2,1 bilhões apenas cinco anos antes.
- Em somente sete anos desde a sua abertura em 2003, o Skype conseguiu a maior participação de mercado de telefonia de longa de longa distância do mundo, com mais de 500 milhões de usuários.
- Nos EUA, 44% dos *baby boomers* possuem Playstation, WII ou Xbox.
- O Facebook é o terceiro *site* mais popular para pessoas mais idosas. Em setembro de 2012, o número de usuários do Facebook no mundo todo era de 1 bilhão).
- Nos EUA, 71% das crianças possuem telefone celular.
- Depois dos EUA, o Brasil é o segundo maior usuário do Twitter, a Turquia

42 A Verdade sobre o Talento

o segundo maior usuário do Facebook e a China tem o maior mercado de telefone celular.

- O *The New York Times* é lido por quase dois milhões de leitores no Twitter.
- 80% dos jovens entre 8 e 14 anos têm acesso à Internet; 74% utilizam a Internet para jogos e 59% para fazer o dever de casa. A comunicação face a face é o meio que elas mais preferem.
- O salário médio do usuário do LinkedIn é US$ 110.000 — bem mais alto do que o dos usuários de outras redes sociais.
- Existem quase 20 milhões de "blogueiros" nos EUA e 450.000 deles ganham a vida com a edição de *blogs*.
- Nos EUA, o tempo médio gasto *on-line* por um adulto dobrou para 13h semanais desde 1999.
- Quase um terço da população do Reino Unido é assinante de estações de rádio *on-line* personalizadas.

É tentador refletir sobre esses fatos de rápida evolução e perguntar: "**E daí?**". A questão é que as habilidades necessárias e disponíveis para o trabalho estão mudando, e do mesmo modo a natureza e as expectativas da força de trabalho. Talvez não haja um conflito de gerações, mas é essencial perceber as diferentes habilidades, experiências, expectativas e aspirações dessa força de trabalho cada vez mais ampla. A despeito dessas mudanças, parece que no ambiente de trabalho a percepção da diversidade dessa força de trabalho muitas vezes é limitada, a tecnologia é rápida, mas ainda não está totalmente integrada, e, ao que tudo indica, as discrepâncias de salário e expectativas entre os funcionários e diretores são propensas a aumentar.

Onde estamos hoje: o problema dos pontos de vista atuais sobre "talento" nas empresas.

Observe as práticas atuais de gestão de talento na maioria das grandes empresas. Garantimos que elas se baseiam em pelo menos um dos seguintes elementos:

- Visão de longo prazo sobre o planejamento de sucessão.
- Tendência a identificar indivíduos de **"alto potencial"** capazes de se adequar a esses planos.
- Ênfase sobre habilidades generalistas ou potencial executivo.

Essas práticas compartilham várias suposições fundamentais de uma era de negócios diferente. Elas confinam a gestão de talentos a uma mentalidade de previsão. Embora tenham sido populares e eficazes na década de 1970, elas carecem de dinamismo para lidar com a incerteza das condições do mercado do presente.

A crença de que o futuro pode ser gerenciado: da sucessão ao planejamento por cenários.

O **planejamento de sucessão** é um exercício de gerenciamento de riscos. Se adequado, oferece um instantâneo visível da oferta **atual** de indivíduos competentes e aptos a ter êxito em cargos importantes. Isso é fundamental quando precisamos verificar o escopo de cargos fundamentais e quando é necessário tomar decisões sobre recrutamento para cobrir um iminente afastamento. Entretanto, é bem mais difícil vincular essa oferta **atual** ao quadro da demanda **futura**. A determinação da demanda apoia-se na capacidade de prever o futuro ambiente operacional. Será que no futuro aumentaremos o balanço patrimonial ou será que o consolidaremos? Será que estaremos na liderança do mercado ou será que aumentaremos nossa participação de mercado? Será que investiremos ou será que desinvestiremos? Nosso modelo operacional será diferente? Onde estaremos assentados? E assim por diante. Cada uma dessas questões primordiais exige diferentes tipos de habilidade e qualidade.

A associação entre estratégia e gestão de talentos é investigada em detalhe no Capítulo 4, e a estratégia desempenha um papel crucial com relação a como o talento é — e deve ser — gerenciado. Contudo, de acordo com nossa experiência, poucas organizações lidam com esse problema de uma maneira prática e que associe estratégia e talento. Na maioria dos casos, essa sutileza com frequência é negligenciada e se faz uma comparação com o ambiente operacional existente ou as qualidades da pessoa que desempenha aquela função no momento, ou ambos. Os parâmetros comparativos do momento tornam-se as lentes através das quais os futuros sucessores serão identificados e formados. A cada análise de sucessão, a fonte de talentos é filtrada, eliminando aqueles que tiveram um ano ruim, um projeto malsucedido ou uma discussão com o diretor executivo. Os novos ingressantes devem aguardar até a análise seguinte. E é raro as pessoas serem readmitidas uma vez que tenham sido eliminadas. Já ouvimos justificativas como a necessidade de ser "mais sólido", de "melhorar a calibragem", mas isso faz o banco de talentos ficar menor e menos diverso. Isso, por sua vez, limita as opções disponíveis de futuros sucessores e a capacidade da organização para reagir a mudanças no futuro. Em termos organizacionais, acreditamos que a diluição do banco de talentos restringe a capacidade da empresa de responder a circunstâncias mutáveis. Nesse sentido, a despeito dos argumentos de solidez, um banco de talentos menor significa um banco mais fraco, especialmente quando existem habilidades e aptidões semelhantes. Em termos comerciais, essa postura com relação ao planejamento de sucessão implica que as empresas estão utilizando como base uma pequena população não testada e em muitos casos relativamente desconhecida para realizar um investimento considerável.

No excelente livro *Talent on Demand* (*Talento sob Demanda*) (Harvard Business Publishing, 2008), Peter Cappelli afirma que podemos gerenciar a imprevisibilidade empregando técnicas de gestão da cadeia de suprimentos e de planejamento por cenários. Ele revela os desafios da Capital One, cuja força de trabalho primeiramente foi reduzida à metade e depois dobrou no período de sete anos. Um grupo experimentado de especialistas em pesquisa de mercado e operacionais foi arregimentado para encontrar meios mais dinâmicos de modelar a força de trabalho. Esse grupo integrou as pessoas disponíveis e os dados da empresa e em seguida aplicou técnicas sofisticadas de mineração de dados. Os cenários de planejamento de talentos personalizados foram então apresentados a cada unidade de negócios.

> "Em vez de simplesmente prever o número de pessoas necessárias em cada função, eles também modelaram resultados como índices de perda de pessoal, moral dos funcionários, índices de promoção e contratações externas. Em vez de gerar uma estimativa estática sobre quantos funcionários serão necessários no prazo de dois anos, eles dizem aos gerentes operacionais: 'Diga-nos quais são suas suposições sobre sua empresa e lhe daremos uma estimativa de talento. Melhor ainda, apresente-nos uma série de diferentes suposições e lhe daremos uma série de estimativas de talento dentro da qual a realidade provavelmente repousará.'"
>
> Peter Cappelli, no livro *Talent on Demand*

As condições que a empresa oferece ao talento são uma parte essencial da ecologia do talento. Observe também a amplitude dos dados empregados para fundamentar a análise sobre a demanda provável: as estimativas da empresa são associadas às tendências dos funcionários. Pensar sobre como a situação e os planos da empresa podem se desdobrar em uma série de cenários é uma boa maneira de se esforçar para compreender e abordar as aptidões que serão necessárias no futuro.

Essa postura presciente fundamentada em cenários está também influenciando o trabalho das empresas de recrutamento de executivos, particularmente o trabalho de sucessão de diretores executivos. Nesse caso, o intuito não é tanto encontrar o candidato ideal, mas muito mais criar um banco de candidatos com competência para corresponder a uma série de circunstâncias do mercado. Stephen Langton, da Heidrich & Struggles, fala sobre como o trabalho dessa empresa de recrutamento está evoluindo em um projeto com a Qantas:

> "Na metade do caminho dessa sucessão a economia entrou em colapso, passando de uma das companhias aéreas de mais rápido crescimento do mundo a uma situação de perigo iminente. É preciso ter coragem para considerar que esse processo é evolutivo, e não um procedimento em que todos os termos são estabelecidos logo de saída. Quando as prioridades mudam, o indivíduo certo para o cargo pode começar a parecer um tanto diferente. Os conselhos de administração estão começando a enxergar essa questão como um processo contínuo. Para os nossos principais clientes de sucessão, estamos reavaliando a equipe de altos executivos a cada seis meses. No futuro, esse processo não será um evento isolado; será como uma empresa de contabilidade que cuida das finanças de outra empresa. O relacionamento será contínuo."
>
> Reproduzida com permissão de Stephen Langton,
> Heidrich & Struggles e Global Trade Media

A crença de que podemos reconhecer hoje nossos líderes do futuro (e gerenciar sua carreira).
Um dilema que as organizações no momento enfrentam é saber como equilibrar o recrutamento externo com o desenvolvimento interno de um fluxo de líderes. Essa é uma postura mais esclarecida do que simplesmente decidir quantas pessoas devem ser recrutadas ou promovidas em cada ocasião — é uma questão de **atrair alguns** e **reter outros**. Em ambos os casos, a organização precisa de uma clareza real sobre **o que** e **quem** ela está procurando. Para muitas, a forma de resolver esse problema tem sido recrutar e investir no desenvolvimento daqueles que apresentam "alto potencial" — aqueles com aptidão para serem

promovidos para cargos mais altos comparativamente mais rápido do que seus colegas. O perigo dessa postura é criar uma fonte de líderes futuros com base em necessidades passadas.

A marcha dos indivíduos com "alto potencial".

A crença de que futuros líderes podem ser contratados e desenvolvidos no presente tornou-se o fundamento das práticas consagradas de desenvolvimento de talentos. Isso funciona bem com executivos seniores, muitos deles preparados com métodos semelhantes. As rodadas de recrutamento de graduados, os programas de MBA, a contratação especulativa, os centros de avaliação, os programas internos destinados aos ultra-ambiciosos, tudo isso procede dessa crença. Essas práticas em si são benignas e modestamente eficazes.

Entretanto, cada vez mais, essas atividades de longo prazo centradas em um grupo especial (coorte) impedem de várias formas o verdadeiro desenvolvimento do talento:

- Os resultados da aprendizagem raramente estão de acordo com a estratégia empresarial — isso talvez signifique que estamos desenvolvendo aptidões para um futuro imaginário (e não real).
- É difícil amarrar os ex-participantes de um programa com as vagas e, por conseguinte, designar os indivíduos às funções quando eles são necessários.
- Quando os indivíduos reconhecem seu valor e vão para outro lugar, os índices de perda de pessoal aumentam e a retenção de habilidades fundamentais torna-se mais difícil.
- Os funcionários que não participam desses programas passam por experiências de aprimoramento casualmente e de uma forma modesta. Isso pode gerar desmotivação e deteriorar as habilidades na força de trabalho como um todo.

Esse é um problema não apenas de tempo de espera e logística, mas também do que é valorizado pela organização, de como isso é identificado e recompensado. "Talento" torna-se cada vez mais sinônimo de "alto potencial".

Uma definição genérica de "alto potencial" está relacionada ao indivíduo que se revela apto a ter um bom desempenho em um nível hierárquico subsequente. O índice relativo de progresso ("capacidade de promoção") é também fundamental nessas definições. Os indivíduos considerados aptos a progredir mais rapidamente que seus colegas, normalmente um nível a cada dois anos, encaixam-se nessa categoria.

Os psicólogos nos informam que esses indivíduos distinguem-se por ter maior capacidade mental, habilidades sociais e motivação pessoal. Essas avaliações são comparadas com uma **população de executivos bem-sucedidos ao longo da história** e se concede uma classificação relativa. Aqui, dois fatores evidenciam-se, e isso conflita com a tarefa de avaliar o potencial futuro. Primeiramente, o fato de estarmos fazendo uma comparação com o passado (e não com o futuro) e, em segundo lugar, o fato de o parâmetro comparativo (nosso referencial) já ser bem-sucedido. É interessante ressaltar que trabalhamos com várias organizações em que essa avaliação psicológica foi validada com base no progresso real dos indivíduos classificados como alto potencial, e existe uma **correlação bastante pequena**. O mais surpreendente é que, quando os indivíduos de **"alto potencial"** são avaliados com base no progresso dos indivíduos classificados como tendo potencial, o índice de progresso é o mesmo!

Potencial para o quê?

Nosso objetivo não é demolir uma escola psicológica inteira em um parágrafo (as avaliações psicológicas oferecem constatações valiosas sobre aptidões pessoais e fatores de motivação), mas explicar a importância de saber como a organização de fato funciona e as suposições das quais ela se vale. Para as organizações, a resposta atual à pergunta: **"Potencial para o quê?"** está totalmente relacionada a subir para o nível seguinte. Esses níveis com frequência são operacionais. Por exemplo, passar de gerente para gerente sênior ou diretor geral de uma unidade de negócios e, em seguida, diretor executivo. No excelente livro *The Leadership Pipeline* (algo como *A Fonte de Informações para a Liderança*), Ram Charan, Stephen Drotter e James Noel retomam a classificação desses níveis. Eles falam sobre as aptidões necessárias em seis **"passagens ou transições da liderança"** em sua subida hierárquica pela empresa.

A primeira passagem está relacionada ao **autogerenciamento** e ao **bom desempenho**. A segunda é o primeiro passo em direção a **gerenciar outras pessoas** e **assumir a responsabilidade** de linha pelas equipes de linha de frente. A terceira passagem refere-se ao **gerente funcional**, que se reporta aos gerentes gerais multifuncionais. Nesse nível, os gerentes funcionais precisam ter competência para levar em conta outras preocupações e necessidades funcionais. A quarta passagem, para a posição de **gerente de negócios**, exige uma mudança importante de capacidade e foco. Nesse caso, o gerente está se orientando mais para metas estratégicas do que para metas operacionais. A quinta passagem, para **gerente de grupo**, exige quatro conjuntos de habilidades fundamentais: avaliação da estratégia para alocação de capital e de pessoal, desenvolvimento de gerentes de negócios, condução da estratégia de portfólios e avaliação de competências essenciais. A sexta passagem, para **gerente corporativo**, está mais voltada para o **valor** do que para as habilidades. O líder deve pensar de modo visionário e em longo prazo.

Em um dos exemplos, um executivo promovido dois níveis acima, do nível funcional para o nível de grupo, manteve seu raciocínio e valores funcionais e, consequentemente, não se deu bem. Os autores comentam que, embora sua categoria talvez tenha mudado, sua maneira de ver o mundo não mudou: "Ele estava atuando de acordo com o sistema de valores puramente funcional: podemos fazer isso? Isso é diferente do sistema de valores de um gerente de negócios: **devemos fazer isso?** É bem diferente ainda do sistema de valores de um executivo de grupo: **que opção nos oferecerá o melhor resultado no presente e no futuro?**".

Acreditamos que as organizações eficazes exigem que todos os funcionários tenham certo grau de bom senso, valores e iniciativas próprios de um diretor executivo. Acreditamos também que os níveis discutidos por Charan, Drotter e Noel convergirão. Isso será motivado pelo custo (e por uma maior reestruturação), mas também pela necessidade de rapidez e de relacionamentos. Seis níveis semelhantes aos descritos aumentam em grande medida a complexidade do sistema e significa que as decisões são tomadas em um ponto ainda mais longe do local em que ocorre a ação.

A ação à qual nos referimos não é a ação gerencial, mas a interação real na periferia da organização, com os clientes, com as comunidades e com as ideias.

A ação à qual nos referimos não é a ação gerencial, mas a interação real na periferia da organização, com os clientes, com as comunidades e com as ideias.

A transição para a liderança é uma forma simples mas eficaz de pensar sobre uma pergunta fundamental: "Ele tem potencial para o quê?". Ainda assim, é indispensável contestarmos a suposição de que somente os líderes seniores são visionários, somente eles utilizam uma mentalidade que abrange toda a empresa e um sistema de valores. Precisamos também observar criticamente outra suposição subjacente, a respeito da ascensão profissional: que implica que as pessoas estão dispostas a se manter na organização tempo suficiente para galgar esses níveis.

Ser perspicaz.

A **visão** e a **paixão** por progredir são características vitalmente importantes do talento. São qualidades que as pessoas procuram nos líderes. 63% dos participantes de nossa pesquisa identificaram essas características como dois dos três indicadores mais importantes de um talento. Essa é uma mudança sutil em relação ao pensamento convencional segundo o qual o **julgamento**, a **motivação** e a **influência** são os indicadores mais importantes de um talento.

Quando perguntamos aos participantes da pesquisa quais eram, na opinião deles, as características mais importantes do talento, constamos que eles defendem os seguintes atributos:

1. Percepção (*insight*) — 68%
2. Paixão — 63%
3. Visão — 63%
4. Julgamento — 58,5%
5. Motivação — 56%
6. Influência — 49%

Obviamente, todas essas características estão relacionadas. Entretanto, o fato de **"percepção"** (*insight*) ser a característica mais citada na pesquisa é uma **surpresa**. A capacidade de encontrar oportunidades ou extrair significado da complexidade é vista como a qualidade mais fundamental do talento atualmente. A definição de *insight* no dicionário é esclarecedora.

1. Capacidade de discernir a verdadeira natureza de uma situação; penetração.
2. Ato ou consequência de compreender a natureza íntima ou oculta das coisas ou de perceber de uma maneira intuitiva.
3. Compreensão profunda, criteriosa ou madura.

Quase 70% dos participantes de nossa pesquisa acreditam que a **intuição**, o **discernimento** e a **compreensão profunda** são qualidades que evidenciam o talento atualmente. Quando examinamos a fundo essas respostas, constatamos que a capacidade de ser perspicaz é essencial para lidar com a complexidade do ambiente de trabalho atual. Um de nossos respondentes resumiu por que a perspicácia é tão importante:

50   A Verdade sobre o Talento

> "Fazer acontecer não é mais uma questão de passar de A para B. É necessário medir a temperatura de um lugar, ler nas entrelinhas o que realmente é importante. Se você não conseguir fazer isso, será subjugado e fracassará."

Com um tom mais otimista, outro participante descreveu sua percepção de *insight* como:

> "Ser capaz de enxergar as possibilidades em uma situação e saber como utilizá-las."

Nesse sentido, ser perspicaz é essencial para ter um bom desempenho no trabalho. Isso equivale a uma mudança entre simplesmente fazer as coisas de maneira correta e fazer a coisa certa. Equivale a agir com bom senso, ser capaz de discernir **o que** e o **porquê** de uma situação, e não apenas o **como**. Isso indica uma disposição crescente para um novo **estilo de liderança** — um estilo que encerra **ponderação** e **responsabilidade** — e que o talento está se tornando sinônimo de liderança, mas não no sentido hierárquico. Houve consistência entre os participantes com respeito à grande disponibilidade de talentos e ao não aproveitamento desses talentos em todos os níveis organizacionais:

> "Ser talentoso não é ter um distintivo do RH nem um grau. Tem tudo a ver com sua maneira de ser e a forma como você muda as coisas."

Isso nos faz lembrar da palavra francesa para agentes de mudança — *animateurs* —, termo empregado pelo escritor Peter Senge em seu livro *The Necessary Revolution* (p. 147) (*A Revolução Necessária*). *Animateur* é a pessoa que quase literalmente dá vida as coisas (anima), oferecendo uma nova forma de ver ou interagir que gera foco e energia. Senge traça novamente a relação entre a liderança e a importância de ser inspirador, lembrando-nos de que o verbo "inspirar" provém da palavra latina *inspiraie*, que significa literalmente **"dar vida a"**. Talento talvez tenha uma função mais de verbo que de adjetivo. É menos uma descrição sobre um indivíduo e mais um modo de descrever como as pessoas trabalham e quais são suas contribuições.

Indo além dos talentos usuais...

Muitos dos participantes de nossa pesquisa falaram sobre a necessidade de valorizar o *insight*, a paixão e a visão na linha de frente, dos especialistas técnicos e também dos grupos conhecidos como "**atores B**". Em todos os casos, entretanto, reconheceu-se que o nível de experiência determinava a dimensão da diferença que um indivíduo poderia fazer. Havia uma visão dominante de que a experiência era o meio mais importante de obter essas qualidades. O ambiente organizacional nos quais eles estavam atuando era também fundamental. Muitos falaram sobre o papel central do gerente de linha (ou processo) — uma relação que poderia ser decisiva para a concretização do potencial de um indivíduo na organização.

Talento talvez tenha uma função mais de verbo que de adjetivo. É menos uma descrição sobre um indivíduo e mais um modo de descrever como as pessoas trabalham e quais são suas contribuições.

A importância de procurar talentos nesses outros grupos está se tornando mais popular. O artigo *Unlocking the Potential of Front-Line Managers* (algo como *Liberando o Potencial dos Gerentes de Linha*), da McKinsey, de 2009, falava sobre a necessidade de o poder de tomada de decisões se reassentar novamente no chão de fábrica. Seus argumentos demonstram como as demandas do cliente exigem um atendimento imediato e excepcional. Isso significa dar autonomia à equipe de atendimento para que ela tome decisões fundamentadas e procurar oportunidades para derrotar a concorrência. Isso não quer dizer que é preciso aguardar uma declaração de diretrizes ou um "manual de instruções" da administração. Afinal de contas, é na linha de frente que os clientes são ganhos e perdidos. Além disso, a linha de frente é a área organizacional que experimenta o nível mais alto de rotatividade de pessoal, em quase todos os setores. Precisamos reavaliar nossas suposições de que as pessoas que atuam nesse nível sempre exigem **habilidades menos sofisticadas** do que seus colegas de trabalho, em especial os que vão para posições mais de gestão.

O talento dos gerentes de linha para saber **equilibrar suas prioridades** de trabalho e ter disponibilidade de tempo para aconselhar suas equipes a fazer o mesmo está se tornando cada vez mais importante.

Um ponto de vista interessante sobre essa questão é defendido pela Time Warner, que considera todos os funcionários como potenciais talentos e utiliza a abordagem de **"líderes que treinam líderes"** em toda a empresa. Não se trata de uma abordagem de cima para baixo, porém é um meio eficaz de compartilhar as práticas e os valores da empresa. A diretora executiva (*chief learning officer* – CLO) de aprendizagem da Time Warner, Pat Crull, fala sobre isso da seguinte maneira (CEO.com, dezembro de 2009):

52   A Verdade sobre o Talento

"É uma forma de acompanhar de perto o que está ocorrendo em nossa empresa. A aprendizagem é um processo de duas mãos de direção. Os funcionários aprendem com seus líderes e os executivos aprendem muito ao interagir com os funcionários voltados aos clientes, que retornam com informações de primeira mão sobre o que os clientes desejam. O treinamento executivo é sem dúvida uma prioridade, bem como o aprimoramento dentro da empresa dos funcionários que lidam com os clientes; sejam eles instaladores, técnicos que visitam a residência dos clientes ou atendentes nas centrais de atendimento, enfatizamos em grande medida os serviços de atendimento ao cliente. Sabemos que eles são nossos heróis."

Reproduzido com permissão da globaltrademedia.com

Essa postura mais abrangente e inclusiva enfatiza a importância dos atores técnicos (ou mais operacionais). O setor de energia renovável ainda está se desenvolvendo, e a empresa dinamarquesa Vestas oferece uma ampla estrutura para os diferentes de tipo de talento para a sua grande força de trabalho, composta por 20.000 funcionários. O objetivo da Vestas é:

"Manter-se competitiva e consolidar sua posição como Nº1 em energia moderna. Estamos convictos de que os programas direcionados a especialistas, gerentes de projeto e gestores nos aproximarão ainda mais do desenvolvimento pessoal e profissional de nossos funcionários — e terão um efeito positivo sobre o desempenho do pessoal de nível hierárquico inferior."

Para muitos funcionários, o trabalho não está tão relacionado a concretizar uma meta profissional ou chegar ao topo, mas mais em fazer uma escolha consciente sobre o conteúdo, o propósito, a realização e a recompensa de seu trabalho.

As habilidades das quais a Vestas necessita são escassas nesse setor industrial emergente e, portanto, faz sentido enfatizar as áreas indispensáveis ao seu crescimento. Essa é uma estratégia de talento moldada para o objetivo da empresa. Essa mudança destinada a incluir técnicos também está sendo ocasionada pela oferta decrescente de especialistas no mercado de trabalho. Os especialistas seguem um padrão de carreira diferente dos indivíduos generalistas de **"alto potencial"**. Sua formação é mais extensa e eles têm maior oportunidade de mudar de um setor para outro. A demanda resultante deu origem a áreas de destaque recompensadoras. Isso foi percebido pela primeira vez com os profissionais de tecnologia da informação (TI) e o tão esperado *bug* (falha na execução de um programa) do milênio. E estamos vendo isso ocorrer novamente entre os profissionais que assumem riscos no setor de serviços financeiros. Em todos os casos, o **talento** é definido por aquilo que os especialistas podem oferecer no presente e, algumas vezes, pelo **custo de oportunidade** ou pelos problemas enfrentados quando a organização não dispõem de especialistas.

A ascensão do potencial discricionário.

A preocupação em minimizar a perda de talentos é um dos fatores que influenciam o renascimento de outro grupo alternativo, os **"atores B"** (B *players*). Popularizado por Thomas J. DeLong, esse termo refere-se aos indivíduos que constituem **"o coração e a alma"** da organização. Eles se distinguem dos **"atores A"**, as estrelas da organização (um termo alternativo para executivos de alto potencial ou os 15% dos indivíduos com **maior desempenho**), porque se acredita que eles tenham atingido o topo da carreira. Além disso, diferentemente de seus colegas no grupo de **"atores C"** (os 15% com **menor desempenho**), os "atores B" criam o "lastro da organização por terem um desempenho **consistente** e **eficiente**". Embora a classificação de força de trabalho de DeLong tenha sido criticada e considerada exageradamente simplista e condescendente, ela salienta uma questão fundamental no debate sobre talento: não subestimar ou desatrelar segmentos da força de trabalho; seu potencial é discricionário.

Preferimos considerar os "atores B" como um segmento porque, quando nos familiarizamos com eles, começamos a reconhecer que o objetivo dos indivíduos pertencentes a esse grupo não é tanto chegar ao topo da carreira, mas fazer uma escolha consciente sobre seu próprio trabalho. Às vezes essa escolha está relacionada a ter mais tempo para compromissos familiares, outras vezes a adquirir domínio em uma área de especialização e em alguns casos a opção que escolhem é de não participar da competição por carreira do mundo corporativo. Acreditamos que a decisão de não participar do grupo de "atores A" seja mais predominante do que pensamos. Segundo o conhecimento convencional, a carreira das pessoas estaciona quando seu desempenho cai ou quando elas atingem o limite de sua capacidade. Para nós, essa questão é bem mais sutil e é determinada pela motivação pessoal. Está relacionada ao que é importante para o indivíduo e com o fato se esse interesse está associado ao que é importante para a organização em um determinado momento. Nesse sentido, o potencial dos indivíduos depende de sua vontade de compartilhá-lo e eles tendem a fazê-lo com as pessoas, os projetos e os lugares nos quais eles acreditam.

A experiência das pessoas que fazem parte desse grupo é inestimável. Curiosamente, seu talento latente tem sido negligenciado. Mobilizar os indivíduos desse grupo é vitalmente importante. As organizações precisarão de uma postura de personalização em massa porque esse grupo é grande e suas necessidades são individuais.

Uma visão mais tangível sobre talento.
Preferimos pensar sobre **potencial** como a **capacidade de um indivíduo de agregar valor**, em vez de sua capacidade de ser eficiente no nível hierárquico seguinte. Fundamentalmente, a capacidade de agregar valor é demonstrada por resultados tangíveis. Para os participantes de nossa pesquisa, isso significa destacar-se visivelmente, ser capaz de realizar mudanças no ambiente da empresa, em seus serviços, com os seus clientes ou nos seus recursos humanos.

Essa ênfase sobre a necessidade de manter o talento como algo real e prático é evidente em todas as respostas de nossa pesquisa e nas conversas que travamos com os executivos. Ser capaz de produzir consistentemente resultados que tenham um **"impacto distintivo"** é um tema recorrente. E a forma como esses resultados são gerados também é fundamental. As pessoas talentosas são aquelas que conseguem criar condições para que as outras tenham êxito. Elas não são lobos solitários, mas agentes sociais, indivíduos capazes de se sintonizar com as necessidades de um ambiente e de lidar com os obstáculos no sentido de sobrepujá-los para alcançar os resultados almejados.

Nossa pesquisa apresentou aos participantes uma série de **dez caracterizações** amplamente empregadas a respeito de talento, e eles foram solicitados a destacar uma delas. As definições a seguir foram as cinco mais realçadas (ver Tabela 2.1):

1. Uma pessoa com alto desempenho.
2. Um líder.
3. Uma pessoa que se destaca no grupo.
4. Um inovador.
5. Um mestre inspirador.

Quando você pensa em uma pessoa talentosa, quais características evidenciam-se nessa pessoa? (Os participantes classificaram os seguintes itens em uma escala de 1 a 5, onde 1 é o menos influente e 5 o mais.)

Tabela 2.1 - Características prováveis dos executivos talentosos.

Escala Característica	1	2	3	4	5	N/A
Inteligência	1%	2%	7%	45%	45%	(N/A)
Insight	0%	0%	5%	26%	68%	1%
Bom senso	0%	2%	6%	31%	58%	3%
Influência	1%	0%	16%	33%	49%	1%
Faro	2%	8%	28%	32%	27%	3%
Motivação	0%	3%	11%	27%	56%	3%
Criatividade	0%	3%	13%	44%	37%	3%
Paixão	0%	0%	5%	27%	64%	4%
Visão	0%	0%	6%	26%	64%	4%
Sociabilidade	1%	8%	26%	46%	19%	0%

Além disso, oferecemos aos participantes a oportunidade de criar uma definição própria de talento. Houve um consenso surpreendente acerca da necessidade de **"dar uma contribuição"** e **"deixar um legado" "independentemente da função ou da habilidade"**. A importância da **"incisividade"** também foi citada com frequência. Para os participantes, as pessoas demonstram incisividade de diversas formas, de **"adquirir domínio"** em uma determinada área a ser capaz de **"fazer a mudança acontecer"**. Essas caracterizações criam uma imagem de uma pessoa capaz de levar as coisas adiante com seu próprio esforço. Elas indicam igualmente agilidade e autoconsciência. Essa autoconsciência é aplicada em sua própria aprendizagem. Essas pessoas procuram *feedback* (realimentação) e agem com base no *feedback* que recebem, utilizando-o para se sintonizar com as necessidades das pessoas com as quais elas trabalham. Esse foco nos outros foi amplamente salientado. Muitos participantes falaram sobre o "anti-herói do talento", isto é, o indivíduo que exibe várias das características citadas e que a despeito disso — e essa é uma distinção fundamental — age de maneira egoísta. De acordo com um dos participantes:

"Não importa o quanto as pessoas sejam brilhantes, elas não são talentosas quando a concretização de sua ambição pessoal é o objetivo predominante. Elas precisam contribuir para um objetivo maior."

A importância da **integridade** foi mencionada por vários participantes como o componente essencial da personalidade do talento. Ela está relacionada aos indivíduos que ponderam a respeito da diferença que eles podem fazer — no presente e no futuro. Eles têm um estilo de liderança sustentável, em que se age com consciência do impacto que se tem sobre os outros e a organização como um todo.

Como fazer diferença?

Essa é uma definição mais tangível de talento, que exige que as pessoas reflitam sobre a diferença que elas fazem e como elas fazem diferença. Não é preciso muito conhecimento para isso — é uma questão apenas de examinar o que um indivíduo produz e até que ponto isso agrega valor à empresa. Isso exige que se explique claramente o que é valor e o que ele significa para cada indivíduo da organização. Obviamente, o valor terá uma dimensão diferente de acordo com a função e a experiência, mas para todas as finalidades práticas devemos estabelecer objetivos e examinar evidências nas seguintes áreas:

- O que aprimoramos ou criamos que faz nossa empresa avançar?
- De que forma utilizamos os recursos sob nossa responsabilidade?
- De que forma contribuímos para os resultados de outros colegas?
- De que forma fortalecemos nossa relação com nossos clientes e a comunidade em geral?

Em poucas palavras, é necessário simplesmente olhar para fora e concentrar-se na **inovação**. Isso é fundamental tanto para os funcionários dos centros de atendimento quanto para os funcionários públicos. Também não concordamos com a ideia de que a inovação não está ao alcance dos funcionários mais novos ou da linha de frente. Eles com frequência estão mais bem posicionados para encontrar, criar ou aproveitar oportunidades. A questão crucial é como um indivíduo consegue perceber uma oportunidade, e esse é o indicador de talento mais importante.

Reflexões sobre liderança.

- Você sabe como os funcionários de sua empresa agregam valor ?
- De que forma a agregação de valor é divulgada e recompensada em sua empresa?
- O seu sistema de desempenho ainda está voltado para atividades e tarefas, em vez de efeitos e resultados?
- De que maneira você ajuda as pessoas a associar o trabalho que elas realizam e as influências que sua empresa exerce sobre a comunidade em geral?
- Como você identifica um talento em sua equipe de funcionários? Você adota uma visão inclusiva com respeito à força de trabalho ou um ponto de vista exclusivo sobre "alto potencial"? Você já revisou o argumento de negócios no que se refere a esse respeito?

Munido dessa nova visão sobre talento, as perguntas seguintes são:

Onde é possível encontrar talentos?

Como é possível desenvolvê-los?

Quais são seus atributos e que aparência eles têm?

Essas perguntas são o tema central do capítulo subsequente.

Essas perguntas são o tema central do capítulo seguinte.

Capítulo 3

Diversidade de talentos: é preciso crer para ver

"Para ter êxito precisamos parar com essa maldita mania de sermos normais. Se nos comportarmos como todas as outras pessoas, veremos as mesmas coisas, teremos ideias semelhantes e desenvolveremos produtos e serviços idênticos [...]. A única coisa mais difícil do que aprender a explorar o tabu mais recente com respeito à emoção e imaginação é aprender a prosperar sem ele. Por isso, pessoas e empresas do mundo inteiro, sejam pioneiras. Do contrário, vocês serão arrastadas para a insignificância."

Jonas Ridderstrale e Kjell Nordstrom, *Funky Business – Talento Movimenta Capitais*, pp. 277 e 278

Relação entre talento e diversidade.

Como já discutimos, a sobrevivência organizacional depende da **diferenciação**. Seja qual for o segmento ou setor, isso significa destacar-se, ser o primeiro lugar a ser procurado pelas pessoas ou simplesmente ser o **primeiro**. As empresas conseguem se diferenciar quando compreendem verdadeiramente o que é diferença e de que forma podem tirar proveito dela. Isso não está relacionado apenas à maneira como elas inventam ou comercializam um novo produto: tem a ver com sua capacidade de prever oportunidades e adaptar-se para corresponder a elas. As empresas bem-sucedidas percebem que a diferenciação exige uma cultura em que o que é aceito como normal é habitualmente contestado e em que a inovação é um valor organizacional apreciado. Isso requer uma oferta de talentos que combinem experiência, conhecimento, capacidade e perspectivas. Talvez mais importante do que isso, se requer líderes capazes de ganhar a confiança da força de trabalho por saber quando e como utilizar sua diversidade ou multiplicidade.

Em nossa opinião, precisamos de uma visão mais esclarecida sobre diversidade, que vá além da monitoramento de conformidade e oportunidades iguais. Aplicar novas regras em um sistema fundamentado em uma visão uniforme de sucesso não melhorará a diversidade. Precisamos compreender melhor por que a diversidade é tão importante e de que forma ela está interligada com as prioridades empresariais. Quando Lou Gerstner deu início ao seu empreendimento de transformar a IBM de **empresa industrial** na **empresa de serviços que hoje conhecemos**, ele disse uma frase memorável: "Eu não tenho uma estratégia de diversidade, minha estratégia é a diversidade." Ele tinha certeza de que precisaria desenvolver a capacidade da empresa para a inovação e responsividade para seus mercados.

Pense com cuidado sobre as principais questões a respeito da gestão de talentos e faça a si mesmo estas perguntas:

"Até que ponto esses fatores estimulam a diferenciação nas organizações?"

"Até que ponto os sistemas de avaliação de liderança produziram um grupo mais diverso de diretores de conselho?"

"Até que ponto o modelo de trabalho e sucesso das organizações é pluralista?"

"E quando um gerente de linha pensa sobre **"o que é talento"** estaria ele na verdade procurando pessoas como ele?"

Meritocracia e diversidade: fontes de talento.
Os primeiros precursores do movimento do talento pintaram um quadro de futuro em que reinaria a **meritocracia**. O desempenho seria o marco de referência, o potencial seria o fator de diferenciação e um conjunto comum de competências corporativas ofereceria um ponto de referência objetivo com base no qual as coisas seriam avaliadas. A promessa era (e é) sedutora. Ela parece satisfatória e pode ser avaliada e, obviamente, o que pode ser medido pode ser realizado.

Não obstante, quanto mais **eficientes** nos tornamos para **avaliar competências**, mais **inflexíveis** ficamos para avaliar o **desempenho** e mais tempo dedicamos ao **treinamento**, mas ainda assim os executivos queixam-se de que "não dispomos de talentos suficientes". Além disso, várias organizações continuam lutando com o fato de que o "talento" (profissional talentoso) que elas identificam sempre tem a mesma aparência e comporta-se da mesma forma. Essa situação é absurda, porque está ocorrendo em um momento em que os mercados de trabalho do Ocidente são mais diversos do que nunca. Nós avaliamos essa questão do ponto de vista de gênero, mas poderíamos também tê-la examinado de um ponto de vista étnico, de deficiência física, de preferência sexual ou de idade, e a história permaneceria a mesma. Os mercados de trabalho estão sendo transformados pela imigração, por mudanças demográficas e pela fragmentação econômica.

No Oriente, o quadro é diferente, mas não menos impressionante. A classe média da Índia multiplicou-se rapidamente e hoje engloba **40%** da população, elevando seus padrões educacionais e as expectativas profissionais para níveis sem precedentes. A China continua com um crescimento anual de **8%** a **10%**, entra ano sai ano. Em cinco anos a China triplicou o número de pessoas graduadas. Em 2009, formou 6,5 milhões de diplomados. Tanto a Índia quanto a China estão deixando de depender exageradamente de um *pipeline* (fonte) misto de expatriados, tentando, em vez disso, fortalecer rapidamente a capacidade de talentos nacionais. Curiosamente, a despeito de circunstâncias bastante diferentes, o Oriente, assim como o Ocidente, também precisa responder aos desafios da homogeneidade e começar de fato a acolher favoravelmente as diferenças em sua força de trabalho.

Segundo os sociólogos, essa diversidade hoje é algo que está bem além de nossas origens e de nossa biologia. Está relacionada à nossa "biografia", à época em que nascemos, à forma como vivemos e a quem desejamos ser. Esses fatores dão outra dimensão às gerações Y, X e de *baby boomers*. Esses grupos são entrelaçados por vários outros grupos sociais. Eles estão surgindo em todos os continentes e tornando mais complexa a identificação de talentos nas organizações. Talvez os propulsores mais significativos desses grupos no mundo inteiro sejam a **tecnologia**, a **educação** e a **pobreza**.

Hoje, os jovens de 16 anos de idade estão prestes a integrar a força de trabalho. Nascidos na década de 1990, eles cresceram em uma época de maior convergência tecnológica e em nosso estilo de comunicação. Os integrantes da geração do "milênio" foram criados com as redes sociais *on-line*, os jogos de fantasia, os *blogs*, as conversas em vídeo, as mensagens instantâneas e a TV interativa. Eles estão desenvolvendo diferentes formas de linguagem e estilos para se comunicar uns com os outros. Essas formas de comunicação são em grande medida diferentes das formas de comunicação restritas das organizações atualmente. Isso também acrescenta uma quarta geração à força de trabalho, complicando consideravelmente a organização da proposição de emprego.

O acesso dessa última geração de trabalhadores à educação também foi inédito. Entretanto, há algumas evidências que levam a crer que no Ocidente, embora os padrões de qualificação estejam crescendo, os **níveis de habilidade estão diminuindo**. Essa queda nos níveis de habilidade parece ter sido motivada pela ênfase sobre a aprovação em exames e a crescente participação na educação superior. Os empregadores queixam-se de que, não obstante a maior oferta de diplomados, a qualidade dos recrutados diminuiu. Na extremidade oposta do espectro, os alunos que abandonam a escola carecem de habilidades básicas e formação vocacional. Os desafortunados na parte inferior da cadeia enfrentarão amplo desemprego (e maior desqualificação) à medida que futuras ondas de diplomados e migrantes econômicos entrarem no mercado.

O tamanho dos mercados de trabalho dos EUA, da Índia e da China leva a crer que eles continuam tendo um *mix* adequado de habilidades para atender às necessidades variáveis de sua economia. Infelizmente, talvez o impacto mais significativo sobre a oferta de talentos no mundo inteiro provenha da pobreza social. Estima-se no momento que nossas sociedades atuam de acordo com o princípio de dois terços, segundo o qual um terço da sociedade sempre é **"deixado para trás"**. As consequências disso sobre as comunidades, a criminalidade, a desigualdade e a exclusão social são bastante conhecidas. No âmbito global, o hemisfério sul continua no rastro do hemisfério norte em termos de riqueza. A essa altura, os **20%** mais ricos da humanidade consomem **80%** de seus recursos!

O motivo pelo qual a pobreza, em nível macro, é tão prejudicial à nossa oferta de talentos é que ela tem um efeito multiplicador sobre os níveis de habilidade, a saúde e as oportunidades de vida. Isso diminui a amplitude e a qualidade da oferta de talentos em todos os níveis. Esse prejuízo latente de um terço da sociedade não entrar para o mercado de trabalho, associado ao déficit previsto na força de trabalho ativa por volta de 2040, **aumentará** ainda mais a **escassez de talentos**.

Acreditamos que os bancos de talentos atuais são perigosamente homogêneos. O que queremos dizer com isso é que a liderança de nossas organizações passou a depender demasiadamente de pessoas com formação e aspirações semelhantes. Isso gera uma dependência exagerada para com um conjunto estreito de habilidades e uma visão de mundo que funciona bem em condições familiares, mas deixa a organização vulnerável a mudanças e desafios futuros.

Diversidade de talentos: é preciso crer para ver 63

Sapos cozidos e batatas chilenas... por que a diversidade é vital.

Vivemos em uma época sem precedentes. Em ambos os lados do mundo gerações e culturas diferentes vivem, trabalham e consomem lado a lado. Trata-se de um caleidoscópio social que, não obstante a escassez avultante, oferece uma oportunidade inédita de fortalecer o *pipeline* de talentos e desenvolver a capacidade de diferenciação da empresa.

Quando observamos o quadro com essa perspectiva, percebemos uma visão que diz: "Deixe a natureza seguir seu próprio curso — se a sociedade está mudando, isso com certeza se infiltrará na força de trabalho e então no *pipeline* de talentos, certo?" Bem, talvez no devido tempo isso se prove verdadeiro, mas isso pode levar uma geração (pelo menos). Esperar que isso ocorra "de maneira natural" simplesmente não é uma opção para várias organizações que já enfrentam os desafios dos diferentes padrões de demanda do cliente ou da demanda imprevista nos serviços públicos. Acreditamos que os bancos de talentos atuais são perigosamente homogêneos. O que queremos dizer com isso é que a liderança de nossas organizações passou a depender demasiadamente de pessoas com formação e aspirações semelhantes. Isso gera uma dependência exagerada para com um conjunto estreito de habilidades e uma visão de mundo que funciona bem em condições familiares, mas deixa a organização vulnerável a mudanças e desafios futuros. Isso se parece um pouco com a famosa parábola de Charles Handy do **"sapo cozido"**, em que o desafortunado anfíbio permanece ali feliz em uma panela com água aquecida lentamente, tão lentamente que ele não percebe o súbito aumento de temperatura, mesmo quando já é tarde demais...

Parece provável que estamos atravessando um período em que nossas práticas de RH procuram assiduamente selecionar e desenvolver pessoas seguindo a direção de uma ideia uniforme de sucesso. Pense na estrutura generalizada de competências, que representa as habilidades e o conhecimento necessários para desempenhar um cargo ou ser promovido na organização. Elas são veneradas pelos profissionais de RH porque têm potencial para enunciar o que a organização espera das pessoas e de alistar diferentes elementos da cadeia de serviços do RH. Por exemplo, se uma empresa X tem um conjunto de competências de liderança que valoriza "a motivação veemente, a influência sobre os outros e a produção de resultados" como características essenciais em seus líderes, ela portanto recrutará, avaliará, promoverá, formará e recompensará com base nesses fatores. Aqueles que não demonstrarem possuir essas características serão gerenciados para que as adquiram ou simplesmente serão demitidos. Essas características serão então aplicadas ao recrutamento de graduados e depois a cada estágio do plano de carreira da alta administração. Nessa empresa X, o sucesso será recompensado para aqueles que melhor evidenciarem essas qualidades e o plano de sucessão será ajustado de acordo com essas competências. No devido tempo, toda a estrutura de liderança refletirá essas competências e a empresa X ficará conhecida e será respeitada em virtude dessas qualidades.

Estamos atravessando um período em que nossas práticas de RH procuram assiduamente selecionar e desenvolver pessoas seguindo a direção de uma ideia uniforme de sucesso.

Do ponto de vista da alta administração, isso parece uma história com final feliz. Temos clareza, temos um ponto de referência comum e existe concordância — o que obviamente torna tudo bem mais fácil de gerenciar. Entretanto, se examinarmos essa questão de um ponto de vista **sistêmico**, concluiremos que essa conformidade tem consequências perigosas, que prejudicam o sucesso econômico e a capacidade de adaptação e também diminuem a oferta de talentos essenciais. A verdadeira história do produtor de batatas chilenas, contada por Arie De Geus na página 149 do seu livro *The Living Company* (*A Empresa Viva*) (publicado pela Harvard Business Publishing em 2002) relata por que a diversidade em sua forma mais simples é essencial para a sobrevivência.

> "Os camponeses chilenos, que sempre viveram nas montanhas, sabem que uma série de coisas terríveis pode prejudicar suas batatas. Pode gear de madrugada ou haver uma infestação de lagartas. O mofo pode destruir as plantas antes de os tubérculos se formarem ou o inverno pode se antecipar. Ao longo dos anos, todas essas calamidades ocorreram. Sempre que uma nova calamidade se abate, os camponeses vão até as lavouras e procuram por toda parte as plantas que sobreviveram; somente aquelas que ficaram imunes à praga mais recente. Na época da colheita, eles desenterram com cuidado as batatas sobreviventes e levam os preciosos tubérculos para suas choupanas. Eles e os filhos podem ser obrigados a atravessar um inverno de escassez, mas ao menos têm para o ano seguinte mudas de batata com as quais possam recomeçar. Eles não se prendem a nenhuma técnica de cultivo nem a um tipo específico de batata; às vezes eles podem ser ineficientes, mas a diversidade propagou-se em suas práticas diárias, uma diversidade que permite que eles enfrentem calamidades imprevistas."

Diversidade: a melhor maneira de proteger sua empresa contra a obsolescência e evitar a homogeneidade.

A **falta de diversidade**, além de deixar a empresa vulnerável, prejudica seu sucesso econômico. Competências como as da empresa X basear-se-ão nas experiências pessoais de sua atual equipe de liderança e nas atuais necessidades do ambiente de negócios. Essas visões pessoais, embora relevantes, estão fundamentadas na fórmula de sucesso específica de cada executivo. Essa fórmula, por sua vez, baseia-se em suas ações que já foram recompensadas, nos modelos de conduta que lhes permitiram chegar às suas vitórias e também nas suas histórias de luta. Essas experiências, ainda que importantes, foram obtidas em uma época diferente. Pense sobre isto: muitos dos atuais executivos seniores estavam construindo sua carreira na década de 1980 (alguns até antes), quando a sociedade e o sucesso pareciam bastante diferentes. Esses anos de formação devem ter estabelecido padrões enraizados de comportamento e preferências inconscientes que os ajudam a tomar decisões no presente. Essa tendência é natural e necessária para todos nós e essencial para atuarmos como indivíduos. Entretanto, no que tange às empresas, a introjeção dessas experiências no "DNA" organizacional estabelecerá uma **cultura de sucesso** predominante e extremamente **homogênea** que tem grande probabilidade de se tornar **obsoleta**.

Um estudo recente da McKinsey sobre os padrões de carreira de líderes do sexo feminino identificou que essa cultura homogeneizada é a barreira mais significativa ao progresso das mulheres. Segundo a McKinsey, as posturas ocidentais diante do trabalho baseiam-se em um modelo de desempenho caracterizado por atributos masculinos. Esse modelo enfatiza a importância da mobilidade ascendente, da opinião franca e direta e da confiança na autopromoção. Esses traços são complementados por uma cultura de trabalho motivada pela competição e pelo trabalho prolongado, em que em muitos casos a família é subserviente à carreira. Isso ficou conhecido como "síndrome da dupla carga de trabalho", segundo a qual as mulheres são as que mais tendem a assumir responsabilidades profissionais e domésticas. Para as mulheres, o sucesso nesses ambientes de trabalho significa agir de acordo com esses códigos de desempenho. A pesquisa da McKinsey leva a crer que muitas mulheres estão optando por não atuar nesses ambientes, não porque não sejam capazes de trabalhar dessa forma, mas simplesmente porque elas não desejam. Segundo um estudo publicado pela *Harvard Business Review* sobre graduados universitários norte-americanos, 37% das mulheres fazem uma pausa em sua carreira, em comparação com 24% dos homens. As mulheres que realmente permanecem ganham competência para trabalhar segundo esses códigos e fazem opções de vida de acordo. É significativo que **49% das mulheres mais bem pagas não tenham filhos,** em comparação com apenas 19% de seus equivalentes do sexo masculino.

Esse mesmo estudo constatou que as organizações com mais mulheres em cargos importantes divulgaram uma lucratividade mais alta que suas equivalentes. As empresas com três mulheres ou mais no comitê administrativo tinham margens operacionais e capitalização de mercado pelo menos duas vezes mais altas que suas equivalentes com a classificação mais baixa. É tentador concluir que essa diferença pode simplesmente ser consequência de **maior competência!** Contudo, o motivo real parece estar relacionado com a perspectiva que as mulheres imprimem na governança e na condução da empresa. Isso leva a crer que não é o fato de essas empresas terem mulheres em níveis seniores que as tornam mais bem-sucedidas: é o fato de elas terem um *mix* (combinação) de homens e mulheres.

Talvez mais significativo do que isso, a maior presença das mulheres em cargos seniores melhora a capacidade da organização de prever e tirar proveito de padrões de consumo variáveis. Estima-se que na Europa as mulheres atualmente estejam por trás de 70% das decisões de compra familiares. Nos EUA, as mulheres encabeçam 83% das decisões de consumo. No Japão, as mulheres influenciam 60% das vendas de carro, ao passo que no Reino Unido o poder aquisitivo conjunto do mercado de pessoas acima de 55 anos, de pessoas com deficiência e de lésbicas e *gays* responde por uma despesa de 300 bilhões de libras.

Não é de surpreender, portanto, que a Stonewall, a principal instituição do Reino Unido em prol da igualdade de lésbicas, *gays* e bissexuais (LGB), hoje tenha mais de 500 membros corporativos comprometidos com o desenvolvimento de ambientes de trabalho em que as pessoas possam ser elas mesmas. Para muitos empregadores, isso faz sentido do ponto de vista comercial, visto que 55% da população de LGBs do Reino Unido relatam que a discriminação no ambiente de trabalho afeta negativamente seu trabalho. A pesquisa da Stonewall também demonstrou uma relação com a reputação organizacional e imagem da marga do empregador. Setenta e quatro por cento dos *gays* e 42% dos heterossexuais são menos propensos a ser associados com organizações que têm uma visão negativa sobre os *gays*. A Stonewall utiliza o índice anual de igualdade no local de trabalho (direito autoral da Stonewall) para comparar as posturas dos empregadores participantes. A IBM obteve o primeiro lugar (pela segunda vez ao longo dos seis anos de existência desse índice) e utiliza uma visão esclarecida sobre como os funcionários LGB agregam valor aos seus negócios, sendo uma das poucas empresas a fazer essa correlação com suas relações externas, particularmente com fornecedores e funcionários em perspectiva. O diretor executivo da IBM do Reino Unido e Irlanda, Brendon Riley, ressalta:

> "Em 2009, comemoramos o 25º aniversário da política de antidiscriminação de LGBs da IBM — mas procuramos constantemente novas formas de melhorar e ampliar o escopo do que podemos conseguir. Examinamos mais de perto o grupo de rede de LGBs, sua proposição de valor e seu ciclo de vida para confirmar se ele continua agregando valor. Começamos também a melhorar o monitoramento de carreira para garantir que os funcionários LGB sejam tratados igualmente no desenvolvimento de carreira e nas oportunidades de promoção e a desenvolver um *pipeline* de futuros executivos. Para essa finalidade, criamos o Fórum Executivo de LGBs patrocinado pela IBM, para compartilhar as melhores práticas entre as organizações e ajudar outras a estabelecer agendas de igualdade que sejam eficazes e propagáveis. A diversidade constitui nossa personalidade, nossa identidade e, em última análise, nosso sucesso — ela está em nosso DNA."

A conclusão é de que uma forma mais flexível de trabalho atrairá uma maior diversidade para o *pipeline* de talentos. Supomos que isso esteja relacionado a questões de afiliação étnica, idade e deficiência tanto quanto aos LGBs. O sucesso da IBM também demonstra a importância de visar diferentes setores e monitorar os avanços nesse sentido. A crescente diversidade entre a população de liderança melhora a capacidade da empresa para compreender e responder ao ambiente externo e aos seus clientes.

Uma nova guerra por talentos.

Quando pensamos a esse respeito, percebemos algo um pouco bizarro na criação de um *pipeline* de talentos que se conforma com um conjunto de competências fundamentado no passado recente. É uma mentalidade que defende que **"o talento deve adaptar-se à organização e aos seus estilos"**. Tudo bem. Temos um mercado de trabalho decrescente, carência de habilidades, quatro gerações que desejam trabalhar de maneira diferente, uma composição social variável, refletida apenas pelos níveis juniores da força de trabalho, e ainda assim adotamos o princípio de que o talento deve girar ao nosso redor...

É de surpreender que estejamos enfrentando essa "guerra por talentos"? Não obstante a recente recessão econômica, os indivíduos talentosos, aqueles com capacidade para ajudar nossas organizações a prosperar, é que mandam. Eles optam por ficar, por sair ou simplesmente por se fechar. Ainda assim, criamos atividades direcionadas aos "talentos" que lhes pedem para se conformar com uma ideia bastante singular de sucesso, passar primeiro por uma série de avaliações difíceis para só então fazer o que desejam, e os empurramos para cargos que os distanciam da família. Além disso, dizemos a muitos deles que, a despeito de sua imprescindível contribuição, eles **"não têm potencial".** Isto é, naturalmente se de fato lhes dissermos isso, visto que muitas atividades direcionadas aos talentos continuam sendo realizadas em segredo. Essa é uma arrogância de tirar o fôlego. Não é nem um pouco de surpreender que o problema de retenção de talentos, hoje, tenha se tornado uma preocupação tão vital.

Quando examinamos o problema dessa forma, nos parece que existe uma nova guerra por talentos, e ela está ocorrendo dentro da própria organização. Se quisermos manter e transformar a capacidade das pessoas talentosas em algo concreto, precisaremos de uma visão mais pluralista sobre o que o talento de fato é. Precisaremos também recriar os códigos culturais de nossas organizações; nossos heróis precisam de uma cara diferente. Imagine se pudéssemos criar uma organização que se valesse da variedade de aptidões e potencialidades que todos levaram para dentro dela, e não apenas das aptidões que estamos procurando no momento. As pessoas são mais talentosas do que imaginam e o único obstáculo é a falta de convicção.

Medidas práticas que começaram a fazer diferença.

Existem várias medidas práticas que podem fazer diferença de imediato, tais como:

1º) **Integrar talento, diversidade e estratégias organizacionais** – A falta de diversidade é um problema complexo que exige uma solução complexa. Pensar na diversidade como uma questão empregatícia ou de conformidade ou como um fim em si mesma provavelmente não influirá na pauta sobre talento. Em vez disso, pense na diversidade como um veículo para melhorar a oferta de talentos. Reflita sobre como a maior participação nos esquemas direcionados ao talento pode ajudar a perceber melhor o conjunto de *insights* e habilidades necessário para concretizar a estratégia empresarial.

Perceba claramente que aptidão é essencial para promover o sucesso futuro. De que forma a participação de mercado será ampliada e quais consumidores tomarão as decisões de compra? Quais comunidades a organização atingirá? Que nível de inovação será necessário e em que áreas? Quais são as aspirações com respeito à marca e à experiência correspondente dos clientes? Examine a fundo os perfis de segmentação e os dados sobre as experiências dos clientes fornecidos pela equipe de *marketing*. Participe como ouvinte de grupos foco e de investigações sobre produtos ou serviços. Fique atento às mudanças no comportamento dos clientes e a quaisquer necessidades não atendidas. Isso lhe dará as ideias sobre a aptidão e estrutura essenciais para atender a essas necessidades.

Assim que isso for estabelecido, examine que tipo de talento e os cargos básicos que serão necessários. Analise como os grupos sub-representados podem contribuir para isso e apresente um argumento para os líderes seniores sobre por que isso é importante. Reúna informações concretas sobre a característica demográfica da organização atual e identifique indicadores para que possa mapear os progressos obtidos.

Tome cuidado para simplesmente não repetir o argumento moral. Procure, em vez disso, demonstrar o elo entre a ampliação da participação e os resultados.

2º) Identificar o "DNA" da empresa – Essa tarefa é sempre delicada, visto que é preciso espelhar a situação para a equipe executiva existente e pedir para que ela reflita sobre se seu estilo de liderança ajuda ou atrapalha a estratégia.

Converse com grupos de interesse externos, clientes e funcionários em todas as principais áreas de interesse a respeito da estrutura de sustentação operante na organização. Utilize dados sobre o envolvimento dos funcionários se houver. Examine os prós e os contras desse "DNA" em relação aos objetivos organizacionais, ao comportamento da concorrência e à promessa da marca. Continuar com essa disposição ajudará ou impedirá o desenvolvimento da organização? O que está faltando nessa estrutura que possa minar a maneira como a empresa responderá ao ambiente?

Compare e diferencie os perfis da equipe de liderança e examine em que sentido isso determina a cultura organizacional. Até que ponto a equipe age de acordo com um tipo de comportamento uniforme? Seus pontos fortes tendem a se concentrar em um pequeno número de áreas importantes? Se sim, quais são os riscos? De outro modo, existe espaço para que todo indivíduo deixe sua "marca"? Como essas diferenças se manifestam?

Esse método de diagnóstico deve abrir espaço para um diálogo sobre a característica da cultura que precisa mudar para refletir melhor as prioridades da organização. Tome cuidado para não definir um estilo uniforme que estimule a homogeneidade. Considere, em vez disso, as características que estimularão a diversidade, a aprendizagem contínua e a inovação. Você deve procurar articular os seguintes valores:

- O que significa ter um **bom desempenho** (e também ter um mau desempenho) e como isso é **recompensado**.
- De que forma o **sucesso** se demonstra e é **reconhecido**.
- O que o é **talento** (e igualmente o que o talento não é) e o que ele obtém em comparação a todos os demais.
- Como se dará a **comunicação** e como o feedback dos funcionários será aceito.
- O **grau de flexibilidade** existente nos padrões de trabalho e nas carreiras.
- Os **valores organizacionais** que norteiam o que é e o que não é aceitável.

Procure conversar novamente com as principais áreas de interesse (não apenas com a equipe executiva). Isso ampliará a proposição de emprego para que reflita melhor as necessidades dos grupos sub-representados.

3º) **Criar um método de desenvolvimento de carreira específico para grupos sub-representados** – Pesquisas demonstram que as carreiras bem-sucedidas dependem da competência, de uma sólida percepção de propósito pessoal e da capacidade de aprender e adaptar-se e da capacidade para compreender e lidar eficientemente com as políticas organizacionais. Os grupos sub-representados precisam de uma orientação dirigida para se desenvolverem nessas áreas.

As principais organizações estão criando cada vez mais espaço para mulheres em geral, negros, lésbicas e *gays* para que desenvolvam essas habilidades em **grupos especiais**. Isso pode ocorrer em reuniões no café da manhã, grupos de rede e até em programas de desenvolvimento baseados em grupos especiais. Seja qual for o formato, o maior auxílio provém do patrocínio do alto escalão e da facilitação profissional que visa ajudá-los a levantar voo.

A **mentoria** é fundamental para ajudar os indivíduos a entender como os altos executivos funcionam. Além disso, ela ajuda a visualizar significativamente a capacidade e o potencial de um indivíduo em níveis hierárquicos mais altos. Essa visibilidade os mantém mais na lembrança e mais bem posicionados para tomar conhecimento sobre vagas iminentes e oportunidades de projeto. Os mentores precisam oferecer conselhos estimulantes e realistas, particularmente quando a visão de um indivíduo sobre seu próprio potencial não corresponda à sua capacidade atual.

É também fundamental reconhecer os indivíduos bem-sucedidos pertencentes a esses grupos como exemplos a serem seguidos e estruturar o desenvolvimento da liderança e os programas de formação de executivos. Cada vez mais as equipes de inovação convidam esses indivíduos a participar de grupos de trabalho para testar novos produtos e serviços. Dessa forma, podemos estimular assiduamente todas as oportunidades possíveis para que o desenvolvimento se mantenha real e a ações se mantenham centradas.

Em conclusão, é fundamental criar um método sustentável no desenvolvimento de talentos diversificados. Esses modelos de conduta devem sempre participar do recrutamento e da mentoria de seus colegas nos níveis mais inferiores da organização.

Reflexões sobre liderança.

É verdade que para tirar proveito de todos os seus talentos a organização deve procurar se moldar ao talento do qual ela dispõe, e não o contrário? Reflita sobre o motivo que nos leva a empregar tantos métodos que se preocupam em saber até que ponto as pessoas se enquadram e em que elas são deficientes. Quando foi a última vez que analisamos nossa equipe de funcionários como um todo e tentamos identificar os talentos dos quais dispomos, onde residem nossos pontos fortes exclusivos e de que modo podemos utilizá-los? Gostaríamos de pedir aos líderes que examinem a fundo a personalidade da empresa e o tipo de ecologia que ela cria para o talento.

Considere, nesse sentido, as seguintes perguntas:

1. Até que ponto sua estratégia empresarial reconhece a diversidade crescente da estrutura social do mercado?
2. De que forma o desempenho é avaliado e recompensado?
3. O que significa sucesso e como você o reconhece?

72 A Verdade sobre o Talento

4. O que você procura em um novo funcionário recrutado? (Até que ponto isso espelha as características da atual população de liderança?)
5. Quem faz as contratações e a que lugares você vai para contratar?
6. Quem se desenvolve e tem acesso a mentores do alto escalão?
7. Quantos riscos você assume nas promoções — você espera as pessoas ganharem total competência ou que elas se adaptem ao cargo?
8. O que ocorre quando as pessoas não se enquadram na equipe?
9. Quais padrões de trabalho são aceitáveis? Até que ponto é fácil para os funcionários fazerem uma pausa na carreira e depois voltarem?
10. Qual foi a última vez em que você (na posição de líder) levou em conta uma contestação de sua equipe?

Essas dez perguntas o levarão a examinar as normas de comportamento em relação a quem se deve manter e quem se pode promover na organização. Sabemos que muitas empresas têm um código verbal sobre **"o que significa ser bem-sucedido"**. No setor de varejo, isso está relacionado a "saber administrar uma loja, no bancário a "lidar com clientes importantes", no de saúde à experiência clínica, no de telecomunicações à "confiabilidade da rede". Você não o encontra no manual da equipe ou na estrutura de competências do RH. Você o perceberá na forma como seus colegas tomam decisões sobre pessoas, no que eles valorizam e não valorizam e em seu estilo de trabalhar. Observe como as pessoas conversam sobre indivíduos bem-sucedidos, de que modo os atributos são percebidos e a frequência com que são mencionados.

A necessidade de uma vantagem empresarial prática com relação a como as pessoas são gerenciadas e conduzidas é o foco do capítulo subsequente: estratégia.

Capítulo 4

Estratégia: iniciando com a finalidade em mente

"O método do estrategista é basicamente contestar as suposições prevalecentes com uma única pergunta: por quê?"

Kenichi Ohmae, *The Mind of the Strategist*, McGraw-Hill

As estratégias têm êxito quando são o mais simples e convincentes possível e são alas que norteiam cotidianamente as decisões. Elas são cuidadosamente pensadas e relevantes e também visam a um fim; são **distintivas** e, às vezes, **confiantes** e **audaciosas**, e utilizam os pontos fortes de uma empresa no presente e no futuro.

Algum dia o diretor de recursos humanos (RH) estará sentado à mesma mesa com outros diretores executivos. Entretanto, para que isso ocorra, esses outros diretores precisarão reconhecer e valorizar o trabalho dos profissionais de **gestão de pessoas**, considerando-o essencial para a estratégia, o futuro e o sucesso de sua organização. Infelizmente, em várias empresas há muito tempo os profissionais de gestão de pessoas têm sido **subvalorizados**. Essa situação confusa faz com que a afirmação "as pessoas são nosso recurso mais valioso" pareça particularmente insincera! A verdade é que as questões relacionadas às pessoas fundamentam todos os demais aspectos das atividades de uma organização: elas são essenciais para que qualquer organização implante uma estratégia, atenda aos clientes, inove ou simplesmente gere receitas, lucros e valor. O problema é complexo: com grande frequência, os métodos do RH estão desvinculados da estratégia empresarial ou têm importância secundária, e isso pode dar a entender que os profissionais de RH estão preocupados com as pessoas à custa de outras prioridades (como lucratividade, atendimento aos clientes ou agregação de valor). Em última análise, esse vínculo entre RH e estratégia empresarial não é suficientemente claro.

Os pontos de vista sobre RH estão mudando, mas uma pesquisa realizada pelo Corporate Research Forum em 2003, junto a 1.310 organizações, ressaltou os seguintes pontos de vista sobre o envolvimento do RH na estratégia empresarial:

- 63% dos respondentes afirmaram que o RH tem ciência da direção estratégica da empresa, em comparação com 89% dos gerentes seniores e 66% dos gerentes médios.
- Menos de 30% dos respondentes acreditavam que as prioridades estratégicas do RH eram moldadas pela estratégia empresarial — e apenas 23% dispunham de um processo de planejamento que integrasse totalmente a empresa e o RH.
- Somente 53% da equipe sênior de RH participa do desenvolvimento do plano estratégico da organização (47% em sua avaliação e 21% em sua aprovação).

Com base nesses dados, é de surpreender que os profissionais de RH consigam de alguma forma fazer algum progresso. Relativamente poucos diretores de RH têm representação em nível de diretoria e um número ainda menor chega ao cargo de diretor executivo da empresa. Tal como ressaltamos antes, gerenciar pessoas e em especial os indivíduos que consideramos "talentosos" tornou-se extremamente complexo e produz relativamente poucos ganhos ou benefícios. Essa situação não está ajudando as pessoas ou as respectivas empresas de **maneira adequada**, e também existe uma oportunidade de custo: as estratégias malogram porque as pessoas estão despendendo muitos recursos ao realizar inúmeras atividades que têm, na melhor das hipóteses, um valor restrito ou secundário. Nesse ínterim, questões e fatos vitalmente importantes estão sendo negligenciados.

As verdades a respeito do talento ressaltam por que as questões relacionadas à gestão de pessoas são tão importantes. Lembre-se:

- Agora todos nós temos talento.
- O talento é abundante e diverso.
- As pessoas talentosas são aquelas que agregam valor, e não simplesmente aquelas que conseguem chegar ao topo.

- O potencial é discricionário.
- Desenvolver e mobilizar o talento é a essência da liderança
- O RH deve ser repensado para oferecer processos para uma "força de trabalho de um (individual)".
- As pessoas talentosas são atraídas para empresas (ou locais) talentosas ou ambientes criativos.

Em vista dessa situação, os profissionais de RH têm na verdade apenas uma prioridade: verificar se os funcionários da organização e seus líderes estão fazendo o possível para apoiar a estratégia empresarial.

Estratégia: a primeira prioridade.

A **"estratégia de talento"** e a **"estratégia de gestão de pessoas"** precisam estar inteiramente a serviço da estratégia geral da empresa. Se admitirmos que isso é uma verdade, conclui-se que os profissionais de RH devam participar intimamente do desenvolvimento e da implantação da estratégia. Portanto, a prioridade é tornar explícito o vínculo fundamental (e óbvio) entre a estratégia e as táticas de gestão de pessoas de um lado e a estratégia empresarial geral. Há várias formas de conseguir isso:

- mentalidade ou pensamento voltado para o futuro;
- desenvolvimento de estratégias;
- implantação de estratégias;
- comunicação.

Em primeiro lugar é indispensável compreender o que se pretende dizer com estratégia: um conceito excessivamente empregado e com frequência mal compreendido. Basicamente, pode-se definir estratégia empresarial como os planos, as escolhas e as decisões utilizadas para orientar uma empresa para que ela obtenha maior lucratividade e sucesso. Uma estratégia bem-sucedida diferencia a empresa e oferece o ímpeto necessário para o sucesso comercial.

O fator mais importante da estratégia empresarial é a **escolha**. A estratégia empresarial tem três elementos essenciais: **desenvolvimento**, **implantação** e **persuasão** (isto é, obter comprometimento e adesão). Na base de todos eles se

76 A Verdade sobre o Talento

encontra a escolha, em particular a necessidade de tomar uma posição estratégica diferenciada com relação a:

- Quem atingir como clientes (e a quem evitar).
- Quais produtos (serviços) oferecer.
- Como empreender eficazmente as atividades correspondentes.

Estratégia tem a ver com a tomada de decisões complexas nessas três áreas. Significa tomar decisões sobre os clientes que pretendemos atingir e, tão importante quanto, sobre os clientes que não pretendemos atingir. Para isso é necessário focalizar o cliente, utilizar as formas de segmentação mais úteis e produtivas. Elaborar uma boa estratégia também significa escolher os produtos ou serviços que serão oferecidos e as características ou benefícios que serão enfatizados. Em suma, estratégia significa **escolher as atividades corretas para vender o produto (serviço) escolhido ao cliente escolhido.**

Em todo setor existem várias posições viáveis para uma empresa. A essência da estratégia, portanto, é a escolha daquela posição que a empresa alegará que é sua. Posição estratégica é, basicamente, a soma das respostas de uma empresa às três perguntas mencionadas anteriormente: quem pretendemos atingir, o que ofereceremos e como garantiremos o sucesso? O objetivo de qualquer empresa deve ser responder essas perguntas diferentemente de seus concorrentes. Se isso for possível, a empresa poderá assumir uma posição estratégica exclusiva.

Mentalidade e cenários voltados para o futuro.

Por que a mentalidade e os cenários voltados para o futuro são preciosos? Para os funcionários, a estratégia empresarial oferece uma **visão de futuro norteadora** que influencia suas decisões, suas prioridades e sua maneira de trabalhar. Geralmente, as pessoas gostam de realizar trabalhos que tenham significado ou ao menos um propósito. A estratégia oferece o propósito. Nesse sentido, ela contribui para a satisfação pessoal. Esse fator psicológico revela uma questão importante e raramente considerada com relação à estratégia: sua contribuição intangível e valiosa para o comprometimento, o envolvimento, a produtividade, a criatividade e o sucesso dos funcionários. Em poucas palavras, as pessoas trabalham melhor e fazem mais **quando acreditam no que elas estão fazendo** e têm convicção quanto à direção que estão tomando. Inversamente, a incerteza ou insegurança quanto ao futuro gera tensão, falta de confiança e até ceticismo, nenhum dos quais propícios ao sucesso empresarial ou à realização pessoal. Em conclusão, para os indivíduos, uma estratégia sólida os leva a desenvolver seu potencial e, invariavelmente, a obter novas habilidades. Isso, portanto, instaura um círculo autossustentável de confiança, autoconsciência e sucesso.

Uma função vital do RH é desenvolver em todos os funcionários da organização (para ter uma oferta abundante de talentos) uma mentalidade voltada para o futuro. Essa mentalidade é especialmente importante para ajudá-los a analisar uma situação, compreender as prioridades e tomar decisões corretas quanto ao futuro.

Para os acionistas, a estratégia também oferece uma forma de avaliar o progresso da empresa. Os acontecimentos podem obscurecer a realidade do desempenho de curto prazo de uma empresa, mas o que não pode ser obscurecido é se a estratégia correta e a direção certa foram escolhidas e se houve progresso no cumprimento dessa estratégia.

Os cenários ajudam os gestores a enfrentar riscos, incertezas e complexidades. O planejamento por cenários possibilita que as empresas ensaiem o futuro, caminhem pelo campo de batalha antes que a luta comece — se assim você preferir —, para que desse modo estejam mais bem preparadas. Sua importância repousa não em prever o futuro, mas em permitir que os proprietários e os gestores das empresas reconheçam e percebam possíveis acontecimentos futuros e, dessa forma, os influenciem.

O pensamento por cenários ou prospectivo tem sido empregado há séculos pelas forças armadas e por organizações como a Royal Dutch/Shell desde a década de 1960. De acordo com Kees van Heijden, ex-professor de estratégia na Escola de Negócios de Strathclyde:

"O planejamento por cenários não é uma atividade ocasional nem uma nova técnica: é uma forma de pensar que funciona melhor quando permeia toda a organização, afetando decisões em todos os níveis. Entretanto, diferentemente das iniciativas de gestão mais populares, ele não requer grandes investimentos em recursos ou reestruturação, mas apenas o compromisso de que as pessoas distanciem-se de suas atividades habituais e reúnam-se para refletir e aprender."

Uma função vital do RH é desenvolver em todos os funcionários da organização (para ter uma oferta abundante de talentos) uma **mentalidade volta-**

da para o futuro. Essa mentalidade é especialmente importante para ajudá-los a analisar uma situação, compreender as prioridades e tomar decisões corretas quanto ao futuro. Cenários são pontos de vista sobre os possíveis acontecimentos e suas consequências. Eles oferecem um contexto com base no qual os gestores podem tomar decisões. A reflexão sobre uma série de possíveis cenários futuros fundamenta melhor as decisões. Em consequência disso, qualquer estratégia que se baseie nessa percepção mais aprofundada tem maior probabilidade de dar certo. O RH tem um valioso papel a desempenhar no sentido de criar condições para que particularmente os gestores pensem a respeito do futuro: o que pode ocorrer e como a empresa pode se beneficiar de seu trabalho.

O RH precisa ajudar os funcionários e as respectivas empresas a perceber os benefícios dos cenários. Alguns desses benefícios são:

- **Eles melhoram a percepção sobre as circunstâncias do presente, os possíveis acontecimentos e as possibilidades futuras.** O pensamento por cenários ajuda a melhorar a percepção sobre como diferentes fatores que estão afetando a empresa influenciam-se mutuamente. Ele pode revelar elos entre fatores aparentemente não relacionados e, mais importante do que isso, oferecer uma melhor compreensão sobre as forças que moldam o futuro. Desse modo, ele pode gerar uma vantagem competitiva real.
- **Eles ajudam a superar a satisfação condescendente.** Os cenários devem ser idealizados para contestar os pontos de vista estabelecidos e o **"mesmo pensamento de sempre"** para que se experimentem novas ideias. Enxergar a realidade de diferentes perspectivas provavelmente dará uma sacudida nas coisas e impedirá que as pessoas fujam à responsabilidade e joguem a culpa nos outros.
- **Eles enfatizam a ação e a adesão.** O pensamento por cenários ajuda a romper as restrições dos métodos tradicionais, porque possibilita que as pessoas envolvidas conversem a respeito da complexidade e ambiguidade de seus pontos de vista em um amplo contexto.
- **Eles estimulam a criatividade e a inovação.** Os cenários estimulam as pessoas a abrir a mente para novas possibilidades e o entusiasmo de poder realizá-las. Esse processo gera uma atitude positiva que leva as pessoas a procurarem assiduamente o resultado desejado.
- **Eles promovem a aprendizagem.** Os cenários ajudam as pessoas a perce-

ber seu entorno, a considerar o futuro, a dividir conhecimentos e a avaliar opções estratégicas.

- **Eles criam uma "visão comum".** O pensamento por cenários funciona porque permite que as pessoas olhem além das atribuições, dos fatos e das previsões do presente. Possibilita que as discussões sejam mais desinibidas e cria condições para que uma percepção de propósito efetiva e comum evolua. Para que as novas ideias não sejam sufocadas logo quando nascem, todos os principais tomadores de decisões da empresa devem estar envolvidos. Se você for proprietário único, recorra à ajuda de amigos e consultores de confiança.

Existem duas coisas que podemos afirmar com razoável convicção a respeito do futuro: **ele será diferente e provocará surpresas.** Não obstante esse fato básico e os benefícios dos cenários e da mentalidade voltada para o futuro mencionada anteriormente, as pessoas, as empresas, as organizações — e as sociedades — constantemente são pegas de surpresa por não conseguirem prever, preparar-se e reagir a mudanças que tenham amplas consequências. Com frequência ouvimos a frase **"A mudança é a única constante"**, mas invariavelmente nos comportamos como se não mudar fosse a única constante e as regras do *status quo* fossem supremas. **Desse modo, por que isso ocorre e o que pode ser feito?**

Uma amiga nos contou recentemente uma história reveladora que demonstra o quanto a função do RH poderia ser valiosa com relação às estratégias em geral e à mentalidade voltada para o futuro em particular. Ela viaja de trem para trabalhar em Londres. Atualmente, são pouquíssimas as linhas oferecidas porque a empresa não tem condutores suficientes (a empresa dependia de condutores que faziam horas extras e no momento poucos estavam preparados e disponíveis para isso). É necessário um ano para treinar um condutor. Portanto, a menos que a empresa aumentasse as horas extras, possibilidade que ela não está disposta (ou estava incapacitada) a considerar, não existia nenhum outro paliativo: **esse problema seria de longo prazo.**

Em um comunicado de fatos relevantes publicado com uma tabela de horários temporária, a empresa comunicou:

"Essa situação gerou transtornos significativos, visto que cada vez mais um número crescente de indivíduos recusa-se a trabalhar nos dias de folga e a fazer hora extra. Em retrospecto, talvez devêssemos ter adotado o cenário de pior caso desde o início. Lamentamos que a informação que passamos a vocês tenha se demonstrado aquém das expectativas e nossa reação aos acontecimentos que se desdobraram talvez tenha parecido reativa, e não proativa."

A reação dos clientes dessa empresa, dentre os quais se inclui nossa amiga, é de concordância: sim, vocês de fato deveriam ter adotado o cenário de pior caso e estão certos — uma atitude um pouco mais proativa teria sido adequada. É tentador considerar essa situação como um erro simples (uma visão afável) ou uma insensatez inacreditável (uma visão mais severa). A triste verdade é que muitas empresas com frequência cometem esses erros. Na verdade, as causas básicas são frequentemente as mesmas, e da mesma maneira, o que é relativamente confortador, são assim as soluções.

O problema é que normalmente não pensamos suficientemente a fundo sobre como o mundo está mudando. A todo tempo percebemos e podemos ver que o mundo está mudando. Porém, pelo fato de estarmos tão concentrados e pelo fato de a mudança ser tão generalizada, não pensamos suficientemente a fundo a respeito das consequências. Para demonstrar essa questão, consideremos alguns fatos básicos. Por volta de 1800, a população global chegou a 1 bilhão; já no início de 1900 chegam a 1,6 bilhão; em 2000, atingiu 6,1 bilhões (a população global na verdade dobrou entre as administrações dos presidentes Kennedy e Clinton nos EUA). A população mundial atual chega a aproximadamente 7 bilhões e se estabilizará ao redor de 9 bilhões por volta da metade do século XXI. Isso é admirável, mas são as implicações dessa mudança que mais importam. Mais pessoas estão vivendo mais, e isso traz consequências para os mercados, os produtos, a inovação, o emprego, as habilidades, a liderança e uma série de outras questões. A migração é maior. Portanto, tudo, desde a oferta de habilidades ao comércio transnacional, altera-se; a urbanização é maior e, portanto, maior a incidência de epidemias que interrompem os negócios — um exemplo é a síndrome respiratória aguda grave — paralelamente às oportunidades comerciais. E assim por diante.

Não raro, percebemos a mudança, mas não avaliamos suas implicações. Por exemplo, hoje podemos afirmar que, exceto se houver uma catástrofe global sem precedentes, haverá em torno de 2,2 bilhões de pessoas acima de 65 anos de idade em 2050. Não se trata de adivinhação: hoje, a longevidade entre pessoas nessa faixa etária é uma realidade. A questão é que o desafio não é prever o futuro: **o desafio é compreendê-lo!**

Então, o que isso tem a ver com nossa amiga à espera do trem? Em nossa opinião, a situação embaraçosa enfrentada por essa empresa ferroviária é vivida por milhares de outras empresas. Essa empresa, por acreditar que o passado é um guia para o futuro, deixou de ver que o mundo está mudando (nesse caso, sua atitude sobre os condutores de trem). Esse fato básico pegou de surpresa muitas empresas de primeira linha, como a Lehman Brothers, Woolworths, MFI, Kodak, General Motors, Daewoo e outras. Na maioria desses casos, a satisfação condescendente e o compromisso com o *status quo* se intensificaram desimpedida e tranquilamente. O perigo é que a falta de consciência sobre e de conexão com o mundo externo aumentarão de forma gradativa e quase imperceptível. Esse fato elementar é a razão fundamental da maioria das dificuldades empresariais. As empresas que sofreram algum declínio ou fracassaram simplesmente não fizeram o bastante para compreender ou se preparar para o futuro durante os bons tempos. *A posteriori*, inúmeros executivos reconhecem que o **bom é inimigo do ótimo** — isto é, que sua empresa estava indo bem e, portanto, eles não viam nenhum motivo para mudar. No momento em que eles se dão conta de que o mundo ao seu redor mudou (especialmente os clientes, os concorrentes, as agências regulatórias e — no caso da empresa ferroviária relacionada com nossa amiga — os funcionários), já é tarde demais para reagir.

Aprendendo com o passado, preparando-se para o futuro.
Tendo em vista a situação usual enfrentada pela empresa ferroviária relatada por nossa amiga, duas perguntas vêm à tona:

Quais são as lições do passado e do presente?

De que forma o sucesso corporativo é mantido?

Obviamente, há uma fortuna a ser feita (ou, pelo menos, a não se perder) pela pessoa que responde essas perguntas. Desse modo, previsivelmente, muitos tentaram respondê-las. As melhores respostas parecem coerentes e são o âmago do **planejamento por cenários**.

- **Utilize cenários.** Cenário não tem nada a ver com previsão de acontecimentos, mas com a percepção das forças que modelam o futuro. A prioridade é explorar situações e opções latentes. Os cenários ajudam as empresas a reconhecer oportunidades, a avaliar opções e a tomar decisões.
- **Evite a inércia ativa.** Donald Sull, autor de *Revival of the Fittest* (*Renascimento*

dos Mais Bem Adaptados), acredita que os gestores caem na **armadilha do sucesso**, uma situação que ele chama de inércia ativa, que ocorre quando os gestores reagem a mudanças perturbadoras apressando as atividades que tiveram sucesso no passado, muitas vezes simplesmente cavando um buraco ainda mais fundo para si mesmos.

- **Perceba os limites de seu sucesso.** Os gestores habituaram-se a agir de acordo com uma fórmula familiar e que já obteve sucesso. Entretanto, quando a situação muda (ocorre uma recessão global ou os condutores de trem ficam refratários), os pontos fortes tornam-se pontos fracos e os ativos tornam-se passivos.

- **Evite mudanças drásticas.** Jim Collins, autor *best-seller* de *Good to Great* (*De Bom a Excelente*), defende que as mudanças drásticas e as reestruturações podem solucionar um problema sério, mas elas pouco fazem no sentido de desencadear o sucesso. O que importa é o progresso sustentável e contínuo no decorrer do processo de mudança.

- **Seja você mesmo e encare a verdade real.** Ao considerar as causas de uma mudança, vemos que as pessoas são incapazes de compreender ou se adaptar à mudança. Em retrospecto, as pessoas identificam mudanças que passaram despercebidas em um dado momento. Alguns exemplos característicos são o lançamento de novos produtos e novos substitutos, chegando às mudanças tecnológicas e de mercado.

O mais importante de tudo é procurar compreender o futuro. Surpreendentemente, poucas empresas parecem fazer isso — até mesmo hoje —, o que, como seria de esperar, é uma oportunidade para aquelas que o fazem.

Checklist: **utilizando o pensamento por cenários.**
A eficácia do pensamento por cenários reside no estímulo às decisões, naquilo que é frequentemente chamado de **"conversa estratégica"**. Trata-se do processo contínuo de **planejar**, **analisar o ambiente**, **gerar** e **testar cenários**, **criar opções**, **escolher**, **refinar** e **implantar**, um processo em si aperfeiçoado por uma análise mais ampla do ambiente.

1. **Planeje e estruture o processo de utilização de cenários.** Primeiramente, identifique lacunas no conhecimento organizacional relacionadas a desafios empresariais cujo impacto sobre a organização é incerto. Para isso, crie uma equipe para planejar e estruturar o processo. O ideal é que os membros da equipe sejam, provavelmente, externos à organização para obter certa objetivi-

dade. As melhores pessoas para esse tipo de função talvez sejam pessoas criativas que se sentem à vontade para contestar ideias convencionais. Decida com a equipe a respeito da duração do projeto; dez semanas é um tempo considerado apropriado para um projeto grande.

2. Conheça o contexto empresarial. Entreviste os membros da equipe para avaliar seus principais pontos de vista e analisar se essas ideias são compartilhadas por diferentes membros. Concentre-se em questões fundamentais. Por exemplo:

- O que os clientes valorizam.
- A fórmula de sucesso anterior.
- Futuros desafios.

Identifique de que forma cada indivíduo enxerga os aspectos passados, presentes e futuros de cada questão. As declarações feitas na entrevista devem ser confrontadas e analisadas em um relatório de entrevista, estruturado em torno dos conceitos e dos principais temas recorrentes. Esse relatório, portanto, estabelece a pauta para o primeiro *workshop* e deve ser enviado a todos os participantes. Como ponto de partida para o *workshop*, é também importante identificar as incertezas e questões básicas percebidas pelos participantes.

3. Desenvolva os cenários. O *workshop* deve identificar as forças que gerarão impacto ao longo de um período estipulado em comum acordo. Dois resultados opostos possíveis devem ser estipulados também em comum acordo, e as forças que podem ocasionar cada um deles devem ser listadas. Isso ajudará a demonstrar como essas forças estão vinculadas. Em seguida, determine a probabilidade e o impacto de cada uma dessas forças, isto é, se eles são altos ou baixos. Essa informação deve ser exibida em uma matriz 2 ´ 2.

Depois de apresentar claramente dois resultados opostos e todas as forças propulsoras, a equipe pode desenvolver as "histórias" ou cenários prováveis que ocasionam cada resultado. Essas histórias a respeito do futuro podem então ser ampliadas por meio de uma discussão sobre as forças subjacentes às mudanças. O objetivo não é desenvolver previsões precisas, mas compreender o que modelará o futuro e de que modo diferentes acontecimentos interagem e influenciam-se mutuamente. O tempo todo, as discussões giram em torno do impacto de cada cenário sobre a organização.

84 A Verdade sobre o Talento

Essa parte do processo abre o raciocínio dos integrantes da equipe e os alerta para os sinais que podem indicar uma direção específica para a organização. Os resultados das diferentes respostas são "testados", mas sob a segurança do planejamento por cenários, o que evita os riscos de uma implantação real.

4. Analise os cenários. Na etapa de análise são examinadas questões externas e a lógica interna. Considere:

- Quais são as prioridades e as preocupações de pessoas externas à organização?
- Quais são os principais atores? Eles mudam? O que eles desejam?
- O que eles gostariam de ver? O que eles pensariam sobre sua situação atual?

Diagramas sistêmicos e de processo podem ajudar a abordar essas questões, do mesmo modo que alguma troca de ideias com os acionistas. Lembre-se, não estamos tentando identificar com precisão futuros acontecimentos, mas considerar as forças que podem impulsionar o futuro para direções diferentes.

5. Utilize os cenários. Isso significa:

- Fazer uma análise retroativa do futuro para o presente — a equipe deve formular um plano de ação que consiga influenciar a mentalidade da organização.
- Identificar os primeiros sinais de mudança de modo que, quando elas ocorrerem, sejam reconhecidas e enfrentadas rapidamente e eficazmente.
- Dar prosseguimento ao processo identificando lacunas de compreensão e lacunas no conhecimento organizacional.

O processo participativo e criativo sensibiliza os gestores sensíveis para o mundo externo. Isso ajuda indivíduos e equipes a reconhecer as incertezas em seu ambiente de atuação, de forma que eles possam questionar suas suposições cotidianas, ajustar seu mapa cognitivo e pensar não convencionalmente.

6. Evite problemas. As pessoas que trabalham com cenários consideram esse processo estimulante, importante e agradável. Além disso, ele pode gerar resultados tangíveis e significativos: mudar posturas e melhorar a convicção, confiança e percepção. Mas tenha em mente que podem surgir alguns problemas:

- **Mal-entendidos** sobre o que se pretende alcançar com os cenários, visto que eles não são previsões; são, isso sim, um roteiro para perceber quais futuros possíveis estão por vir e que forças atuantes, no presente e no futuro, podem transformar esses futuros em realidade.
- **Deficiência na criação ou exploração** de cenários viáveis e suficientemente imaginativos: muitas vezes as pessoas recorrem a pontos de vista internos, percepções tradicionais e problemas internos; desse modo, os cenários resultantes têm um foco muito estreito ou um caráter muito pessoal ou íntimo.
- **Não adoção de um método rigoroso**, inteligente e fundamentado e, dessa maneira, o planejamento por cenários inicia-se com uma profunda e meticulosa análise e percepção do presente.
- Possibilidade de que as pessoas **ignorem, subestimem** ou **simplesmente não ajam** de acordo com os cenários. Nesse sentido, é vital procurar fazer com que os cenários sejam rigorosos e tenham prestígio. Por exemplo, por meio de reuniões fora da sede da empresa, patrocinadores de alto nível e *feedback* da administração. Além disso, com os cenários, é possível motivar a tomada de decisões estimulando o debate. Eles devem ser utilizados para desenvolver estratégias, testar planos de negócios ou projetos e gerenciar riscos.
- **Falta de exposição clara** sobre o cenário. Consequentemente, o cenário não é incorporado ao raciocínio ou à tomada de decisões. Para isso, utilize formas de comunicação imaginativas e informações frequentes para incorporar o pensamento por cenários nas discussões e decisões.
- Falta de uma **compreensão adequada** sobre a relação entre o **sucesso de curto prazo** e de **longo prazo** e a **prosperidade**. Dessa maneira, a administração precisa direcionar a empresa para um futuro bem-sucedido, isso automaticamente conduzirá a empresa em direção a oportunidades para aumentar a lucratividade, a produtividade e a satisfação do cliente a curto prazo. Lembre-se de que as vitórias de curto prazo são conquistadas à custa de o futuro não acabar inevitavelmente como derrota.

Desenvolvendo a estratégia.

A essência das estratégias bem-sucedidas.

Várias questões devem ser observadas com respeito às estratégias bem-sucedidas.

Elas são flexíveis e adaptáveis, capazes de responder a oportunidades e desafios imprevistos. Essa questão foi ressaltada pelo presidente da Berkshire Hathaway, o bilionário Warren Buffett, em sua carta aos acionistas, no relatório anual de 1999. Nesse relatório, ele revelou um dos fatores por trás da estratégia de aquisição da Berkshire Hathaway — **simplesmente esperar o telefone tocar!**

Em seguida, ele explicou que normalmente isso ocorre porque um empresário que já tenha vendido seus negócios para a Berkshire recomenda a um amigo que ele faça o mesmo. A necessidade de flexibilidade também é ressaltada por Robert H. Waterman em seu livro *The Frontiers of Excellence* (*As Fronteiras da Excelência*), de 1994: "As estratégias bem-sucedidas são orgânicas. Elas evoluem. Elas se revestem de problemas, dificuldades e oportunidades, fazem progressos e seguem adiante." (reproduzida com permissão de Nicholas Brealey).

Elas determinam de que forma as pessoas trabalham e as decisões que elas tomam, no presente e no futuro. Fundamentalmente, a estratégia tem uma trajetória, ela é dinâmica e seu futuro está vinculado ao seu passado. Esse fato foi constatado por Peter Drucker em seu livro *Managing in Turbulent Times* (*Administração em Tempos Turbulentos*), de 1980: "O planejamento de longo prazo não lida com decisões futuras, mas com o futuro das decisões presentes" (reproduzida com permissão da Elsevier).

Elas são um guia essencial e constante para o desenvolvimento da empresa. A empresa que não utiliza estratégias (ou tem uma estratégia falha) é como um viajante que não utiliza um mapa: a probabilidade de confusão, decepção e fracasso

> *"A grande importância da estratégia e das decisões estratégicas é que elas são o segredo do futuro. Elas restauram a confiança e a possibilidade de superar preocupações e dificuldades. Diminuem ou eliminam as fontes de tensão. Melhor do que isso, elas transformam problemas em oportunidades e podem criar oportunidades e benefícios com muito pouca coisa. Talvez em virtude de seu significado e importância, as decisões sejam difíceis e até mesmo atemorizadoras para inúmeras pessoas. Com frequência, chegamos às decisões rapidamente, subconscientemente, sem considerar nossas opções. Para que a estratégia tenha êxito, um planejamento simples, a transparência e um método construtivo de indagação podem ajudar muito."*
>
> *Warren Buffett*

aumenta enormemente. O fato é que, se você não sabe para onde está indo, qualquer estrada servirá.

Elas se concentram nos clientes como a rota mais certa para um crescimento lucrativo. São os clientes que dão significado à estratégia. O artigo do estrategista Michael Porter na *Harvard Business Review* (novembro-dezembro de 1996) concorda em grande medida com isso: "Estratégia competitiva diz respeito a ser diferente. Significa escolher deliberadamente um conjunto diferente de atividades para oferecer um *mix* exclusivo de valores."

Elas reconhecem que a viagem é tão importante quanto o destino e que tanto os meios quanto os fins são fundamentais. A essência da estratégia não é apenas a estrutura dos produtos e mercados de uma empresa, mas como ela funciona e as decisões que ela toma.

Checklist: **desenvolvendo sua estratégia.**

O planejamento estratégico tem três fases importantes: análise, planejamento e integração.

Análise – A importância da análise é que ela dá lugar a conclusões e decisões convincentes; ela o ajuda a encontrar a direção certa. Ela precisa ser meticulosa, abrangente e variada. E para isso uma técnica se destaca: o **questionamento**. Na verdade, em uma análise estratégica não existe nenhuma resposta adequada, mas apenas **perguntas adequadas**. É por isso que a estratégia está sujeita a forças dinâmicas e constantemente variáveis, o que quer dizer que as melhores respostas mudarão com o passar do tempo. Portanto, a solução é questionar, escolher a melhor conduta e então confirmar se você está no caminho certo com um questionamento ainda maior. Nesse aspecto, a estratégia é um pouco parecida com uma competição oceânica: ela exige uma rota clara, mas também um controle de posição constante, percepção das forças externas e desejo de avançar.

A análise gera uma profusão de informações. A etapa seguinte é extrair as partes mais valiosas ou aquelas que produzirão o melhor efeito em sua estratégia, resumi-las e divulgá-las. Fazer um resumo dos pontos fortes, dos pontos fracos, das oportunidades e das ameaças é uma boa maneira de analisar essas informações.

Planejamento – Existem várias etapas no processo de planejamento de estratégias. Todas elas dependem da análise concluída na etapa anterior.

- **Definição do propósito**: essa definição deve sintetizar em que ponto se está no momento, aonde se deseja chegar e como será feita a mudança.

- **Explicação quanto à vantagem**: as pessoas desejam compreender de que forma a empresa conseguirá ter êxito e que feição terá o sucesso.
- **Estabelecimento dos limites da estratégia**: é fundamental ser claro sobre os produtos (serviços) e os mercados com os quais a empresa lidará e com os quais não lidará. O importante a reconhecer é que estratégia tem a ver com escolhas e com a garantia de que haverá foco.
- **Priorização**: a estratégia precisa enfatizar produtos (serviços), clientes e mercados específicos que sejam os mais lucrativos ou significativos. Os funcionários devem receber responsabilidades específicas e ter objetivos e recursos especiais, para que o potencial dessas prioridades se concretize.
- **Orçamento**: reconhecer as exigências financeiras de uma estratégia é fundamental para seu sucesso. A etapa seguinte, portanto, é elaborar um orçamento que corresponda aos objetivos estratégicos.

Essas questões devem ser claramente explicadas e utilizadas para obter o compromisso das pessoas e focalizar a atenção.

Integração – A estratégia precisa levar em conta as realidades da empresa. Precisa ser coerente com o trabalho de outros departamentos, as capacidades dos funcionários e fornecedores e as expectativas dos clientes. O desafio é evitar confusões ou conflitos. Trata-se na verdade de perceber se a estratégia funcionará, e isso depende de os estrategistas recorrerem e envolverem as pessoas certas no momento certo.

Implantando a estratégia.

Existem vários outros aspectos vitais na implantação de uma estratégia. Por exemplo, concretizar metas de curto prazo e estabelecer objetivos claros em conjunto. Como em qualquer nova iniciativa importante, obter sucessos rápidos ajuda a gerar ímpeto, bem como oferecer exemplos práticos da estratégia na prática. Além disso, os objetivos devem ser específicos, mensuráveis, viáveis e relevantes e ter uma delimitação de tempo. É necessário também atribuir às pessoas a responsabilidade de atingir seus próprios objetivos. Isso significa estabelecer marcos, ajustar limites de autoridade e discutir qual a melhor forma de proceder e igualmente estabelecer um sistema para monitorar e avaliar os resultados.

As tarefas envolvidas na implantação de uma estratégia bem-sucedida variam de acordo com o setor, a organização e a própria estratégia, mas normalmente é necessário:

- Analisar os elementos distintivos da estratégia.
- Oferecer aconselhamento, para que as pessoas tenham o nível necessário de habilidades e confiança.
- Assegurar que as pessoas estejam motivadas, envolvidas e comprometidas com a estratégia. Por exemplo, talvez seja necessário ajustar os sistemas de remuneração para estimular ações e comportamentos específicos.
- Avaliar e monitorar os riscos das novas iniciativas.
- Monitorar o desempenho e rever as metas operacionais.

Divulgando a estratégia.

A **boa comunicação** é um aspecto essencial na implantação de uma estratégia. As pessoas necessitam de orientação, informações e clareza e precisam ser tranquilizadas. Liderar é trabalhar produtivamente com outras pessoas, e isso não será possível sem a capacidade de comunicação. Infelizmente, as habilidades de comunicação com frequência são subestimadas. Elas são tão importantes, tão empregadas e tão fundamentais que são consideradas óbvias. Os líderes muitas vezes negligenciam o fato de as habilidades de comunicação sempre poderem ser aprimoradas e produzir benefícios importantes para si mesmos, a equipe e o sucesso da organização.

Várias técnicas podem ajudar o líder a desenvolver suas habilidades e tornar-se um comunicador confiável. Primeiro, prestar atenção à **linguagem corporal** — tanto dele quanto dos outros. Manter contato visual demonstra confiança e interesse e **observar a postura** pode dar uma ideia sobre como a pessoa está se sentindo. Espelhar de uma forma sensível a linguagem corporal de uma pessoa é uma maneira de mostrar que você está ouvindo.

Além disso, as perguntas não apenas melhoram a compreensão, mas contestam suposições e mostram que você está ouvindo. Para fazer perguntas você deve também gesticular para chamar atenção: isso possibilita que a outra pessoa saiba que você deseja fazer comentários ou reagir ao que ela está falando e que ela pare e lhe dirija a atenção antes de você falar. Outro recurso é fazer uma síntese, apresentando logo no início uma visão geral sobre o que você deseja falar. Ao final, faça uma **síntese** do consenso a que se chegou. A apresentação de uma síntese em intervalos específicos ajuda a evitar mal-entendidos e permite que se passe para a questão seguinte.

No processo de comunicação, a atenção criteriosa exige uma série de habilidades, especificamente:

- Reagir a ideias, e não às pessoas.
- Concentrar-se no significado dos fatos e das evidências.
- Evitar conclusões precipitadas.
- Prestar atenção à forma como as coisas são ditas e ao que não é dito.

Ao dirigir a palavra a alguém, você precisa estar atento às suas preocupações e reações. Para isso, é necessário criar um ambiente franco e aberto. Mesmo assim, algumas pessoas não dirão como elas se sentem ou o que elas pensam ou talvez elas simplesmente não tenham habilidades para se expressar adequadamente. Nessas circunstâncias, o líder precisa fazer perguntas abertas e investigativas que ajudem a indicar o que a pessoa está pensando.

Estratégia de RH em ação.

Essas informações são valiosas para os profissionais de RH que estão desenvolvendo uma estratégia para a empresa ou oferecendo apoio aos objetivos da companhia com uma estratégia de recursos humanos claramente focalizada. Um exemplo de estratégia de RH bem-sucedida é o da Southern Company, de Atlanta, uma importante empresa regional de serviços de utilidade pública e uma das maiores empresas de geração de energia dos EUA. Na Southern, o objetivo do RH está explicitamente vinculado à estratégia e às prioridades estratégicas da empresa. O diretor de estratégia de RH trabalha em tempo integral com os diretores, colegas e gerentes de linha para formular a estratégia de RH da empresa. A Southern tem mais de 25.000 funcionários e atua em mais de 200 locais. Todos os projetos estratégicos de RH têm metas claras que estão vinculadas ao processo de gestão estratégica e a capacidades funcionais.

O programa do RH cobre seis áreas de prioridade. Cada uma dessas áreas corresponde a uma questão competitiva no setor de serviços de utilidade pública dos EUA: custos de mão de obra, eficiência organizacional, "competência do banco de reservas" (capacidade), diversidade, eficiência da liderança e desenvolvimento de uma cultura de alto desempenho. A empresa acredita que sua capacidade de atender a essas prioridades é vital para o futuro sucesso tanto da organização como do departamento de RH.

Desse modo, na Southern Company o RH está alinhado com e corresponde à estratégia empresarial, mas não participa da equipe de formulação de estratégias. Seu papel é executar a estratégia. Defendemos que o RH deve estar no centro da formulação, do planejamento, da execução e da revisão de estratégias, não pelo fato de o departamento desejar ou se considerar "estratégico", mas porque a empresa precisará disso. Esse envolvimento e essa contribuição são vistos em várias áreas:

- **Estratégia empresarial** — O RH oferece vantagens que apoiam as prioridades estratégicas da organização, diferenciam a empresa e aumentam a sua competitividade.
- **Planos do RH** — Eles devem estar integrados com a estratégia empresarial e o processo de gestão estratégica da organização, ajudando a direcionar a consecução das metas estratégicas.
- **Resultados esperados pelo RH** (*deliverables*) — Eles serão determinados por aquilo que a empresa precisa alcançar para seu sucesso futuro. Esses resultados são a fonte de valor do RH.
- **Funções e estrutura do RH** — Elas possibilitarão que o RH execute as estratégias dirigindo suas funções para questões críticas. Além disso, o RH criará uma estrutura operacional que atende à organização implantando novos modelos, tecnologias, terceirização ou novos modelos operacionais.

Em consequência de suas atividades nessas áreas, o RH se tornará uma fonte imediata de vantagem competitiva. No futuro, os líderes de negócios precisarão ter certeza de que determinadas "questões de recursos humanos" complexas sejam abordadas — e considerarão a boa execução uma prova de que os resultados produzidos pelo RH podem ajudar a resolver essas questões. Eles precisarão de um RH estrategicamente perspicaz e capaz de responder perguntas fundamentais:

- A estratégia e suas suposições, metas e implicações são compreendidas? Essa compreensão normalmente orienta as pessoas com relação à sua forma de trabalhar?
- O RH é capaz de fazer escolhas fundamentadas e de definir os desafios estratégicos de seu departamento?
- O RH consegue oferecer novas perspectivas para os executivos de outros departamentos a respeito do modelo de negócio, das escolhas estratégicas e da execução das estratégias?

Ferramentas estratégicas para o RH.

O argumento de negócios para que o RH conduza o desenvolvimento e a implantação de estratégias é convincente. O RH pode empregar várias alavancas ou ferramentas para realizar essas mudanças. As perguntas a seguir giram em torno dessas alavancas estratégicas e seu objetivo é orientar a avaliação sobre o que o departamento de RH deve produzir no futuro.

1. Idealizando a estratégia correta de RH.

Estratégia de gestão de pessoas é diferente de estratégia empresarial: ela representa a gestão de pessoas e as dimensões organizacionais da estratégia empresarial.

- Com quais contingências essa estratégia precisa lidar? Qual é a resposta provável a incertezas empresariais, acontecimentos imprevistos e mudanças?
- Como as unidades de negócios, os departamentos, os grupos de trabalho, as equipes e os indivíduos serão alinhados em torno dos principais desafios dessa estratégia?
- De que forma você saberá se essa estratégia produzirá o que está previsto?

2. Estruturando e refinando a estrutura e o foco da empresa.

- De que modo você garantirá (e satisfará os diretores da empresa) que as competências empresariais essenciais da organização manter-se-ão apropriadas no mínimo a médio prazo (nos dois a quatro anos seguintes)?
- Que habilidades e aptidões adicionais são conjecturadas para que a empresa continue a ter êxito?

Estratégia: iniciando com a finalidade em mente   93

- Que mudanças são necessárias na concepção e na estrutura da organização?
- Como você pode melhorar a capacidade da empresa de gerenciar as principais iniciativas de mudança e os principais avanços necessários?
- O que será necessário fazer que lhe possibilite implantar os novos métodos operacionais que as futuras condições da empresa exigirão?

3. Influenciando e ampliando a cultura e o ambiente.

- Quais serão as características marcantes da cultura organizacional que a diferenciarão dos concorrentes?
- Quais mudanças na cultura organizacional estimularão o envolvimento, o comprometimento e o alto desempenho?
- Quais obstáculos devem ser eliminados para desenvolver a cultura que sua empresa precisa?
- Como você criará as condições e o ambiente para que sua empresa torne-se um ótimo local para trabalhar e fazer negócios?

4. Desenvolvendo líderes para o futuro.

- Que tipo de líder — e em quais cargos e áreas — será necessário para conduzir a empresa em diferentes condições operacionais ao longo do período do plano estratégico?
- A liderança e os planos de desenvolvimento atuais são apropriados para desafios futuros?
- O que o RH tem a ver com os estilos, os comportamentos e as aptidões dos líderes futuros e como essas mudanças serão realizadas?
- De que forma você melhorará o atual planejamento de recursos, remuneração, desenvolvimento e sucessão e o gerenciamento de desempenho com relação aos líderes?
- Quais aspectos do desempenho da diretoria e da equipe executiva terão de ser melhorados?

5. Identificando aptidões essenciais.

- O que terá de ser feito para melhorar as aptidões e o desempenho de todos os funcionários?

- De que modo a diversidade de talentos e as características e diferenças culturais serão mais bem gerenciadas para que a empresa cumpra suas obrigações sociais e legislativas?

6. Gerenciando o desempenho e a recompensa.

- De que forma você garantirá que, no futuro, as pessoas com melhor desempenho estejam nos cargos certos?
- O que você terá de fazer para que a organização torne-se mais eficaz no sentido de estimular e recompensar o bom desempenho e combater o mau desempenho?
- De que modo você garantirá que o gerenciamento de desempenho em todos os níveis reflita consistentemente os valores e padrões da organização, bem como o desempenho real?
- O que pode ser feito quanto às recompensas e ao reconhecimento que possam ajudar a preencher as lacunas de desempenho e retenção?

7. Envolvendo as pessoas e aumentando a satisfação.

- De que maneira a organização terá de gerenciar seus contratos psicológicos e sua marca de empregador no futuro?
- Que valores e percepção de propósito estimularão um maior envolvimento dos funcionários nos planos futuros de sua organização?
- O que precisará ser mudado para melhorar a satisfação das pessoas no futuro?
- O que você fará para criar envolvimento nos momentos em que o compromisso da empresa para com os funcionários e a lealdade dos funcionários diminuírem?
- Quais instrumentos e dados lhe oferecem as avaliações mais precisas sobre satisfação?

8. Aprendendo e gerenciando o conhecimento.

- De que modo a organização garantirá que a aprendizagem e o desenvolvimento sejam apropriados e rapidamente transferidos para melhorar o desempenho individual ou de equipe?

- Como a tecnologia será utilizada para possibilitar uma rápida aprendizagem, a divulgação de informações e a transferência de conhecimentos na empresa?
- Como o processo e sistema atuais de gestão do conhecimento serão aprimorados para atender às necessidades futuras?

9. Mantendo o foco e a flexibilidade e gerenciando os serviços de RH.

- Quais são os principais indicadores de desempenho que devem ser gerenciados? Especificamente, que medidas provavelmente terão de ser descartadas, adaptadas ou implantadas para a sua futura visão de eficácia organizacional?
- De que forma o RH garantirá que as operações complexas e os serviços de administração para gestores e demais funcionários sejam oferecidos com maior eficiência possível e o menor custo possível?
- Quais serão os custos-benefícios, as desvantagens e os problemas administrativos se a empresa passar a contratar serviços externos por meio da terceirização?
- De que modo modelos como o de serviços compartilhados centralizados poderiam melhorar o fornecimento de serviços e possibilitar a realocação dos recursos para outros lugares?
- Que critérios futuros modelarão suas interpretações sobre eficácia organizacional?
- De que forma a produtividade será continuamente melhorada?
- Que mudanças são necessárias nos processos atuais para criar um "desempenho superior" no futuro?

Reflexões sobre liderança.

Seja no desenvolvimento de uma estratégia ou na tomada de decisões estratégicas, o método de investigação e questionamento é um ponto de partida inestimável. Obviamente, isso abrange perguntas sobre mercado, clientes, inovações, finanças, concorrentes e outros temas relacionados aos negócios — não apenas a respeito das pessoas. Entretanto, uma questão vital que deve ser observada é o ponto de vista de que os problemas empresariais estão inter-relacionados e interconectados: vale a pena adotar uma visão sistêmica. É paradoxal chamar as pessoas de "recursos humanos" e depois desprezar com frequência uma visão holística sobre recursos humanos.

Desse modo, por exemplo:

- Quais são os recursos mais importantes da empresa?
- De que forma seus recursos estão inter-relacionados e influenciam-se mutuamente?
- As pessoas têm as habilidades corretas para levar a empresa aonde ela precisa chegar?
- Quais de seus recursos estão se fortalecendo ou multiplicando e quais estão se enfraquecendo ou exaurindo?
- Como e por que as pessoas fazem sua empresa atingir favoravelmente suas metas?

Perguntas-chave.

Atenção crescente e detecção de sinais de alerta

- Quais são as questões cruciais enfrentadas pela empresa, aquelas cuja resposta encerra "Quisera eu saber disso cinco anos atrás"?
- Suas atitudes atuais são avessas a novas ideias?
- Você está preparado para reconhecer que uma estratégia está fracassando ou está vulnerável?
- A empresa está consciente dos acontecimentos no mercado e do que seus clientes desejam?
- Você está preparado para tentar algo novo?
- Alguma parte de seu plano de negócios está deficiente ou obscura?
- Você confia em sua capacidade de conversar sobre estratégia em nome da empresa?
- Quando você toma decisões, sempre considera várias opções antes de decidir? Seu pensamento estratégico é limitado, restrito e sem inspiração?
- Sua empresa teme a incerteza ou ela gosta de pensar sobre isso? As pessoas a veem como ameaça ou como oportunidade? Ela é vista como uma possível fonte de vantagem competitiva?

Em seu livro *The Mind of the Strategist* (*Estrategista em Ação*), o consultor e teórico de gestão japonês Kenichi Ohmae explica que: "O método do estrategista é basicamente contestar as suposições prevalecentes com uma única pergunta: por quê?".

Neste capítulo descrevemos como a **estratégia** é **desenvolvida** e **implantada**. No capítulo seguinte, examinaremos mais a fundo a **implantação** de estratégias, explicando de que forma as condições necessárias para que as pessoas de talento prosperem (a **ecologia do talento**) são criadas e de que modo é possível garantir que elas — e a respectiva empresa — alcancem seu verdadeiro potencial.

Capítulo 5

Contratar e interligar: desenvolvendo a ecologia do talento de sua empresa

"Assim que pararmos de tratar as organizações e as pessoas como máquinas e de tentar reestruturá-las, assim que mudarmos para o **paradigma dos sistemas vivos**, a mudança organizacional não será mais um problema. Por meio dessa nova visão de mundo será possível criar organizações repletas de pessoas capazes de adaptar-se de acordo com a necessidade, que estejam atentas para as mudanças no ambiente, que sejam capazes de inovar estrategicamente."

Margaret J. Wheatley, "We Are All Innovators", *Drucker Foundation Journal*, vol. 20, 2001

Encontrando e nutrindo talentos.

A história já nos demonstrou que a **gestão de talentos** tem sido movida pela oferta de mão de obra no mercado externo. Em tempos bons, **"compramos"** talentos, injetando novas perspectivas na organização. Obviamente, existe um aspecto negativo nessa postura. Os recém-chegados levam tempo para deixar sua marca ou, quando o fazem, ela é tão diferente que a empresa os rejeita. O custo disso, em termos pessoais e financeiros, é **alto**. Trabalhamos em organizações em que a rotatividade de executivos durante seu primeiro ano pode chegar a **25%**. Os valores referentes a rompimentos, remuneração, recrutamento de pessoal e recontratação são consideráveis e isso gera pesados prejuízos corporativos. O custo para o indivíduo é também alto, sua reputação e confiança ficam abaladas e somente os mais resilientes são capazes de levar adiante a carreira que escolheram.

Quando as habilidades que exigimos são escassas, nós **"formamos"** talentos, acelerando o desenvolvimento e a evolução daqueles que já se encontram na empresa. Isso também requer grande investimento em extensos programas de formação ou em atribuições desafiadoras que estão além da descrição do cargo. Com frequência, o indivíduo supera sua função e a promoção prometida evapora na reestruturação mais recente. Para uma pessoa competente e ambiciosa, deixar a empresa começa a parecer a forma mais atraente de aproveitar a oportunidade seguinte...

Cada vez mais as organizações empregam a estratégia de **"formar e contratar"**, enfrentando com cautela o difícil dilema de escolher entre riscos e benefícios. E ainda assim raramente abordamos as causas básicas dos riscos que estamos tentando administrar. Acreditamos que o sucesso de uma estratégia formar/contratar dependa inteiramente da característica da **ecologia do talento** (ver Figura 5.1) da empresa. Com isso nos referimos à relação entre o funcionário individual, a atividade de gestão de talentos e o sistema organizacional mais amplo. Esse sistema abrange a cultura da organização, sua estratégia, sua estrutura, seus hábitos operacionais e a dinâmica do mercado em que ela atua. Todos esses fatores estão inter-relacionados e existe uma interdependência entre eles e cada um dos funcionários. Uma ação em uma determinada área desencadeia uma reação em outra. Como as pessoas são acolhidas, as histórias que elas contam sobre sucesso, como as vagas são divulgadas, como as promoções ocorrem, como um gerente de linha lida com um desempenho ruim, como o trabalho é organizado, como os funcionários percebem sua contribuição e como as pessoas vão embora, tudo isso contribui para a **ecologia do talento** de uma empresa. Toda organização tem sua ecologia de talento e, tal como ressaltado no Capítulo 1, essa é a "floresta" em que vivem "as árvores altas". Portanto, em vez de "formar e contratar", recomendamos que você **"contrate e integre"** (*hire and wire*), expressão cunhada em 2000 pelo especialista em rede social Valdis Krebs. Isso está fundamentado na necessidade de recrutamento e desenvolvimento *just in time* (no momento certo) e apresenta uma terceira dimensão organizacional: até que ponto sua empresa está apta a manter seus talentos.

As consequências de não agir assim são decisivas mesmo para as estratégias de talento mais sofisticadas, influenciando em grande medida o risco e o retorno sobre o investimento. Acreditamos também que essa rede de interações — seu

capital social — atua em conjunto para influir no talento e no desempenho de qualidade de sua empresa, esteja você consciente disso ou não.

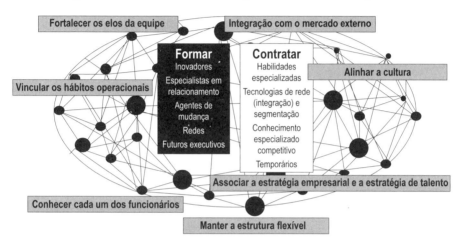

Figura 5.1 - Desenvolvendo a ecologia do talento de sua empresa.

Gerenciando a ecologia do talento.

O dicionário define **"ecologia"** como **"o estudo sobre a interação das pessoas com seu ambiente"**. Ampliamos esse conceito para associá-lo com a pauta sobre talento porque acreditamos que isso ajude a explicar por que os métodos convencionais de gestão de talentos estão fracassando.

Como discutimos no Capítulo 2, métodos tradicionais como as revisões de talentos anuais, o planejamento de sucessão e os programas direcionados a grupos com alto potencial não cumprem o que prometem porque são de uma época diferente. De uma época em que as mudanças eram previsíveis, as organizações eram menos complexas e os indivíduos não eram obrigados a fazer tantos malabarismos entre vida doméstica e profissional. Acreditamos também que os métodos convencionais estão aquém das expectativas porque eles se concentram muito mais em processos do que em pessoas. Eles não reconhecem a interação dinâmica entre aspiração individual e comportamento organizacional.

O exemplo mostrado na página seguinte (ver Figura 5.2) detalha as forças que modelam a ecologia do talento de uma organização. Todos os elementos estão interconectados e são dinâmicos. Com frequência, as atividades direcionadas aos talentos concentram-se apenas no processo de identificação de talentos: a análise de aptidões, os centros de avaliação e o plano de sucessão. Essas atividades ocorrem independentemente dos outros elementos e com isso fica difícil entrelaçar o talento no tecido da organização.

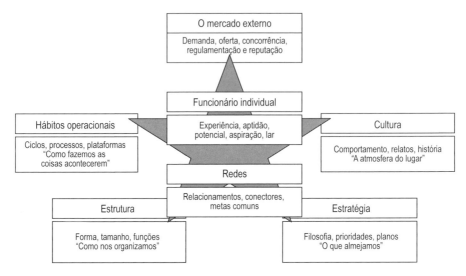

Figura 5.2 - Os elementos da ecologia do talento.

O impacto do mercado externo.
Do ponto de vista do talento, o que ocorre fora da organização é tão importante quanto o que ocorre dentro dela. Isso estimulará ou desestimulará sua pauta sobre talento, influenciando na demanda e oferta de talentos. Perceber o fluxo e refluxo do mercado de trabalho e de que forma isso afetará sua empresa é fundamental. Em nível macro, isso requer um exame rigoroso dos padrões educacionais e de contratação nos locais em que a empresa atua e em seu setor. Além disso:

- Observe de perto as ações dos concorrentes. Quem eles estão contratando e onde? Quem está saindo e para onde está indo?
- Trabalhe com empresas de recrutamento e seleção para compreender essas dinâmicas e criar mapas de mercado dessas organizações ou das áreas de habilidade que você pretende atingir.

Tenha consciência sobre como sua empresa é percebida no mercado. A marca de empregador de sua empresa atrai os talentos necessários? Mais importante do que isso, a promessa de marca de sua empresa é realista? [Vale a pena reiterar a frase sábia de Andrew Mayo em seu livro *Human Value of the Enterprise* (*O Valor Humano da Empresa*), em que ele nos lembra de que **"marca"** provêm da palavra nórdica antiga referente à **"promessa"**.]

O vínculo fundamental com a estratégia.

Um descuido comum é a falta de vínculo com a estratégia empresarial. Um quarto das organizações pesquisadas em um estudo realizado pela Escola de Administração de Cranfield e a Capital Consulting em 2007 admitiu que suas atividades direcionados ao talento não estavam vinculadas com a estratégia empresarial. Como vimos no Capítulo 4, isso é essencial para o planejamento do *mix* de habilidades, da quantidade e da posição dos talentos em toda a força de trabalho. A filosofia estratégica da organização é igualmente um fator vital. Ela é raramente enunciada nos relatórios impressos, mas está relacionada a crenças, suposições e valores implícitos. São as prioridades sobre as quais o conselho e a equipe executiva conversam e que com frequência estão relacionadas à **intenção**, e não à realidade atual da organização. Esse tipo de intenção é um conceito tênue e é improvável que se tenha infiltrado em outros níveis, a não ser entre a maioria dos altos executivos. Assim sendo, ser claro a respeito da intenção da organização e do futuro e da vontade da equipe de liderança é essencial para moldar o caráter de suas atividades relacionadas ao talento. Esse caráter ajuda a enunciar o objetivo dessas atividades, respondendo as perguntas "Por que estamos fazendo isso?" e "O que será diferente em virtude disso?" Infelizmente, ainda é comum as organizações considerarem essas atividades como um fim em si mesmas.

Talento: um cavalo de Troia valioso.

É cada vez maior o número de empresas que veem intuitivamente o vínculo entre essas duas estratégias (empresarial e de talento) e moldam sua estratégia de talento como um veículo para concretizar a estratégia empresarial. Em grande medida semelhante ao famoso cavalo de Troia, a organização deve agarrar a oportunidade de utilizar o talento para impelir a pauta sobre estratégia empresarial. No momento, inúmeras empresas estão utilizando a pauta sobre talento como uma ferramenta de mudança — uma forma de fundamentar suas intenções e torná-las explícitas. A Tata Corporation é uma dessas empresas.

Estabelecida no final do século XIX, hoje a Tata é a maior empresa privada da Índia em termos de capitalização de mercado e atua nos setores de aço, energia, fabricação de automóveis e hotéis. A **filantropia** há muito tempo é um elemento fundamental das atividades dessa empresa dirigida pela família, e isso hoje é evidenciado pela importância que ela dá à **responsabilidade social corporativa**. Curiosamente, a estratégia de talento da Tata é indistinguível de suas estratégias empresariais e de responsabilidade social corporativa. Tal como explica Adent Nadkarni, vice-presidente de responsabilidade social corporativa, todas são totalmente interdependentes. Ele fala sobre a intenção de sua empresa de "criar um valor sustentável" impulsionado pelos líderes que atuam para demonstrar sua capacidade de três formas. Primeiro, **"transcendendo uma determinada situação"** e reconhecendo que a mudança qualitativa com frequência é a etapa posterior à mudança incremental e quantitativa. Segundo, sendo capaz de **manter em equilíbrio vários fatores e preocupações diferentes**. E, terceiro, sendo capaz de fazer as pessoas mudarem sua **"mentalidade"**.

Essa interdependência entre **valor**, **sustentabilidade** e **liderança** permeia a seleção e o desenvolvimento dos gestores. Ela é também evidente na aspiração do presidente R. N. Tata, que considera essa perspectiva integrada como uma característica distintiva dos líderes da Tata. No caso da Tata, a mensagem passada aos diretores executivos é a de que eles precisam adotar uma postura integrada — eles precisam estar direcionados à lucratividade, ser eficientes em termos de custo, ter consciência sobre qualidade e ser bons cidadãos corporativos.

O profissional talentoso adora empresas talentosas.

A questão fundamental é examinar a fundo o plano de negócios e enunciar o **propósito** que está por trás dele. Muitas vezes, como no caso da Tata, isso é muito mais que simplesmente ter o desejo de crescer ou ser mais eficiente. É necessário condensar a essência da organização na diferença básica que ela pretende fazer. Assim que o propósito for enunciado, é necessário incorporá-lo na infraestrutura da organização. Quantas empresas conseguem sintetizar isso tão sucintamente quanto a empresa Google? A lista da empresa **"Dez razões para trabalhar no Google"** é uma proposição de valor que exprime como sua aspiração ganhará vida:

Contratar e interligar: desenvolvendo a ecologia do talento de sua empresa 105

1. **Estender a mão para ajudar.** Com muitos milhões de visitantes todos os meses, o Google tornou-se parte essencial da vida cotidiana, conectando pessoas com as informações das quais elas precisam para ter uma vida de qualidade.

2. **A vida é bela.** Ser parte de algo importante e ajudar a desenvolver produtos nos quais você pode confiar é algo extraordinariamente gratificante.

3. **O reconhecimento é a melhor motivação.** Assim, criamos um espaço de trabalho divertido e inspirador do qual você terá satisfação em fazer parte, que inclui médico, dentista, massagem e ioga no próprio escritório; oportunidades de desenvolvimento profissional; creches no local de trabalho; trilhas de corrida na praia; e muitos lanches para enfrentar o dia.

4. **Trabalho e diversão não são mutuamente excludentes.** É possível escrever códigos e ao mesmo tempo divertir.

5. **Adoramos nossos funcionários e queremos que eles saibam disso.** O Google oferece uma variedade de benefícios, incluindo opção de programas médicos, opções de ações, licença-maternidade e paternidade e vários outros.

6. **A inovação está no nosso sangue.** Mesmo a melhor das tecnologias pode ser melhorada. Enxergamos oportunidades infindáveis para criar produtos ainda mais relevantes, mais úteis e mais rápidos para nossos usuários. O Google é pioneiro na tecnologia de organização das informações do mundo.

7. **Uma boa empresa para onde quer que você olhe.** Os *googlers* variam desde ex-neurocirurgiões, diretores executivos e campeões de quebra-cabeça dos EUA a caçadores de crocodilo e ex-fuzileiros navais. Não importa sua formação, os *googlers* são interessantes companheiros de baia.

8. **Unindo o mundo, um usuário por vez.** Pessoas de todos os países e idiomas usam nossos produtos. Desse modo, pensamos, agimos e trabalhamos em nível global — essa é apenas uma pequena contribuição para transformar o mundo em um lugar melhor.

9. **Audaciosamente, ir aonde ninguém jamais esteve.** Ainda existem centenas de desafios por resolver. Suas ideias criativas têm importância aqui e merecem ser exploradas. Você terá oportunidade de desenvolver produtos novos e inovadores que milhões de pessoas acharão úteis.

10. **No final das contas, existe, sim, almoço grátis.** Na realidade, temos almoço grátis todos os dias: saudável, gostoso e feito com amor!!!

Os grandes empregadores compreendem claramente a demografia e a diversidade de seus mercados de trabalho e tomam cuidado para compreender sua equipe, valorizando a clara relação entre o trabalho que executam e a diferença que podem fazer. Esses empregadores também reconhecem que os "talentos adoram empresas talentosas" e enfatizam a qualidade e a diversidade de sua equipe de trabalho.

Olhe além dos elementos da proposição, do otimismo da costa oeste dos EUA e da alusão a *Jornada nas Estrelas* ("Audaciosamente, ir aonde ninguém jamais esteve") e aí o propósito, a filosofia e a ambição tornam-se palpáveis. No que tange aos talentos, eles fizeram sua "lição de casa". Eles compreendem claramente a demografia do respectivo mercado de trabalho interno (e externo) e tomam cuidado para compreender sua equipe, traçando a relação entre o trabalho que executam e o espectro mais amplo, a diferença social que eles podem fazer. Além disso, eles se valem do fato de que os "talentos adoram empresas talentosas" ao enfatizar a qualidade e a diversidade de sua equipe de trabalho.

O papel esquecido da estrutura.

Hoje em dia vivemos em meio a tantas mudanças que podemos ser perdoados por pensar que a estrutura organizacional consiste no organograma e nas mudanças que ocorrem nele. Isso é particularmente verdadeiro com relação às práticas convencionais de gestão de talentos controladas pelo plano de sucessão, que se parece com um organograma. A adoção da mentalidade da **ecologia do talento** oferece uma perspectiva diferente sobre estrutura, uma perspectiva que examina como um modelo operacional gera talentos, como as funções podem ser adaptadas para reter indivíduos talentosos ou como uma hierarquia pode estar impedindo no momento o desenvolvimento dos talentos. O que há de novo nisso é que as decisões estruturais devem ser tomadas com o **talento em mente**. Isso difere da visão convencional de que a estrutura é onisciente e está acima da personalidade e das necessidades dos indivíduos que se encontram nela.

É óbvio que a estrutura de uma organização constitui simplesmente a maneira como ela se organiza para concretizar sua estratégia. Mas, nossa, como ela se tornou complexa! Pontos de sistema de avaliação Hay, avaliação de cargo, federações, matrizes, divisões e redes. Seja qual for o modelo empregado, a função da estrutura é tornar a atividade eficiente dando espaço às pessoas (papéis) para aplicar suas habilidades eficazmente. É raro pensarmos sobre o potencial adaptativo de nossas estruturas com base no talento. Recorremos a reestruturações quando as economias de custo são essenciais, sem ao menos perguntarmos se poderíamos utilizar a estrutura para atrair, reter ou mobilizar melhor os talentos.

A ideia de uma estrutura empresarial que segue a dinâmica do talento (e não o contrário) ganhou proeminência no Vale do Silício no início da era ponto. com. Uma das ideias que pegou carona com isso e sobreviveu por mais tempo que o pebolim é a das estruturas projetadas para estimular o capital social. Isso foi motivado pela atenção que as pessoas começaram a dar para as redes sociais como um conceito de trabalho e como um produto *on-line*. Essas primeiras *start-ups* (empresas iniciantes) de Internet eram formas simples de organização que se sustentavam no entusiasmo e no *know-how* de indivíduos com ideias afins. Essas formas iniciais eram em grande medida organizações em que "todos precisavam pôr a mão na massa" e tinham uma estrutura organizacional nivelada e interligada. Aquelas que conseguiram sobreviver à retração econômica tornaram-se mais complexas e adotaram várias formas organizacionais que reconhecemos nas multinacionais de hoje: divisões operacionais, escritórios administrativos funcionais e administrações de grupo. Entretanto, paralelamente a essas estruturas convencionais, elas persistiram no objetivo de utilizar elementos de uma organização de trabalho que são essenciais para o desenvolvimento de produtos com base em P&D e, no que tange aos talentos, procuraram **atrair** e **contratar trabalhadores do conhecimento**.

A inovação das proposições que estavam sendo desenvolvidas nessas empresas dependia (e continua dependendo) de perspectivas multidisciplinares. As empresas de mecanismo de pesquisa, por exemplo, exigem habilidades matemáticas, de programação, analíticas, de engenharia, de telecomunicações, de *marketing*, de atendimento ao cliente e de vendas. Essas proposições também exigem que essas habilidades sejam mobilizadas e aplicadas rapidamente a problemas cada vez mais complexos. Essas empresas e aquelas de uma geração semelhante aprenderam que a forma como elas se organizam oferece uma vantagem competitiva tanto nos negócios quanto nos mercados de trabalho. O que move as estruturas dessas empresas é o objetivo de promover a colaboração e a inovação. Há uma quantidade menor de níveis organizacionais e uma menor esfera de controle e o trabalho é conduzido de uma maneira mais programática por meio de projetos interdisciplinares. Espaço e investimentos organizacionais formais também são concedidos e equipes de **"projeto de ponta"**, formadas para desenvolver novos produtos em um período bem mais curto que o normal (*skunk works*), são **incentivadas**. Empresas como Apple e Pixar também tentam envolver os membros da família de seus funcionários na prototipação de produtos ou simplesmente reconhecendo sua função de apoio aos seus entes queridos. Todas essas formas estruturais são projetadas para fortalecer o trabalho entre os indivíduos, e a intenção é de que o **todo se torne mais que a soma de suas partes**. Elas estão organizadas em torno do capital social, por reconhecerem que isso cria dois benefícios para o talento: maior valor por parte do talento que elas conseguiram e uma marca de empregador mais sólida para o talento que ainda recrutarão.

A definição mais expressiva de capital social é dada pelo professor Nan Lin (Duke, 2007) no seu artigo *Investimento nas relações sociais com retorno esperado no mercado*. A nosso ver, essa ideia de capital social é relevante para a **ecologia do talento** porque ajuda a definir o valor que pode ser gerado nos sistemas que interligam os indivíduos. Desse ponto de vista, a ideia de estrutura torna-se mais maleável, mais orientada ao lugar em que é possível gerar valor, em contraposição às linhas estáticas do organograma.

Do organograma ao capital social.

O capital social é a argamassa ou o fator unificador que mantém a organização unida; em nossa opinião, isso oferece um discernimento importante sobre como o talento é de fato percebido pela organização. Nesse aspecto, o **capital social**, "os fatores entre os funcionários" (equipes, comunidades, redes, grupos de trabalho) é um aliado essencial do **capital humano**, "os fatores internos dos funcionários" (habilidades, conhecimento, experiência e potencial), que recebeu destaque na pauta sobre talento nos últimos tempos. O *blogger* de RH Josh Letourneau faz a seguinte observação no CruiterTalk.com:

> "Pergunte a si mesmo por que se tem enfatizado tanto a melhoria dos fatores 'internos dos funcionários' (habilidades, competências etc.), quando pesquisas demonstram que a vantagem competitiva é movida mais pelos 'padrões dos relacionamentos' (com frequência chamados de 'redes' ou **'fatores entre os funcionários'**) do que apenas pelo talento organizacional de nível médio. De acordo com Valdis Krebs, um dos primeiros pensadores no que diz respeito à análise das redes sociais do planeta, '**As equipes não são feitas exclusivamente de talentos. É a forma como as aptidões dos membros da equipe se interceptam**

e interagem que distingue uma boa equipe de um conjunto de indivíduos que desempenham bem sua função...'. Pare por um instante e pergunte a si mesmo por que as organizações passam tanto tempo preocupadas em 'manter a estrutura formal (comando e controle) do organograma' quando na verdade elas raramente refletem sobre como os trabalhos diários são realizados? Por que há tão pouca ênfase sobre as redes sociais que se formam por si sós (em muitos casos), quando se percebe nitidamente 'a grande quantidade de informações e conhecimentos que flui por meio delas e a diminuta quantidade que flui por meio das estruturas hierárquicas e matriciais oficiais'?"

O *blogger* de RH Jon Ingham reconhece essa evolução, mas mostra pragmaticamente o quanto as estruturas das organizações modernas são convencionais e estáticas, mesmo aquelas do Vale do Silício. Concordamos com sua conclusão de que, embora as organizações ainda precisem se pôr em dia com esse fenômeno, o capital social não depende de estruturas niveladas ou interligadas (embora pesquisas demonstrem que essas estruturas certamente ajudam). O capital social é gerado pelas relações e o ponto fundamental nesse sentido é investir nessas relações independentemente de a estrutura ter se adaptado para refleti-las.

Acreditamos que essas relações em rede estão se tornando cada vez mais relevantes para a pauta sobre talento. Como Valdis Krebs ressalta que, nos negócios, a nova vantagem competitiva é a **capacidade da organização de avaliar o contexto**. É o valor criado pela análise, interpretação e compreensão do contexto e, por conseguinte, a capacidade de transformar tudo isso em novos produtos ou serviços. Esse tipo de cadeia de valor é uma realidade em várias redes existentes em uma organização e, como qualquer diretor de distribuição lhe dirá, a qualidade do produto final depende inteiramente da qualidade das relações que ele cria. A capacidade de criar e manter essas relações em rede está se tornando uma habilidade de liderança vital nas organizações modernas.

Nos negócios, a nova vantagem competitiva é a capacidade da organização de avaliar o contexto. É o valor criado pela análise, interpretação e compreensão do contexto e, por conseguinte, a capacidade de transformar tudo isso em novos produtos ou serviços. Esse tipo de cadeia de valor é uma realidade em várias redes existentes em uma organização e, como qualquer diretor de distribuição lhe dirá, a qualidade do produto final depende inteiramente da qualidade das relações que ele cria.

A importância das redes.

A amplitude da rede de relacionamentos de um indivíduo é um bom indicador de seu talento e de seu futuro potencial de liderança, porque isso demonstra capacidade para acessar uma série de recursos e a competência para manter relacionamentos. Krebs incita a comunidade de RH a adotar um novo mantra, **"contratar e interligar"**:

> "Nas organizações do conhecimento do mundo moderno, a meta amplia-se para 'contratar e interligar' — contratar as melhores pessoas com a melhor rede e integrá-las na cadeia de valor para que seu capital humano e seu capital social, associados, ofereçam excelentes retornos."

O que é importante nisso, obviamente, é que o indivíduo possa reconhecer como deve utilizar essa rede de uma maneira relevante para o projeto e a equipe. No entanto, existe uma base crescente de evidências que indicam que esses indivíduos com alto capital social (Valdis Krebs, *Working in the Connected World: Social Capital: The KillerApp for HR in the 21st century* –IHRIM *Journal*, junho de 2000) [*Trabalhando no mundo conectado: o capital social: o aplicativo essencial para RH no século XXI*]

Ter uma extensa rede oferece várias vantagens para as pessoas talentosas. Elas podem, particularmente,

- encontrar empregos melhores mais rapidamente;
- ter maior probabilidade de serem promovidas mais cedo;
- fechar negócios rapidamente;
- receber bonificações maiores;
- melhorar o desempenho de suas equipes;
- ajudar suas equipes a atingir mais rapidamente suas metas;
- ter um desempenho melhor enquanto gerentes de projeto;
- ajudar suas equipes a criar soluções mais criativas;
- aumentar os resultados obtidos pelas equipes de P&D;
- coordenar mais eficientemente os projetos;
- conhecer melhor o ambiente e o mercado da empresa;
- receber avaliações de desempenho superior.

As grandes redes apoiam-se nas qualidades com atributos do que Malcolm Gladwell chama de **"especialista e conector"**. O **"especialista"** é alguém com profundo conhecimento ou opinião sobre uma série de assuntos e que compartilha entusiasticamente esse conhecimento, ao passo que o **"conector"** tem um interesse impetuoso pelas experiências e paixões das outras pessoas e é capaz de encontrar (ou forjar) pontos em comum entre elas. Embora sejam arquétipos, essas personalidades oferecem uma percepção importante sobre como as pessoas talentosas tecem relações e a possibilidade de ensinar as pessoas a gerar capital social.

A natureza das equipes talentosas.

Esse ponto de vista relativo à conectividade também nos oferece outro olhar sobre a função desempenhada pela equipe na ecologia do talento de uma organização. As ideias convencionais sobre talento tendem a se concentrar no ator A, o indivíduo de desempenho estelar, e negligenciam a importância de sua interação com os colegas. Essa paixão pelo indivíduo talentoso também fez com que as equipes de talento fossem desprezadas. As equipes talentosas são aquelas que se destacam consistentemente, **mas nas quais não existe nenhuma estrela**. Seu desempenho depende de como os membros utilizam seus pontos fortes enquanto grupo e de como os líderes estimulam isso.

Essa ideia encontrou popularidade nos esportes durante algum tempo. Um artigo sobre o Maryland Terps (time de futebol americano masculino da Universidade de Maryland) publicado na *Business Week* (agosto de 2006) retoma essa questão. Após seis torneios consecutivos da Associação Atlética de Faculdades Católicas (Association of Christian College Athletics — ACCA), o Terps perdeu todos os seus astros para seus rivais no final da década de 1990. Em 2000, o desempenho do time mergulhou verticalmente para o fundo da liga ACCA. Não obstante as novas contratações e a escolha dos jogadores mais competentes como cocapitães, o técnico Cirovski continuou vendo o desempenho do time cair. Desesperado, Cirovski procurou seu irmão, Vancho, profissional de desenvolvimento de recursos humanos, para dar ideias para melhorar o desempenho do time. A recomendação de Vancho foi fazer um raio X social do time e analisar como funcionava a rede de relacionamentos dentro do time. Isso exigiria uma análise do padrão e da qualidade das interações entre os jogadores e uma atenção particular a como as decisões eram tomadas. As constatações de Vancho mudaram sensivelmente a visão de Cirovski sobre a liderança dentro do time. Eles descobriram que, de longe, o jogador mais influente era um discreto aluno do segundo ano. Em termos de habilidade, mais uma "promessa do que um candidato muito procurado". Ele era a pessoa com a qual todos os membros costumavam se relacionar e transitava entre eles divulgando notícias e fazendo com que eles se inter-relacionassem. A análise realizada demonstrou que, embora esse indivíduo não tivesse maturidade e uma presença marcante, os outros membros do time o procuravam para pedir orientação. Essa constatação levou Cirovski a transformar esse discreto segundo anista em capitão e a procurar fortalecer os relacionamentos no time. Os membros voltaram a morar no *campus*, dividiam o quarto e passavam tempo juntos regularmente. Com relação a novas contratações, o técnico Cirovski começou a olhar além dos astros imediatos e a contratar com base na personalidade. Ele passou a procurar com cuidado aqueles que se adequavam à química do time que então estava se criando e a se opor terminantemente a fazer novas contratações se não conseguisse encontrá-los.

Essa história, como seria de esperar, acabou em sucesso: o Terps chegou ao Campeonato Nacional. Entretanto, a consequência pós-conquista é que todos os jogadores começaram ser procurados, muito assediados e persuadidos a sair e o ciclo então recomeçou. A questão que se destaca aqui é que, ao formar uma equipe talentosa, Cirovski conseguiu fortalecer a capacidade de indivíduos anteriormente medianos.

Adotando novos hábitos.

A importância dos laços dentro de uma equipe, em comparação com a importância de um único astro, é também mostrada em artigos sobre o New York Yankees (*The New York Times*, 2005) e a equipe de ciclismo da Associação Olímpica Britânica (*The Times*, março de 2008). Em cada um desses casos, os hábitos operacionais do time/equipe revelaram-se como um fator de diferenciação quanto à capacidade dos indivíduos de realizar seu potencial. Curiosamente, o artigo do *The Times* foi escrito antes do desempenho da equipe na Olimpíada de Pequim em 2008. Nesse artigo, David Brailsford, diretor de desempenho da equipe, falou sobre a importância que ele teve na reestruturação da equipe e em sua consequente melhoria de desempenho. O trabalho de Brailsford pode ser generalizado para revelar os seguintes hábitos que desenvolvem uma equipe de talento:

- **Transferir habilidades naturais entre os ambientes** – Rebecca Romero já era campeã mundial de remo quando se juntou à equipe e tanto Victoria

Pendleton quanto Chris Hoy trocaram suas competições favoritas por novas modalidades.

- **Utilizar as ferramentas mais inovadoras disponíveis** – Para Brailsford, a equipe dos bastidores é tão importante quanto os atletas que estão na pista. A equipe empregou técnicas científicas pioneiras em todos os elementos de sua preparação. Do projeto das bicicletas ao tecido do vestuário e ainda à nutrição dos atletas.
- **Nutrir a dinâmica da equipe e preparar a geração seguinte** – O grupo inteiro (incluindo os da equipe juvenil) ficava em Manchester. Todos treinavam e passavam tempo juntos. Os atletas mais experientes aconselhavam seus pares na equipe juvenil.
- **Tornar a concorrência transparente** – Como todos os atletas de elite têm técnicos pessoais, em um grupo desse nível raramente esses técnicos trabalhavam em conjunto. Isso era incomum porque a relação extremamente pessoal entre técnico e atleta pode se tornar isolada pelo fato de os pares serem considerados concorrentes. Esses técnicos de ciclismo transformaram-se em uma equipe, compartilhando técnicas e procurando formas de superar a concorrência que eles tinham em comum.
- **Estabelecer metas individuais e incrementais** – Brailsford conseguiu elevar o desempenho de toda a equipe estabelecendo para cada membro metas de desempenho extremamente pessoais. Em vez de enfatizar generalizadamente as medalhas, essas metas eram realistas e tangíveis e estavam focalizadas em melhorias pessoais em tempo e técnica.

A equipe de ciclismo da Associação Britânica deixou Pequim com 14 medalhas, oito delas de ouro.

Como a cultura pode ser crucial para o sucesso ou o fracasso da estratégia de talento.

É bastante difícil **definir cultura**. Entretanto, todos nós sabemos o que é cultura quando a vivenciamos. É a cultura que atrai as pessoas para as organizações e, na maioria das vezes, é o motivo que as faz sair delas. Nós a vivenciamos diretamente por meio de comportamentos prevalecentes e indiretamente por meio de processos de trabalho, **"a forma como fazemos as coisas por aqui"**. Cultura é um conceito universal que orienta a dinâmica de toda a ecologia do talento. Embora reconheçamos que as culturas são tão diversas quanto as empresas nas quais elas se configuram, acreditamos que existam características em comum que atraem e mobilizam o talento.

Cavando grandes buracos.

A história de uma companhia de energia mostra a verdade sobre como uma cultura influencia a capacidade de atrair e desenvolver talentos. Esse grande grupo global atua em todos os componentes da cadeia de suprimentos de energia: dos pátios dos postos de gasolina à exploração e produção, em que se incluem energias renováveis. Sua estratégia empresarial era fortalecer a eficiência dessa cadeia e diminuir o custo operacional. Sua estratégia de talento seguia essa diretriz e seu enfoque era o desenvolvimento de líderes em toda a empresa, os quais se revezavam em diferentes modelos de negócios e mercados. Foi criado um banco composto pelos 200 indivíduos de mais alto potencial, e planos de carreira em todas as diferentes unidades foram meticulosamente programados no escritório central do grupo. Até aqui, tudo bem. Isso começou a parecer um estudo de caso sobre uma boa prática de gestão de talentos. Até o momento em que fizemos a pergunta: "O que é preciso fazer para ser promovido aqui?". A resposta que se seguiu em mais de uma ocasião foi: **"Você precisa cavar grandes buracos."** E para realçar de fato o caminho até a sala do diretor executivo, "você cava os buracos maiores". A evidência apresentada para esse ponto de vista baseava-se:

- Na trajetória de carreira da maioria dos executivos recém-contratados — as duas últimas contratações de *country managing director* (diretor nacional) foram veteranos antigos.
- Nas imagens utilizadas para ilustrar a revista interna, o material impresso sobre recrutamento e o *site* — vários homens usando capacetes de proteção.
- Nas declarações do diretor executivo que ressaltavam as atividades de produção (exploração e produção) como área de **"crescimento"** e as atividades pós-produção (refinação e comercialização) como área de **"eficiência"**.

Esses sinais culturais fundamentais se juntavam para transmitir um ponto de vista de que nos bolsões de força de trabalho as atividades de produção eram atraentes e as de pós-produção não. Nossos contatos nos contaram como isso, do ponto de vista cultural, sugeria que progredir na carreira significava ir para

Contratar e interligar: desenvolvendo a ecologia do talento de sua empresa   115

lugares remotos, ambientes viris e de maquinaria pesada. Essa percepção influenciou muitas decisões de carreira, independentemente dos processos de RH em vigor. E embora certamente isso tenha sido direcionado aos pontos fortes de alguns, provavelmente diminuiu a oferta de capacidade disponível para a organização como um todo. Além disso, isso se contrapunha aos melhores esforços da equipe de RH do grupo, visto que eles batalhavam para que esses processos progredissem.

Esse exemplo mostra as consequências difusas da cultura e oferece um vislumbre da personalidade real da ecologia do talento dessa companhia de energia. Nesse caso, a estratégia de talento e seu processo foram adequados ao objetivo empresarial, mas a história do lugar a refreou, o que sugere que a guerra por talentos deve ser travada em várias frentes:

- No mercado de trabalho externo, narrar histórias de diferentes trajetórias de carreira e construir uma marca de empregador que atraia um conjunto diverso de candidatos.
- Tornar as oportunidades internas mais transparentes por meio de anúncios de vaga em portais de emprego *on-line*, do nível hierárquico mais baixo ao nível executivo.
- Atualizar o perfil e as competências dos principais cargos para refletir o desejo de desenvolver líderes empresariais.
- Rever as decisões sobre promoção. Os responsáveis pelas decisões compõem um grupo variado e são capazes de oferecer uma visão equilibrada sobre "o que se considera bom"?
- Utilizar a estratégia de que existe um "defensor", em que as informações transmitidas pelos altos executivos são programadas para refletir as mensagens da estratégia de talento.

Como sempre, esse último item é o ponto máximo para que toda estratégia de talento seja eficaz. Como Doug Ready e Jay Conger ressaltam em *Make Your Company a Talent Factory – HBR*, junho de 2007 (*Transforme sua Empresa em uma Fábrica de Talentos*):

> "A paixão deve partir do topo e infundir-se na cultura; do contrário, os processos de gestão de talentos podem degenerar-se facilmente e se transformar em rotinas burocráticas."

A principal questão aqui é que as mensagens que a força de trabalho recebeu com relação aos pontos de vista da empresa a respeito do talento destoavam entre si. Com base em nossa experiência, essa falta de coerência ocorre em várias organizações. Parece haver uma crença de que as atividades só são direcionadas ao talento quando trazem o rótulo talento. Paradoxalmente, a ascensão do departamento de talentos internos provavelmente fortaleceu essa

Infelizmente, nos parece que muitas empresas ficaram atoladas na burocracia da gestão de talentos.

crença. As empresas estão caindo na armadilha de pensar que é função do superintendente de talentos (*chief talent officer – CTO*) lidar com o problema de talento. A natureza de feudo do departamento de RH também pode dificultar a apreciação das alavancas para atrair talentos na pauta de gestão de pessoas como um todo. A nosso ver, pelo fato de a pauta sobre talento ser tão fundamental para o sucesso da organização, ela precisa influenciar expressivamente a estratégia de gestão de pessoas e a cultura. Isso exige uma reflexão sobre como uma estratégia de gestão de talentos pode ser gerada levando-se em conta os aspectos mais difíceis, quais sejam: RH, desempenho, remuneração e relações entre funcionários. O risco de a organização não aderir a essa pauta são descritos a seguir.

A revanche da curva de Gauss (ou curva "em forma de sino").

Recentemente, uma grande empresa de telecomunicações remodelou seus planos de gestão de talentos, introduzindo um novo conjunto de competências de liderança e uma nova marca de recrutamento. O que motivou essa renovação foi a necessidade de recrutar mais pessoas que pudessem se tornar futuros líderes e reter aqueles que já estavam trabalhando. Essa empresa era conhecida no mercado por desenvolver pessoas competentes, e seus concorrentes assiduamente assediavam os indivíduos de talento, em todos os níveis.

Uma mudança na conjuntura do mercado levou o diretor executivo dessa organização a empreender uma iniciativa para melhorar o desempenho da empresa com a introdução da avaliação de desempenho por meio da curva de Gauss (ou curva "em forma de sino"). As curvas em forma de sino baseiam-se no desempenho relativo entre os integrantes da equipe. Isso significa que todos seriam avaliados comparativamente entre si e que uma classificação de 0 a 5 seria aplicada de acordo (0 = mau desempenho, 5 = desempenho excepcional). O diretor executivo sustentou que todas as classificações atingiram uma distribuição percentual formal de 5, 15, 60, 15, 5 na escala de classificação de cinco pontos. Isso foi aplicado sem exceção a todas as equipes, independentemente das condições operacionais ou de suas realizações.

Em termos de desempenho, a curva de Gauss é uma ferramenta bastante conhecida para melhorar a distribuição das classificações e elevar os padrões de desempenho. Entretanto, em termos de talento, ela pode provocar inúmeros **efeitos secundários não intencionais** e a julgamentos falsos. As áreas especializadas da empresa — em que a demanda era mais alta no mercado de trabalho externo e das quais a empresa dependia — começaram a enfrentar problemas de retenção em relação a inúmeros indivíduos de talento. Nas entrevistas de demissão, os demissionários referiam-se à injustiça que eles percebiam no método de avaliação de desempenho de forma geral. Segundo os que recebiam classificação mais alta, seu salário não havia sido alterado de acordo e, para aqueles que, segundo a classificação, "estavam cumprindo seus objetivos", não concordavam com a classificação recebida porque sentiam que isso não refletia sua verdadeira contribuição. Esse problema de retenção continua sendo um problema e está começando a afetar a marca de empregador da empresa.

Uma vez mais, o problema nesse caso não é a utilização da curva de Gauss em si (embora se possa dizer que esse método já tenha tido seus dias), mas mais propriamente a incongruência das mensagens. A estratégia de gestão de talentos adotada pela empresa é **meritocrática** e enfoca oportunidades futuras. De acordo com essa filosofia, seu nível de desempenho é exatamente aquele que a última classificação indica e somente os **5%** dos indivíduos de melhor desempenho em um determinado período de avaliação **merecem a atenção dos altos executivos**. Essa postura também destrói o capital social que poderia gerar mais talentos. Os colegas concorrem entre si e existe muito pouco espaço para a **colaboração**, **contestação** ou **experimentação**. Essas três características são fundamentais para criar valor e vitais para aqueles que o criam.

As culturas que atraem talentos.

Na Internet, *sites* como Glassdoor.com, JobBeehive.com e RateMyPlacement.co.uk pintam um quadro honesto da atual cultura do ambiente de trabalho. Neles, funcionários atuais e também ex-funcionários comentam sobre suas experiências, desde aspectos relacionados ao salário a aspectos sociais. Esses *sites* atraem um grupo demográfico da geração Y que certamente não teme omitir o que pensa em suas análises críticas e avaliações. Essas análises refletem o contexto das empresas em que eles trabalham e eles classificam seus empregadores com relação a tudo, como localização, tecnologia, administração, aprendizagem e respeito. Além disso, eles oferecem conselhos aos altos executivos e classificam os diretores executivos. Na maioria dos casos, as avaliações são relativamente equilibradas e sensatas.

Esses *sites* ressaltam várias questões defendidas em nossa pesquisa e em outros lugares — de que parece haver uma necessidade comum, de geração para geração, em relação aos seguintes fatores:

1. **Trabalhos significativos** — Isso tem um significado diferente para cada indivíduo, mas todos temos em comum a necessidade de saber que nossos esforços fazem diferença.
2. **Líderes que respeitamos e nos quais confiamos (e que respeitam e confiam em nós em resposta)** — As pessoas de talento procuram assiduamente mentores e modelos, embora essa relação tenha de ser recíproca.
3. **Colegas com os quais possamos aprender** — As pessoas de talento adoram ter companhia e todas as oportunidades de colaboração são bem-vindas.
4. **Reconhecimento e recompensa justos** — Temos consciência de nosso valor no mercado e acreditamos que isso deva se refletir em nosso salário. Precisamos ser reconhecidos regularmente e ouvir um "Obrigado" é suficiente.
5. **Oportunidades de crescimento e/ou de continuar aprendendo** — Precisamos saber que existem oportunidades de desenvolvimento, ainda que não estejamos prontos para isso. Quando atingimos o teto, queremos saber como podemos ficar mais competentes no que fazemos.
6. **Equilíbrio entre vida e trabalho** — Sabemos que isso mudará ao longo de nossa carreira, mas gostaríamos de poder aumentar e diminuir o ritmo de acordo com a necessidade. Precisar de um tempo maior na vida pessoal não significa estar menos comprometido com o trabalho.
7. **Ser nós mesmos** — Gostamos de ser tratados como seres humanos e que nossas peculiaridades e paixões sejam aceitas. Ficamos mais tranquilos quando colegas diferentes de nós têm a mesma opinião sobre uma determinada questão.
8. **Estarmos envolvidos em decisões que nos afetam** — Temos um ponto de vista sobre como as coisas poderiam melhorar e gostaríamos de compartilhá-lo. Todos nós temos de fazer as mudanças darem certo. Portanto, precisamos de fato sentir que contribuímos para um objetivo.
9. **Sermos parte de uma empresa que respeitamos** — Nossa reputação cor-

Contratar e interligar: desenvolvendo a ecologia do talento de sua empresa   119

responde à reputação da empresa e queremos ter orgulho do local em que trabalhamos (ou pelo menos não nos sentirmos constrangidos).

Pedimos aos participantes de nossa pesquisa para que falassem sobre o que mais influencia seu desejo de trabalhar com um determinado empregador. Esse grupo de participantes tinha uma grande inclinação para a geração X e apresentou as respostas a seguir (consulte a Tabela 5.1).

Quais desses itens mais influenciariam seu desejo de trabalhar com um determinado empregador? (Os participantes classificaram os itens a seguir de acordo com uma escala de 1 a 5, em que 1 era o fator menos influente e 5 o mais.)

Tabela 5.1 Fatores que influenciam o apelo de um empregador em potencial.

	1	2	3	4	5	Média da participação
Empreender um trabalho estimulante.	–	–	6%	28%	66%	4,6
Um gerente de linha inspirador.	2%	3%	14%	43%	38%	4,1
Boa reputação e bons valores corporativos.	1%	5%	26%	25%	43%	4,0
Recompensas e benefícios.	–	8%	33%	39%	20%	3,7
Aconselhamento e desenvolvimento.	1%	11%	28%	35%	25%	3,7
Trabalhar com colegas simpáticos.	2%	11%	40%	32%	15%	3,5
Um plano de carreira bem definido.	13%	23%	29%	21%	14%	3,0
Transporte fácil para o trabalho.	11%	25%	38%	18%	8%	2,9
Uma marca de consumo atraente.	25%	42%	25%	8%	–	2,2
Escritórios atraentes.	25%	42%	25%	8%	–	2,2

O item mais importante com certeza foi a oportunidade de **"empreender um trabalho estimulante"** (66%), seguido por **"boa reputação e bons valores corporativos"** (43%) e **"um gerente de linha inspirador"** (38%). Queríamos também encontrar mais informações sobre o que as pessoas acreditavam que as ajudava a desenvolver e ter êxito em seu trabalho. Por isso, fizemos a seguinte pergunta ao mesmo grupo (Tabela 5.2):

Quais dessas afirmações melhor descrevem uma empresa que ajuda seus talentos a prosperar? (Os participantes classificaram os itens a seguir de acordo com uma escala de 1 a 5, em que 1 é o menos influente e 5 o mais.)

Tabela 5.2 – O que ajuda as pessoas a trabalhar melhor.

	1	2	3	4	5	N/A
Incerteza sobre se a empresa é importante. Isso depende das pessoas.	18%	37%	17%	15%	11%	2%
Um propósito em comum.	1%	6%	18%	49%	26%	–
Incentivos financeiros.	3%	18%	36%	36%	6%	–
Gestão de desempenho bem definida.	1%	6%	13%	40%	39%	1%
Gerentes de linha inspiradores.	1%	(N/A)	2%	23%	69%	5%
Abertura para novas ideias.	1%	(N/A)	1%	18%	75%	5%
Estímulo a redes sociais.	(N/A)	4%	23%	46%	26%	1%
Tempo para o desenvolvimento.	–	1%	6%	39%	51%	3%
Rodízio regular de trabalho.	1%	5%	26%	39%	27%	2%
Bom acolhimento da diversidade.	–	2%	10%	33%	50%	4%
Executivos acessíveis.	–	1%	9%	33%	54%	3%
Contato regular com clientes.	–	3%	19%	39%	36%	3%

Desenvolvendo a ecologia do talento.

A ideia de que é o sistema organizacional como um todo que torna a atividade de gestão de talentos eficaz não é nova. Entretanto, com frequência ela é ignorada. Os líderes limitam-se a atividades tangíveis e manejáveis que são fáceis de avaliar. Ou então, por terem pouco capital de investimento, optam por uma ou duas atividades que prometem um retorno fácil sobre o investimento.

Acreditamos que, em vista dos benefícios possíveis, o desenvolvimento da ecologia do talento exige um investimento financeiro bastante modesto; lembre-se de que as alavancas das quais você precisa para desenvolvê-la já existem. A questão é estar apto para implantá-las globalmente. É também possível e fundamental estabelecer metas e avaliar as melhorias. A medida macro mais importante é a melhoria que a empresa é capaz de realizar em relação às suas metas estratégicas. Para sermos mais específicos, as mensurações em torno das áreas que determinam essa melhoria são, por exemplo:

- uma melhor relação entre custo e receita;
- maior velocidade para entrar no mercado;
- maior satisfação e retenção de clientes;
- uma base mais ampla de afiliação;
- maior volume de vendas e participação na carteira.

Todos esses fatores indicam que o talento está crescendo em nossa organização. Examine a fundo os exemplos de sucesso e tente saber como isso ocorreu. Esse sucesso foi motivado:

- Por um indivíduo recém-contratado na empresa?
- Pela capacidade de um líder local?
- Pela melhoria das habilidades do pessoal da linha de frente?
- Pelo desempenho de uma determinada equipe?

Compartilhe essas histórias de sucesso e avalie o que pode ocorrer se divulgá-las às pessoas e se disseminar essa prática em toda a organização. As metas em torno de outras atividades de gestão de pessoas devem ser complementares, e não determinantes. Recrutamento, rotatividade de pessoal, desempenho, distribuição de recompensas, aprendizagem e envolvimento são fundamentais. É necessário também identificar de que forma os funcionários vivenciam esses hábitos.

Quando a meta é obter um efeito "roda volante".
No influente livro *Good to Great* (*De Bom a Excelente*), o autor Jim Collins demonstrou como as empresas eram capazes de fazer a transição para a excelência. Sua pesquisa demonstrou a interação vital entre **liderança**, **cultura** e **talento** — isto é, colocar as pessoas certas na empresa. Ele também constatou que as empresas têm êxito em decorrência da coerência e consistência nessas áreas.

Collins definiu coerência como "o efeito amplificador de um fator sobre outro". Para nós, é exatamente assim que devemos examinar o equilíbrio da ecologia do talento. O famoso estudo de caso realizado na Universidade de Harvard sobre as práticas de gestão de talentos na General Electric (GE), *How to Build a Talent Factory* (*Como Construir uma Fábrica de Talentos*), também realça essa questão e a necessidade de a organização sempre procurar se desenvolver melhor para desenvolver o potencial das pessoas.

Jack Welch implantou de forma admirável a matriz de nove "células" e fundou Crotonville, mas ele também reconheceu que sua contribuição estava fortalecendo uma cultura de gestão de talentos que já havia sido iniciada com Thomas Edison. Welch costumava defender que, na GE, não eram os instrumentos que importavam, mas a tradição e o tempo (Welch reservava três dias por semana para se envolver com esse trabalho!) concedidos ao desenvolvimento da capacidade da organização para incrementar seu potencial. E que essa capacidade estava totalmente integrada na empresa e em suas expectativas em relação aos líderes. Na GE, a gestão de talentos tornou-se **"o modo como fazemos as coisas aqui"** em todos os aspectos de seu sistema operacional.

A GE criou uma "roda volante" de talentos, dando passos pequenos e incrementais que gradativamente criavam ímpeto, até o momento em que toda peça do sistema passava a reforçar as demais, formando um todo integrado e mais potente do que a soma de suas partes.

Reflexões sobre liderança.

Em última análise, uma ecologia de talento eficaz também tem a ver com a forma que você e seus colegas de liderança escolheram para conduzir a empresa. Tome cuidado para não se afundar na burocracia de processos de gestão de talentos como o **planejamento de sucessão** — eles têm aplicação, mas são apenas ferramentas para ajudá-lo a "contratar e interligar" talentos em sua empresa. As perguntas a seguir são um ponto de partida para influenciar a ecologia do talento e mover esse volante.

1. Em que medida você conhece o potencial de seus funcionários e a capacidade deles de atender às necessidades da empresa no futuro?

2. Você já conseguiu identificar as habilidades que precisará e onde poderá encontrá-las? Vale a pena conhecer os funcionários de seu concorrente e manter-se próximo de determinados candidatos para que assim eles conheçam sua empresa quando você estiver pronto para recrutá-los?

3. Você tem uma ideia clara do motivo que os levaria a trabalhar para você (e para sua empresa)? Você está preparado para se adaptar, se seu público-alvo precisar de alguma outra coisa?

4. A marca de empregador de sua empresa é nítida e convincente? Você tem examinado se suas comunicações externas e internas refletem essa marca?

5. Sua postura com relação ao talento é inclusiva? Você e os líderes de sua empresa reconhecem que o envolvimento de todos os funcionários é vital para o bom desempenho da empresa?

6. Você diferencia sua força de trabalho por sua capacidade de gerar valor? Lembre-se de que os líderes do futuro não serão como os líderes do presente. Uma maior diversidade oferecerá um portfólio de talentos mais amplo e flexível.

7. Seria útil modernizar a estrutura do RH e enfatizar estas duas questões: conhecer a qualidade da experiência dos funcionários e oferecer aos gerentes de linha as ferramentas e o tempo necessários para que eles desenvolvam seu potencial?

8. Você analisa regularmente a estrutura da empresa e as respectivas funções? Você consegue prever vagas e transferências temporárias e torná-las acessíveis por meio de portais de emprego internos?

9. Você está se conectando com pessoas, reconhecendo as redes e os respectivos participantes? Você estimula comunidades com interesses em comum?

10. Você está estimulando a liderança independentemente do grau hierárquico? Você reconhece e recompensa os membros das equipes, instrutores e inovadores? Permite que esses líderes internos criem e ofereçam programas destinados à formação dos funcionários?

Neste capítulo, ressaltamos a necessidade de os líderes **contratarem, interligarem** e **desenvolverem** os **talentos da empresa**; é chegado o momento de compreender em que sentido o local de trabalho pode estimular as pessoas a utilizar todos os seus talentos no trabalho. Isso é importante porque os indivíduos que estão concretizando seu potencial e ampliando suas aptidões são mais propensos a conseguir mais para si mesmos e seus empregadores.

Capítulo 6

Personalização: a força de trabalho de um só

"Existem duas metáforas organizacionais predominantes sobre o homem — o homem como máquina, em que as pessoas são peças intercambiáveis e terão um desempenho igualmente bom em uma série de circunstâncias, e o *homo economicus*, o homem como um maximizador econômico racional que se comportará de uma maneira racional e fará escolhas que maximizem os resultados de seu trabalho. Essas metáforas predominaram em nosso pensamento inicial sobre como as organizações estavam estruturadas, como as funções eram atribuídas e como o desempenho era estimulado por meio de recompensas e punições. Elas não conseguiram apreender a complexidade dos indivíduos, ao pressupor que todos eram iguais quando na verdade eram diferentes e ao superestimar o comportamento racional e subestimar o papel desempenhado por nossa vontade e nossas emoções. Contudo, mudar da metáfora da máquina para a metáfora econômica é criar um mundo mais complexo, onde fatores como emoções e esperanças são intangíveis e imoderadamente complexos e as interdependências são percebidas apenas com o tempo e onde as pessoas são vistas como indivíduos, e não como 'força de trabalho'."

Lynda Gratton, *Living Strategy* (FT Prentice Hall, p. 75)

Levando seus talentos para o local de trabalho

É chegado o momento de falarmos sobre as organizações de talento e como o local de trabalho pode estimular as pessoas a levar todos os seus talentos para o trabalho. Isso significa, na medida do possível, que as pessoas não apenas concretizem seu potencial, mas também ampliem suas habilidades para direções novas, agradáveis e gratificantes. Nossa pesquisa nos indica várias questões emergentes:

- A necessidade de as organizações segmentarem sua força de trabalho e perceberem as prioridades, a personalidade, os pontos fortes e os pontos fracos de diferentes grupos de funcionários.
- A importância de as organizações transporem a abordagem de grupos e agregação para personalizar o contrato de trabalho de cada indivíduo (tanto formal quanto informalmente).
- A importância de reconhecer esses contratos psicológicos com cada funcionário é grande, pois isso significa compreender questões como **comportamento, personalidade** e **autoconsciência**, notadamente a **inteligência emocional**.

As organizações de talento reconhecem, sobretudo, que todos pertencem à equipe de talentos: altos executivos, profissionais de gestão de pessoas, cada um dos líderes ou gerentes e cada um dos funcionários. Elas reconhecem que os melhores funcionários estão cada vez mais querendo trabalhar de uma maneira que **faça sentido — estimulante, compensadora** e **responsável**. Para os líderes, isso significa responder a uma pergunta fundamental: "Como posso personalizar mais o trabalho para a minha equipe?"

A vida simplesmente se tornou personalizada: a tendência à customização em massa.

A ascensão da Internet 2.0 está dinamizando nossa capacidade de interagir e moldar nossas experiências *on-line*. Isso reflete um crescente interesse por conteúdos participativos gerados para os usuários, originalmente popularizados por *sites* como You Tube e Second Life. Esse apetite cada vez maior por experiências criativas foi identificado pelos profissionais de *marketing* e hoje temos maior possibilidade de customizar nosso consumo em quase todas as áreas da vida. Podemos criar estações de rádio pessoais, nossos novos filtros pessoais, nossos próprios tons de chamada (*ring tones*) e nosso próprio corredor de supermercado. O Google recorda-nos das buscas que fizemos e o Amazon de nossas compras. Ambos podem dar "sugestões" com base em nossas preferências pessoais.

Essa tendência também chegou aos produtos tangíveis. Você pode desenhar seus próprios tênis no Nike.com, acrescentar faixas (ou frisos) em seu carro Mini e uma foto de seu filho no cartão de crédito. Nos *shoppings* ou nas ruas comerciais, podemos escolher a bebida de café que desejamos tomar, com várias opções como volume, torra, grão, intensidade, sabor e calorias (de acordo com as últimas informações). Além disso, podemos nos relembrar dos tempos em que nossas únicas opções eram leite e açúcar.

Poder personalizar quem somos e como vivemos é a "nova onda" do momento. Contudo, quando examinamos o ambiente de trabalho, o mais próximo que conseguimos chegar é com relação à forma como decoramos nossa mesa de trabalho.

Essa tendência à customização em massa foi impulsionada por dois importantes avanços: maior capacidade de compreender o comportamento do consumidor, possibilitado por novas tecnologias, e métodos de produção mais sofisticados (e mais baratos). Isso levou as empresas a adiar o desafio de diferenciar um produto para um cliente específico até o último momento possível.

A proposição de **customização** é considerada uma forma importante de agregar valor à experiência de consumo. Os profissionais de *marketing* conseguem fazer isso conhecendo o perfil demográfico e o comportamento de diferentes grupos de clientes. A frequência com que você visita um *site*, o número de minutos que você fala ao celular (ou não fala), os livros que você procura ler, os gastos em sua conta atual. Os padrões de atividade podem ser previstos e a oferta, ou proposição, pode ser moldada de acordo com o que você tende a fazer em seguida.

Essa capacidade de customizar nosso consumo é um avanço significativo em nossa vida social. Isso se aplica a várias de nossas necessidades mais fundamentais. Podemos nos autorrealizar, criar novas identidades por meio de avatares[*] e nos tornar mais competentes do que seria possível na vida real. Ou então podemos utilizar tudo isso para tornar a vida mais simples, filtrar os ruídos de outras opções e voltar a atenção para o que nos é familiar e conveniente.

Poder personalizar quem somos e como vivemos é a "nova onda" do momento. Contudo, quando examinamos o ambiente de trabalho, o mais próximo que conseguimos chegar é com relação à forma como decoramos nossa mesa de trabalho.

---

[*] Em informática, avatar é um cibercorpo inteiramente digital, uma figura gráfica de complexidade variada que empresta sua vida simulada para o transporte identificatório de cibernautas para dentro dos mundos paralelos do ciberespaço

128 A Verdade sobre o Talento

Acreditamos que a pauta sobre gestão de talentos está intimamente relacionada com a tendência à customização em massa. Todos nós precisamos ser reconhecidos pelo que somos enquanto indivíduos. Isso influencia nossas escolhas quanto ao lugar em que desejamos trabalhar e também a como desejamos trabalhar. Isso influencia em grande medida como passamos a confiar e nos relacionar com nosso chefe e a organização como um todo. Mais importante ainda, ser reconhecido pelo que somos é o segredo para liberar o potencial discricionário.

A ascensão da marca do empregador.

Um dos primeiros tiros que foram disparados na guerra por talentos foi a ideia da **marca do empregador** (ou marca empregadora). No final da década de 1990, essa ideia estava centrada no fortalecimento da presença das empresas no mercado de trabalho e principalmente em melhorar sua comunicação com os candidatos em potencial. Essencialmente, isso exigia que a empresa encontrasse imagens atraentes e cativantes para seu público-alvo (normalmente diplomados) e acrescentasse sua declaração de missão no novo *site*.

Com o tempo, isso ganhou sofisticação e tornou-se mais que um prospecto *on-line*. As empresas de visão começaram a lidar com a necessidade de entender a relação emocional de sua marca e em que sentido isso influencia a escolha das pessoas quanto a permanecer ou partir. Isso exige muitas pesquisas sobre as percepções atuais das pessoas a respeito da organização, da forma como ela funciona e de sua reputação. Os estudos mais reveladores também avaliam a fundo o nível de envolvimento pessoal ou do grupo e concentra-se na realidade da vida cotidiana da organização. Infelizmente, entretanto, isso é raro e a maioria dos trabalhos sobre atribuição de marca ainda parece pensar na marca como uma ferramenta de RP (relações públicas) estritamente voltada para o recrutamento.

Obviamente, todo empregador tem uma marca, independentemente de ela ser comunicada de maneira consciente ou inconsciente, e isso modelará o contrato psicológico. Um estudo realizado pelo Corporate Research Forum [CRF, *The employer brand and employee engagement* (*A marca do empregador e o engajamento do empregado*), 2005] resumiu a quatro os elementos de uma marca de empregador eficaz:

- Confiança na relação entre empregador e empregado.
- Inspiração para que as pessoas tenham um comprometimento com a organi-

zação que supere as expectativas básicas.

- Diferenciação quanto ao esclarecimento sobre por que e como a marca do empregador é diferente e melhor do que as outras.
- Segmentação da marca, o que a torna adaptável a diferentes necessidades, expectativas, públicos, mercados de trabalho, condições operacionais etc.

Esse último item, sobre segmentação, é significativo porque é um meio fundamental para atingir o indivíduo em uma força de trabalho complexa e variável.

A importância da segmentação.
Pode-se definir segmentação como o processo de divisão de um mercado de acordo com semelhanças existentes entre vários subgrupos dentro desse mercado. Essas similaridades podem ser atributos ou pontos de vista comuns ou necessidades e desejos em comum. Na verdade, existem quatro estratégias básicas de segmentação de mercado: **segmentação comportamental**, **segmentação demográfica**, **segmentação geográfica** e **segmentação fisiográfica**. A segmentação de mercado provém da visão básica de que todos os usuários em potencial de um produto não são semelhantes. Eles são diferentes e, consequentemente, as mesmas qualidades gerais não encontrarão apelo em todos eles. Por esse motivo, torna-se essencial desenvolver diferentes táticas de *marketing* idealizadas para atingir diferentes usuários em potencial, a fim de abranger o mercado global para um produto específico.

A ideia é a de que os líderes precisam estar aptos a segmentar sua força de trabalho em grupos específicos, para que possam utilizar os pontos fortes de cada conjunto de indivíduos. Isso associa habilmente a necessidade de informação e análise com um método criativo e centrado nas pessoas.

Um alto executivo de *marketing*, nosso colega de trabalho, uma vez salientou que ele queria ver "todos os nossos clientes divididos por faixa etária e sexo". O que ele queria na verdade era compreender melhor os clientes: quem eles são e o que eles valorizam. Isso lhe permitiu compatibilizar os produtos com os clientes, bem como fundamentar suas ideias sobre várias outras questões: do desenvolvimento de novos produtos e determinação de preços à distribuição. Esse é o desafio da segmentação. Muitos setores e empresas estão melhorando sua segmentação de mercado. Por exemplo, utilizando a definição de perfis psicográficos, que divide os clientes em "grupos" de acordo com necessidades pessoais, preferência e estilo de vida.

A prioridade predominante é ajudar as pessoas: a segmentação é um meio para um determinado fim. Ela funciona melhor quando se tem, paralelamente, uma compreensão sobre cada indivíduo, e não como um substituto dessa compreensão. O objetivo é compreender e apoiar melhor as pessoas, focalizando sua abordagem e seus recursos mais eficazmente para ajudá-las a atingir seu potencial.

Várias outras questões importantes devem ser levadas em consideração com relação à segmentação da força de trabalho:

* A segmentação precisa ser focalizada: quanto mais amplo o segmento, maior o perigo de ele perder valor.
* A importância da segmentação reside em ressaltar diferenças e características específicas: isso requer clareza e discernimento.
* A segmentação deve ser o mais simples possível. É necessário evitar complexidades desnecessárias e assegurar que as decisões e os pontos de vista sejam racionais e claros.
* A segmentação precisa de certeza. É tentador tirar conclusões precipitadas ou fazer suposições sobre os segmentos baseando-se na própria experiência, nos próprios conhecimentos ou em preconceitos. Entretanto, isso pode ser um equívoco. Um dos principais componentes de uma boa segmentação é a análise: compreender o que uma coisa é e por que ela é assim.

Os profissionais de *marketing* dividem os consumidores em dezenas de grupos. Isso pode ser feito com base no código de endereçamento postal e/ou nas opções de estilo de vida. Portanto, temos, por exemplo, os grupos: DRSF (dupla renda sem filhos), os pais isentos de obrigações (preferem gastar a herança que seria deixada aos filhos e curtir a vida agora) e os nativos digitais (algumas vezes em referência à geração Y e à **geração Z, a primeira que não teve de migrar para a tecnologia digital**).

Obviamente, estamos falando de arquétipos, mas a segmentação é uma técnica que pode ser utilizada nas organizações a fim de nos aproximarmos mais das pessoas e pensarmos nelas de uma maneira mais personalizada.

Compreendendo o que é memética

O conceito de segmentação está intimamente vinculado à ideia de memética. A memética revela como as ideias disseminam-se pela sociedade, consolidam-

-se e influenciam novas atividades e decisões diárias. Segundo essa teoria, as ideias sociais, políticas e culturais (conhecidas como **memes**) são copiadas entre indivíduos e grupos e então transmitidas repetidas vezes mediante uma variedade de meios. Se um *meme* for particularmente persuasivo, facilmente copiado, conseguir se disseminar rapidamente e se for durável, terá maior probabilidade de exercer influência sobre como os grupos pensam e agem.

A verdade é que **imitamos as pessoas naturalmente** — é uma das maneiras de aprendermos! Estamos pré-programados para copiar os outros e sempre que copiamos alguém estamos seguindo um *meme*. Pelo fato de esse método nos ser intrínseco, é compreensível que continuemos a utilizar esse mecanismo em todos os aspectos da vida. Por mais desagradáveis que pareçam, **modas, valores, comportamentos, linguagens, religiões, atitudes** e **crenças** são imitados e passados adiante para **grupos** e **transmitidos a gerações subsequentes**.

Os *memes* são influentes e são mencionados como o equivalente cultural de genes, porque são transferidos entre os indivíduos, disseminados para a sociedade e passados adiante para sucessivas gerações. Os *memes* são equiparados aos genes também por outro motivo: os *memes* são considerados fundamentais para os indivíduos e os grupos sobreviverem e prosperarem na sociedade e para que as gerações subsequentes tenham êxito. É por isso que as ideias, modas e crenças exercem tanta influência sobre nós: se as **aceitarmos**, pertenceremos ao "grupo com interesses comuns" (*in-group*) e teremos maior **probabilidade de prosperar**; se as **ignorarmos**, seremos vistos como estranhos e tenderemos a **ser banidos** e a **fracassar**.

É fácil ver por que os *memes* são tão influentes: as recompensas de pertencer a um grupo (e as punições por não pertencer) são muito grandes e tentadoras e são fundamentais para a interação entre as pessoas. O vínculo, a coesão e a força que os *memes* promovem contribuíram para a sobrevivência e o êxito de pessoas e grupos na sociedade. O que é significativo é que os grupos fortes e duradouros podem defender valores dos quais outros discordariam — ou com os quais ficariam chocados. O que importa é a sobrevivência do *meme* — a sobrevivência dos valores que o grupo defende.

O sucesso com frequência depende de nossa capacidade para contestar e mudar nossas próprias atitudes e percepções, nossos métodos de trabalho e como lidamos com os outros.

Embora existam aspectos indubitavelmente positivos nos *memes*, como ajudar pessoas e sociedades a progredir, talvez seja, por natureza, difícil reconhecer e mudar os aspectos negativos em nós mesmos e em nossas organizações. Afinal de contas, um *meme* surge porque alguém (ou algum grupo) quer continuar exercendo poder sobre os outros. Não é vantajoso para um *meme* render-se facilmente — sua existência implica que ele tenha grande influência sobre o comportamento e as ideias das pessoas e não seja facilmente contestado.

Todavia, o aperfeiçoamento e a vantagem competitiva podem depender de nossa capacidade de ver as coisas do ponto de vista de outra pessoa (por exemplo, quando estamos lidando com clientes, colegas de trabalho e concorrentes em mercados que têm outras crenças, convenções, modas, valores etc.). O sucesso também pode depender de nossa capacidade para contestar e mudar nossas próprias atitudes e percepções, nossos métodos de trabalho e como lidamos com os outros.

Se reconhecermos o poder que nossos colegas, outras pessoas, empresas, grupos e sociedade têm sobre nós por meio da miríade de *memes* existentes, estaremos mais bem preparados, enquanto indivíduos e enquanto empresa/organização, para avaliar os problemas precisamente, para contestar as convenções e os métodos de trabalho atuais, para tomar decisões eficazes e para melhorar nossa eficiência pessoal e o sucesso da organização a que pertencemos.

Desse modo, de que forma você pode fazer os *memes* funcionarem a seu favor? A primeira questão é compreender que somos mais propensos a ajudar as pessoas que a nosso ver são de algum modo semelhantes a nós e, portanto, a nos associarmos a elas — ainda que elas sejam estranhas. É também importante a constatação de que os indivíduos invariavelmente conseguem mais quando trabalham em grupo e podem ver e sentir claramente que eles têm algo em comum. Assim sendo, é vital ter uma visão convincente e metas claras e transmiti-las de uma maneira significativa para cada grupo de funcionários. As organizações cujas metas e direcionamento são compreendidos com clareza podem utilizar a **influência da memética** em grupos específicos, opondo-se às restrições do passado e criando consenso entre as pessoas.

Segmentando o talento.

A gestão de talentos presta-se bem à segmentação e à memética porque exige que diferenciemos diversos tipos de talento e o valor que eles oferecem para a organização. Uma das maneiras de fazer isso em relação à força de trabalho como um todo é examinar os principais determinantes do talento — por exemplo, desempenho — e em seguida correlacionar as características daqueles que se enquadram nos principais grupos de desempenho. Sempre recomendamos uma correlação com pelo menos dois conjuntos de dados (por exemplo, desempenho e gênero, desempenho e bonificação, desempenho e faixa etária), para começar a evidenciar aqueles grupos que talvez mereçam ser investigados mais a fundo.

Técnicas para classificar o desempenho.
Por considerarmos as classificações de desempenho um bom exemplo, as perguntas a serem feitas são:

- Existe alguma diferença notável em termos demográficos (de faixa etária, gênero, etnicidade)?
- O tempo de serviço tem alguma importância?
- Qual é a tendência em três anos do pagamento de bonificação (por exemplo)?
- Quem está sendo promovido com maior frequência?
  Você deve prestar atenção especial aos seguintes fatores:
- Grupo no qual têm ocorrido mudanças de desempenho significativas (alto para baixo ou baixo para alto).
- **Bonificações** — O pagamento de bonificações e a classificação de desempenho com frequência não coincidem! Isso é particularmente verdadeiro em culturas em que existe uma distribuição forçada de classificações, onde os gerentes fazem o jogo da classificação, mas utilizam como classificação real a bonificação. Em um sistema de bonificação mais amplo, isso é um bom indicador para encontrar os funcionários que estão agregando valor.
- A "matriz de nove quadros" oferece uma segmentação já pronta (ver Figura 6.1). O dilema quanto a utilizá-la é a frequência com que sua estratégia de gestão de talentos supõe que as pessoas se deslocarão entre as células da matriz. Por exemplo, quando um indivíduo de "alto potencial" é promovido, seu nível de desempenho tende a cair, deslocando-o para um segmento diferente.

Figura 6.1 - Desempenho típico/potencial de uma matriz de nove quadros.

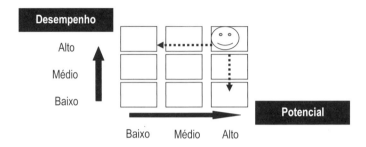

Essa análise depende da qualidade dos dados sobre os funcionários e também da periodicidade. É aconselhável utilizar dados consistentes em um determinado período, normalmente de um ano, e traçar o perfil de segmentos relevantes.

Utilizando dados sobre os funcionários.
Os dados sobre os funcionários podem ser uma dor de cabeça, mas não queira ser perfeito. Utilize os dados que de fato você precisa para situar e delinear os principais segmentos e depois faça um acompanhamento com entrevistas presenciais e grupos de foco. Essa pesquisa qualitativa é essencial para realmente conhecer as pessoas que são típicas do segmento que você está criando. Nessa etapa, talvez valha a pena utilizar pesquisadores de mercado especializados. O objetivo dessa pesquisa é compreender melhor as influências sobre o segmento, suas crenças e seus comportamentos. No *marketing* orientado ao consumidor, o objetivo da pesquisa seria encontrar *insights*, que podem indicar um motivo básico para uma crença ou um comportamento. Isso poderia ser uma necessidade não atendida, uma reação aos atributos de um novo produto ou os benefícios percebidos em relação a um serviço.

No caso do desempenho, é recomendável, por exemplo, obter mais informações sobre:

- As características dos indivíduos de mais alto desempenho, o que eles fazem para obter resultados e sua motivação para buscar significado e envolvimento contínuo.
- As características dos indivíduos de mais baixo desempenho, o que não está funcionando e o que eles precisam para recuperar seu desempenho.

- O que os gerentes desses grupos fazem — talvez esse seja um grupo importante para segmentar.

Esse tipo de pesquisa sobre os funcionários é também fundamental em diferentes etapas do ciclo de vida do funcionário. Pense na possibilidade de analisar as reações dos funcionários assim que eles são contratados e 12 meses depois (quando os níveis de envolvimento normalmente diminuem). Observe o que ocorre quando as pessoas são promovidas e quando elas deixam a organização. Nesse aspecto, é recomendável não utilizar apenas a pesquisa sobre demissão e formar um grupo de ex-funcionários. Você sempre pode persuadi-los a voltar.

Os grupos que passam por cada uma dessas etapas serão transitórios, embora com o passar do tempo você possa desenvolver gradativamente uma ideia sobre as necessidades comumente atendidas e não atendidas ao longo da experiência dos funcionários.

A segmentação é uma ferramenta fundamental para desenvolver gradativamente essa ideia sobre uma força de trabalho dinâmica e heterogênea. Entretanto, seu verdadeiro valor é a percepção que ela nos oferece no desenvolvimento de produtos e serviços para atender a essas necessidades.

Investigando a fundo a proposição de valor do funcionário.

A **proposição de valor ao funcionário** (PVF) refere-se à remuneração, à experiência c às oportunidades que um funcionário recebe quando trabalha para um determinado empregador. Isso está longe de ser unicamente o que dizem os termos contratuais. É a aplicação real da marca empregadora.

No Capítulo 5, apresentamos a lista **Dez razões para trabalhar no Google**, e esse é um bom exemplo de proposição de valor. Ela enuncia claramente o que a empresa espera de seus funcionários e o que ela oferecerá em troca. Mais importante, a proposição em si foi afiada para refletir as necessidades e preferências das pessoas que a empresa pretende atrair e reter.

A Innocent (empresa de bebidas) também se preocupou com isso e utilizou fotografias de funcionários com uma anotação à mão sobre as coisas que as pessoas gostam (todas as citações foram reproduzidas com a permissão da Innocent). Essa abordagem é tão peculiar e previdente quanto as pessoas que a empresa emprega. Sua proposição é descrita como **A vida na Innocent**. Nesse documento, "as coisas importantes" são separadas das "coisas agradáveis". A primeira seção fala sobre dinheiro de uma maneira agradavelmente transparente:

> "Em poucas palavras, nossa filosofia é a de que todos devem obter alguma coisa, mas as pessoas que contribuem mais obtêm mais."

A empresa então detalha cada elemento da remuneração, dando destaque a um "pé-de-meia" que oferece ações com desconto aos indivíduos de alto desempenho e ações para os aniversariantes, para que "todos ganhem uma pequena fatia do bolo". As "coisas agradáveis" de fato mostram o investimento que a empresa faz para dar vida à sua PVF. São oferecidos fins de semana na natureza, bolsas de estudo em fundações — dar uma semana extra de férias pode fazer diferença —, clubes, uma semana extra de férias de casamento/parceria civil, creches, ioga e café da manhã. Em nossa opinião, o mais interessante é o que eles oferecem como **reconhecimento**. Todos os meses, eles promovem animadamente o prêmio *Lord or Lady of the Sash.*

> "Todos os meses escolhemos a pessoa que tem se demonstrado extraordinariamente especial, que conseguiu ir um pouco além do que precisava ou que apenas se demonstrou realmente bacana. Ela ganha uma faixa e uma cartola/tiara e tem oportunidade de tomar um chá preparado por seus subordinados."

Entretanto, essas excentricidades são levadas a sério, porque, quando examinamos o perfil das pessoas que a Innocent deseja contratar, pessoas que têm "inteligência", capacidade de pensar sobre os problemas, lidar com a ambiguidade e criar novas oportunidades, vemos que na realidade elas são as mesmas pessoas para as quais essas atividades se destinam.

O valor do trabalho de segmentação inicial provavelmente pode ajudá-lo a modelar sua proposição aos grupos que mais você deseja atingir. É fundamental que qualquer PVF que no *site* transmita uma boa impressão funcione bem igualmente dentro da organização. Além disso, ela deve ser suficientemente coerente para se transformar em proposições personalizadas para cada um dos segmentos-alvo. É aconselhável que, como a Innocent, você seja transparente sobre como você diferencia as proposições entre os grupos. Sua **estratégia** de gestão de talentos **deve expressar** de que forma o **valor** é **incentivado, identificado** e **reconhecido**. Por exemplo, você pode:

- Falar sobre o desenvolvimento de carreira disponível para aqueles que demonstram potencial para serem promovidos para funções mais importantes.
- Ressaltar a flexibilidade quanto às folgas para serviços longos.
- Apoiar as certificações de associações profissionais e afiliação de especialistas.
- Oferecer licença sabática remunerada aos indivíduos com alto desempenho que estejam diante de uma transição de vida significativa.

É também aconselhável encontrar uma forma mais fácil de ver como os funcionários podem se mover entre diferentes proposições.

Reflexões sobre liderança.

Mencionamos antes que a importância de sua proposição é proporcional à experiência que as pessoas vivenciam quando ela é posta em prática. Essa é a parte mais difícil da equação da marca empregadora e depende totalmente do compromisso de seus gerentes de linha e da qualidade de seu sistema de RH.

- Os gerentes de linha têm a chave na mão para compreender as motivações pessoais de cada funcionário. Invista tempo para lhes mostrar por que isso é importante e de que forma eles podem fazer isso.
- Examine até que ponto seu processo de avaliação e seleção reflete seu público-alvo e a impressão que você está tentando passar. Encontramos empresas que enaltecem valores como **"agilidade, imparcialidade e transparência"**, mas que acabam descobrindo que os resultados da seleção podem levar semanas para serem divulgados e que pouca consideração é dada ao que funcionou (ou não).
- Quando lidamos com questões pessoais, os detalhes mais ínfimos importam. Dar boas-vindas às pessoas, comemorar aniversários e dizer até logo são pontos de contato que caracterizam a marca empregadora.
- Sabemos que quando as coisas não estão indo bem os funcionários na maioria das vezes perdem contato com a organização no primeiro ano de contrato. Ajude-os a criar um plano para os "primeiros 90 dias" e ofereça uma supervisão apropriada no processo de ambientação. Hoje não é mais uma questão de passar o número de assistência de tecnologia da informação (TI) e mostrar onde fica o banheiro. Até mesmo os executivos do mais alto escalão precisam ser apresentados às pessoas mais influentes e às redes.

- O ciclo de avaliação de desempenho da empresa é trabalhoso? Com base em nossa experiência, as pessoas têm de redigir formulários, rever formulários, aguardar a aprovação de classificações, calibração dos instrumentos de avaliação e o *feedback* final. Pouco tempo é reservado para celebrações e *feedback* ou para discutir o estabelecimento de novos objetivos.

- Com que frequência você utiliza o feedback em seu método de desenvolvimento e envolvimento? Infelizmente, o termo feedback é empregado para disfarçar a divulgação de notícias ruins. É essencial informar **por que** as pessoas podem ou não ter acesso a determinados recursos e igualmente reforçar o que está indo bem. O fato de você demonstrar que está percebendo importa.

- A remuneração é a espinha dorsal da proposição de emprego de todos. Com frequência o que importa mais não é uma remuneração **"mais alta"**, mas uma remuneração **"justa"**. Todos precisam saber até que ponto o que eles estão fazendo se compara ao que seus colegas estão fazendo. Embora não seja aconselhável divulgar detalhes pessoais, sem dúvida recomendamos que você seja destemido com relação à sua filosofia de remuneração. É também fundamental lembrar-se de que aspectos diferentes da remuneração têm uma importância diferente para pessoas diferentes (em momentos diferentes). Os fundos de pensão são essenciais para os *baby boomers*, mas menos importantes para a geração Y. As pessoas da geração X talvez prefiram barganhar mais pelas férias. Os esquemas de benefício flexíveis são um elemento importante para a escolha pessoal e para controlar a proposição de remuneração.

- Um bom desenvolvimento requer investimentos exclusivos. Não se trata apenas de oferecer um programa formal, mas também da experiência de acompanhar o dia a dia de outros profissionais (*work shadowing*) ou das transferências temporárias de cargo para substituir alguém. É essencial que os funcionários se apropriem da pauta de aprendizagem. Entretanto, acreditamos que a organização também tenha um papel a desempenhar no sentido de oferecer tempo para a aprendizagem e orientações com respeito à experiência. Percebemos (e recomendamos) uma tendência crescente à **"modularidade"** na aprendizagem. Com isso, os funcionários podem criar caminhos personalizados que eles consigam acompanhar em seu tempo livre e no ritmo que desejam.

- Os rodízios são importantes para todos, não apenas para os indivíduos de alto desempenho. Eles ajudam a disseminar novas práticas, que revitalizam a carreira dos funcionários que talvez estejam estagnados. Os gerentes de linha precisam ter facilidade para demonstrar seu talento (e precisam sentir que isso é recompensador). As mudanças de cargo devem ser simplificadas e os funcionários devem receber apoio para fazer essa transição.

- Examine até que ponto os funcionários são capazes de personalizar suas funções. É importante compreender quando as pessoas estão aptas a assumir outras responsabilidades e quando elas precisam recuar. Isso é particularmente essencial para reter mulheres de talento e pessoas talentosas pertencentes a grupos sub-representados.

O capítulo subsequente mostra como os líderes e as organizações podem se envolver assiduamente com os funcionários.

Capítulo 7

Envolvendo-se com os talentos

Com frequência se diz que as pessoas não abandonam a empresa, mas seus chefes. Em outras palavras, as pessoas precisam ser conduzidas de uma maneira que se envolvam totalmente com seu trabalho. Neste capítulo, analisamos como os líderes podem se relacionar melhor com seus colegas. Até que ponto você os conhece e sabe o que eles pensam? Sobretudo, como os líderes podem garantir o envolvimento, a inspiração e o entusiasmo de sua equipe com o trabalho? O que com frequência é necessário é compreender por que o envolvimento é importante e o que ele pode concretizar e conhecer igualmente outras medidas práticas.

Envolvimento do funcionário: o que é e por que ele é importante?

O raciocínio por trás do envolvimento dos funcionários é simples. Se as pessoas de uma organização forem assiduamente estimuladas a se envolver com seu trabalho — não apenas motivadas, mas incentivadas a valorizar o que elas fazem e a se esforçar para fazê-lo melhor em todos os momentos —, elas serão **mais produtivas** para a organização e também se sentirão mais **satisfeitas** e terão maior probabilidade de se **dar bem em sua carreira profissional**.

A lógica e as evidências desse ponto de vista são convincentes: isso funciona e funciona bem. Entretanto, o desafio é mudar de uma situação em que as pessoas simplesmente estão (ou talvez não estejam) contentes e motivadas para uma situação em que elas sejam leais e estejam ativamente comprometidas e envolvidas com seu trabalho. A primeira parte do conjunto de instrumentos que apresentaremos explica como o envolvimento dos funcionários funciona e por

142 A Verdade sobre o Talento

que ele é tão significativo. Oferecemos exemplos de empresas que desenvolve-ram e beneficiaram-se desse maior envolvimento. A segunda parte apresenta técnicas práticas para ajudá-lo a criar um maior envolvimento com os membros de sua equipe.

O envolvimento dos funcionários pode ser dividido em dois tipos:

• **Comprometimento ou engajamento racional** — Isso ocorre quando um cargo atende aos interesses financeiros, de desenvolvimento ou profissionais do funcionário. Na maioria das vezes esse comprometimento está associado com métodos tradicionais de motivação e com a visão de que uma parte essencial do cargo de gerência é criar um ambiente motivador.

• **Comprometimento ou engajamento emocional** — Isso vai além da motivação tradicional e surge quando os funcionários estão não apenas satisfeitos e contentes com seu trabalho (isto é, motivados), mas valorizam, apreciam e acreditam vigorosamente no que fazem. Essas pessoas "extremamente convictas" são os funcionários mais bem-sucedidos: são os que têm maior valor para a empresa e, consequentemente, tendem a prosperar em sua carreira.

Uma pesquisa realizada pelo Corporate Leadership Council indica que o comprometimento emocional tem quatro vezes mais poder de melhorar o desempenho. Foi constatado que:

- 11% dos trabalhadores demonstram **níveis bastante altos de ambos os tipos de comprometimento**;
- 13% demonstram um **nível bastante baixo de ambos os tipos de comprometimento**;
- 76% são **moderados**: as pessoas que geralmente exibem grande compromisso para com uma pessoa ou um componente de seu trabalho, mas podem ou não se comprometer com o restante. Consequentemente, sua intenção de não se comprometer é variável. Além disso, de acordo com os pesquisadores, esse grupo não se esquiva nem se esforça.

Esses números tendem a ser em grande medida semelhantes em todas as grandes corporações. Portanto, o desafio é apoiar e estimular o máximo possível os moderados para que se comprometam ainda mais com seu trabalho, para o benefício de todos.

Os benefícios do envolvimento

Alguns executivos acreditam que questões como envolvimento, comprometimento e até mesmo motivação são "atributos" sem sentido — os funcionários são **pagos para trabalhar** e o **dinheiro é tudo o que importa**. Essa visão antiquada não é respaldada nem pelas pesquisas nem pelas evidências. As pessoas são complexas, mutáveis e têm talentos diversos, e são caras. Por isso, faz sentido tentar extrair o melhor que cada indivíduo tem a oferecer. Isso é melhor não apenas para a empresa: é mais gratificante e compensador para todos, incluindo os diretores e gerentes.

Mais do que isso, existe uma grande quantidade de provas de que o envolvimento e o comprometimento dos funcionários afetam diretamente:

O raciocínio por trás do envolvimento dos funcionários é simples. Se as pessoas de uma organização forem assiduamente estimuladas a se envolver com seu trabalho — não apenas motivadas, mas incentivadas a valorizar o que elas fazem e a se esforçar para fazê-lo melhor em todos os momentos —, elas serão mais produtivas para a organização e também se sentirão mais satisfeitas e terão maior probabilidade de se dar bem em sua carreira profissional.

- a produtividade;
- a satisfação;
- a retenção.

A **produtividade** é sem dúvida fundamental para a empresa, mas ser produtivo está diretamente relacionado com uma percepção de realização e satisfação pessoal.

A **satisfação** é importante porque as pessoas satisfeitas trabalham melhor, com mais afinco e mais eficientemente. Além disso, ela possibilita que as empresas atraiam e retenham as pessoas mais competentes.

A **retenção** é importante porque é caro recrutar e treinar pessoas, e a incapacidade de reter pessoas abala o trabalho em equipe, o atendimento ao cliente e a produtividade. Portanto, esse elemento pode tornar todo o processo de envolvimento com os funcionários autossuficiente (como se mostra na Figura 7.1).

Figura 7.1 - Um ciclo virtuoso e autossustentável resultante do envolvimento dos funcionários com seu trabalho.

O que afeta o envolvimento dos funcionários?

A verdade é que quase tudo o que está relacionado às pessoas e ao seu trabalho afeta o modo como elas (seres complexos que são) se envolvem com seu trabalho. Entretanto, antes de mais nada, uma importante advertência: este capítulo e, aliás, a maior parte deste livro, parte da premissa de que a maioria das pessoas tem opções, escolhe sua carreira e, ao menos a princípio, tem algumas escolhas com respeito ao trabalho que realizam. Obviamente, existem milhões de pessoas no mundo que não têm essa opção com relação ao trabalho que executam e, embora haja algumas constatações e ideias úteis neste livro para essas pessoas, os conceitos de talento, envolvimento e liderança como um todo são, reconhecidamente, menos relevantes. Por exemplo, no caso de um camponês etíope que está lutando para evitar a fome, o trabalho e os problemas que ele enfrenta têm um caráter distinto, difícil e extremamente desafiador.

Com relação a várias outras pessoas, existem inúmeras influências sobre sua percepção de envolvimento com o trabalho, e cada uma dessas influências tem um significado pessoal para elas. Isso ocorre em virtude de sua personalidade e de suas experiências e características. Algumas das influências possíveis mais significativas são relacionadas a seguir — o ponto crucial é que elas se associam de diferentes maneiras para diferentes pessoas e em momentos variados. Se você ainda não teve oportunidade de fazer isso, pode ser pessoalmente proveitoso e revelador refletir sobre essa lista e considerar o que é mais importante para você, bem como **por que** e **quando** é importante. Talvez seja aconselhável classificar cada item de 1 a 10. Além disso, falta alguma coisa nessa lista para você?

As recompensas.
1. Remuneração
2. Benefícios de saúde
3. Benefícios de aposentadoria
4. Férias

As oportunidades.
5. Oportunidades de desenvolvimento
6. Oportunidades de crescimento ou benefício pessoal
7. Oportunidades de carreira futuras
8. Índice de crescimento da empresa
9. Meritocracia
10. Estabilidade e segurança organizacional

A empresa.
11. Reputação do cliente
12. Diversidade
13. Autonomia e delegação de poderes (*empowerment*)
14. Responsabilidade ambiental
15. Ética

O empregador.
16. Reconhecimento
17. Setor interessante ou atraente
18. Ambiente de trabalho informal

19. Sólido posicionamento de mercado
20. Consciência de marca com relação aos produtos
21. Qualidade do produto
22. Respeito
23. Disposição para assumir riscos
24. Porte da empresa
25. Responsabilidade social
26. Nível tecnológico atraente

O trabalho.
27. Viagens de negócio
28. Inovação
29. Impacto do cargo (conteúdo ou a habilidade que faz diferença)
30. Alinhamento entre o cargo e interesses pessoais
31. Local
32. Reconhecimento
33. Equilíbrio entre vida pessoal e trabalho

As pessoas.
34. Camaradagem e coleguismo
35. Pessoas incentivadoras
36. Pessoas interessantes
37. Qualidade do colaborador
38. Qualidade do gerente
39. Oportunidade de gerenciar pessoas
40. Reputação da alta liderança

Dentre todos esses itens, dois se destacam: **remuneração** e **liderança**. A remuneração é um tema complexo, mas vale a pena lembrar de um fato simples e fundamental que com frequência pode ser subestimado quando desenvolvemos organizações e estruturas cada vez mais sofisticadas, isto é: existe uma relação direta e permanente entre a **remuneração** e o **empenho**. Na verdade, ambos estão intimamente correlacionados e a remuneração afeta o comportamento, atuando como incentivo. É uma fonte de surpresa constante para nós a frequência com que as organizações esperam que seus funcionários façam mais ou façam coisas diferentes, embora ignorem completamente o fato de que uma iniciativa nova ou adicional tem um preço. De modo semelhante, as pessoas parecem se esquecer de que seu trabalho tem um valor para a organização: as expectativas ou exigências dos funcionários com relação à remuneração devem ser razoáveis (acessíveis) e realistas, embora isso seja simplesmente ignorado. Além disso, parece que de vez em quando as organizações e os indivíduos pensam que eles são únicos (verdade) e que isso significa que eles são insubstituíveis (incorreto). Se você for empregador, reconheça que seus funcionários podem ir para outro lugar a qualquer momento e aja de acordo; e se você for empregado, reconheça que você sempre pode ser substituído por outra pessoa. Se todos assumissem essa postura, talvez as organizações e as pessoas pudessem trabalhar melhor em conjunto.

Também vale a pena lembrar uma verdade econômica fundamental que reside no âmago do capitalismo: uma verdade tão fundamental que invariavelmente é ignorada. **Lucratividade requer escassez**, e isso é cada vez mais propiciado pela singularidade do conhecimento, das habilidades e das próprias pessoas. Quanto mais abundante for a oferta de um bem ou serviço, menor será seu preço. Quanto mais escassa a oferta, maior a probabilidade de um produto ou serviço gerar lucro ou um retorno maior. No setor farmacêutico, por exemplo, se houver alta demanda por um produto sobre o qual se tem patente e não houver alternativa, o futuro será lucrativo, ainda que os custos de desenvolvimento e pesquisa tenham sido substanciais. **Desse modo, conhecimentos escassos e valiosos podem ajudar a gerar lucros excepcionais!**

O problema da liderança é da mesma maneira complexo. Com frequência se diz que as pessoas não abandonam a empresa, mas seus chefes. Para determinados funcionários, o líder oferece uma visão norteadora do futuro que influencia suas decisões, prioridades e estilo de trabalho. As pessoas geralmente gostam de realizar trabalhos significativos ou ao menos propositados. A liderança competente oferece e evidencia esse propósito. Nesse sentido, ela ajuda a proporcionar satisfação pessoal. Esse elemento psicológico ressalta um fato importante a respeito da liderança: sua contribuição intangível e valiosa para o comprometimento, o envolvimento, a produtividade, a criatividade e o sucesso dos funcionários. Em suma, as pessoas trabalham melhor e realizam mais quando acreditam no que estão fazendo e têm convicção da direção que estão seguindo. Em contraposição, a incerteza ou insegurança quanto ao futuro gera tensão, falta de convicção e até ceticismo, nenhum dos quais catalisadores do sucesso empresarial ou da realização pessoal. Em conclusão, para os indivíduos, uma liderança eficaz lhes permite desenvolver seu potencial e, invariavelmente, adquirir novas habilidades. Isso, portanto, estabelece um ciclo autossustentável de confiança, autoconsciência e sucesso.

Como veremos, **remuneração** e **liderança** (e a necessidade de que o trabalho tenha significado) estão longe de ser as únicas questões importantes e, aliás, o que é importante varia de acordo com cada funcionário. Porém, poucas outras questões são tão **ubíquas** ou **significativas**. Elas são como "apostas na mesa" e sem elas os funcionários e as organizações sofreriam imensamente.

Teoria dos três fatores.

Como você faz seus funcionários trabalharem? O que queremos dizer é: como os líderes fazem seus funcionários ficarem totalmente **envolvidos**, **inspirados** e **entusiasmados**, a ponto de buscar caminhos para que eles e a empresa possam concretizar mais e irem ainda mais longe? Existe uma série de teorias sobre motivação que tentam responder essa pergunta, e as melhores baseiam-se na observação prática e em resultados reais. Vale a pena considerar duas visões particularmente interessantes: a teoria dos três fatores, criada pela Sirota Consulting, e a cadeia de lucratividade em serviços, primeiramente evidenciada pela rede de lojas da Sears.

A teoria dos três fatores baseia-se na premissa de que os trabalhadores têm necessidades humanas básicas às quais os gestores devem atender. A consequência de um ambiente no qual essas necessidades são atendidas resulta em funcionários não apenas **satisfeitos**, mas **entusiasmados**.

Ao longo do período de 1994 a 2003, a empresa Sirota Consulting, com sede nos Estados Unidos, fez um levantamento junto a 237 organizações mundiais em uma série de setores, que gerou mais de dois milhões de respostas.* Nenhum setor ultrapassou 14% do total. A pesquisa da Sirota indica que existem três metas principais para as pessoas no ambiente de trabalho (conhecidas como **"teoria dos três fatores"**): **equidade, realização** e **camaradagem** (coleguismo). É necessário ressaltar que as conclusões dessa pesquisa são **quase** universais, visto que elas se aplicam a **95%** dos funcionários.

Essas três metas caracterizam o que a maioria esmagadora dos funcionários deseja — para a maior parte deles, qualquer outra meta está longe de ser tão importante quanto. Essas metas não mudaram com o passar do tempo (pelo menos nos últimos tempos) e elas transcendem grupos demográficos e culturas. Na visão de Sirota, estabelecer políticas e práticas afinadas com essas metas é o segredo para envolver os funcionários.

A teoria dos três fatores baseia-se na premissa de que os trabalhadores têm necessidades básicas que a administração pode e deve procurar atender. A consequência de um ambiente no qual essas necessidades são atendidas são funcionários não apenas satisfeitos, mas entusiasmados.

Equidade

Isso significa ser **tratado com justiça** em relação às condições básicas de emprego. Essas condições básicas são:

- **Fisiológicas:** como ter um ambiente de trabalho seguro ou uma carga de trabalho controlável.
- **Econômicas:** incluem questões como remuneração, benefícios e estabilidade no emprego.
- **Psicológicas:** ser tratado com consistência, imparcialidade, atenção e respeito.

Os sentimentos de equidade são influenciados por uma percepção de tratamento **relativo** (**proporcional**). Por exemplo, estou sendo tratado imparcialmente em relação a meus pares e colegas?

---

* Para obter mais detalhes, consulte David Sirota, Louis A. Mischkind e Michael Irwin Meltzer, *The Enthusiastic Employee: How Companies Profit by Giving Workers What They Want*, Wharton School Publishing, 2005.

Realização

Isso significa: ter orgulho das próprias realizações fazendo coisas que têm importância e fazendo-as bem; receber reconhecimento por essas realizações e ter orgulho das realizações da equipe. A pesquisa da Sirota Consulting indica que essa sensação de realização tem cinco principais origens:

- **O desafio intrínseco** do trabalho e o grau com que um funcionário pode empregar suas habilidades e aptidões.
- **Aquisição de novas habilidades** e oportunidade de se desenvolver, assumir riscos e ampliar horizontes pessoais.
- **Capacidade de realizar** e ter recursos, autoridade, informações e apoio para realizar bem o trabalho.
- **Importância percebida quanto ao trabalho** — Os funcionários precisam sentir que seu trabalho tem propósito e valor.
- **Reconhecimento pelo desempenho** — Esse reconhecimento pode ser financeiro e não financeiro.
- **Sentimento de orgulho pela organização em que se trabalha** — Esse sentimento de orgulho pode ser desencadeado por propósito, sucesso, ética, qualidade da liderança ou qualidade e impacto dos produtos da empresa.

Camaradagem

A terceira meta dos funcionários é estabelecer relações afetuosas, interessantes e colaborativas com as outras pessoas no local de trabalho. Os aspectos mais significativos da camaradagem são, em ordem de prioridade:

1. Relacionamento com os colegas.
2. Trabalho em equipe dentro do departamento ou setor ao qual o funcionário pertence.
3. Trabalho em equipe entre departamentos em um local específico.
4. Trabalho em equipe e cooperação em toda a organização.

Envolvimento e os três fatores.

Existem vários outros pontos fundamentais a respeito da teoria dos três fatores. Primeiro, o **entusiasmo** dos funcionários (sentimento de motivação — moral alto — gerado pela satisfação das três necessidades dos trabalhadores) cria uma vantagem competitiva significativa para as empresas que contam com a força da liderança para ter êxito a longo prazo.

Além disso, as pessoas e o respectivo moral são imensamente importantes para todos os aspectos do sucesso da empresa. Um deles é a **satisfação do cliente**. O moral do funcionário depende da forma como a organização é dirigida e do modo como essa liderança é traduzida nas práticas de gestão diárias.

Em suma, o sucesso gera sucesso: quanto melhor o desempenho do indivíduo e da organização, mais alto o moral do funcionário, que, por sua vez, melhora e mantém o desempenho. Não importa qual desses fatores ocorre primeiro; trata-se de um ciclo virtuoso e onde quer que se comece o sucesso ocorre: o moral aumenta o desempenho e o desempenho eleva o moral. O difícil é assegurar que os gestores compreendam essa correlação.

O grau com que esses três fatores são verdadeiros para cada um de nós é menos importante do que o fato de que eles importam muito, para muitas pessoas. Portanto, o desafio é gerenciar pessoas de uma maneira que leve em conta a necessidade de envolvê-las.

Checklist: associando o entusiasmo dos funcionários com o sucesso empresarial.

Como já vimos o que os trabalhadores desejam e por que isso é importante, ainda resta uma questão vital. Que medidas práticas os profissionais de RH devem tomar para fazer o entusiasmo dos funcionários fluir e gerar um desempenho mais sólido? A primeira questão central é que não existe nenhuma resposta simples — nenhuma solução milagrosa ou uma fórmula mágica para o sucesso. O que é necessário é pôr em prática o bom senso e ter empenho, bem como ideias autênticas para várias questões. Passos específicos e práticos também podem ser dados para manter o entusiasmo e garantir que ele seja associado ao sucesso da empresa.

Avalie se o RH é cúmplice, talvez inconscientemente, por acabar com o entusiasmo.

Avalie o grau com que as políticas existentes na organização diminuem o envolvimento. Por exemplo, as políticas e os procedimentos estimulam a realização e a camaradagem? Quais políticas e procedimentos poderiam ser abandonados?

Além disso, as políticas e os procedimentos da organização criam equidade, estimulam a realização e desenvolvem a camaradagem no local de trabalho? A equidade é o fator mais importante para conformar o entusiasmo dos funcionários. Os dados demonstram que, quando a equidade recebe baixa classificação, mesmo se a realização e a camaradagem receberem uma alta classificação, o entusiasmo geral pode ser dois terços menor. Felizmente, a equidade está em grande medida sob o domínio do RH: ela está relacionada a políticas e procedimentos empregatícios e a práticas de trabalho. Portanto, o RH pode desempenhar um papel importante na auditoria das políticas da empresa.

Precisamos reconhecer que as políticas da empresa são concebidas para policiar 5% dos funcionários que precisam ser policiados, embora elas possam hostilizar ou desestimular significativamente os 95% que não precisam dessa vigilância.

- Quais políticas e procedimentos poderiam ser abandonados? Com frequência, as políticas da empresa são concebidas para policiar 5% dos funcionários que precisam ser policiados, embora elas possam hostilizar ou desestimular significativamente os 95% que não precisam dessa vigilância.
- Avalie quais novos programas poderiam ser introduzidos e elabore-os com base em uma clara compreensão sobre seus funcionários. Por exemplo, a participação nos lucros (método para garantir que os ganhos que os próprios funcionários obtêm para a empresa sejam compartilhados com eles) pode ajudar a assegurar a equidade e estimular a camaradagem.

Procure fazer com que os gestores percebam a importância da equidade, realização e camaradagem e que espelhem diariamente essa percepção em suas posturas.

A maneira mais eficaz de fazer isso é simplesmente ressaltar a relação entre essas questões e os resultados empresariais pelos quais eles são responsáveis. O RH pode aumentar essa consciência por meio de treinamento em gestão, aconselhamento (*coaching*) e seleção.

Faça um levantamento regular junto aos funcionários, utilizando um conjunto consistente de perguntas em toda a empresa.

Mesmo com uma maior conscientização entre os gestores, existem dois possíveis problemas. Primeiro, eles podem se esquecer do significado desses três fatores ou então, simplesmente, não perceber que eles devem ser aplicados constantemente. Segundo, a importância relativa de cada um desses fatores e a forma como os funcionários os percebem sempre mudarão. A solução é compreender que o entusiasmo dos funcionários é um aspecto variável da vida organizacional e essa medida prática precisa ser tomada com frequência.

- Regularmente, ofereça dados de levantamento e decomponha-os em unidades organizacionais, tornando-os acessíveis a cada um dos gestores e supervisores.
- Organize os dados de levantamento e as perguntas em torno das três necessidades básicas. Utilize perguntas que testem as dimensões da equidade, realização e camaradagem.
- Realize uma análise de correlação para avaliar claramente quais fatores estão afetando o entusiasmo dos funcionários (o grau e a tendência das correlações entre determinadas dimensões atitudinais e os resultados empresariais — como produtividade, lucratividade, segurança ou inovação).
- Considere a possibilidade de introduzir um conjunto comum de padrões com base no qual seja possível avaliar o desempenho da unidade de negócios. Pode ser um índice dos itens que se correlacionam mais concretamente com o comprometimento e o envolvimento.
- Responsabilize os gestores pela melhoria.

Identifique as áreas que precisam de intervenção: práticas boas e ruins.

Embora poucas organizações tenham alto entusiasmo em todos os quadrantes, a maioria tem "bolsões de excelência" — departamentos ou unidades em que as pontuações são altas. Descubra o que os gestores que se encontram nesses bolsões estão fazendo para gerar esse moral alto e potencialize essas ideias em toda a organização.

- Pense na possibilidade de formar uma equipe entre um gestor com alta pontuação e alguns supervisores com baixa pontuação.
- Organize uma revisão de grupo de pares e instigue-o a elevar a pontuação média geral das unidades pertencentes a esse grupo.

As áreas da organização que apresentam pontuações baixas com relação ao entusiasmo dos funcionários devem receber ajuda. O método dos "três fatores" oferece um enfoque prático para compreender o que está acontecendo e que medida deve ser tomada. Por exemplo, um levantamento revelará se o problema refere-se predominantemente à equidade, realização ou camaradagem. Nessas áreas em que existem problemas, o RH pode ajudar os gestores a identificar com precisão as causas básicas e a adotar soluções para diminuir seus efeitos.

Envolvendo-se com os talentos   153

Desenvolva um trabalho em equipe.

O trabalho em equipe é um elemento indispensável na vida da empresa; felizmente, os dados demonstram o **desejo da maioria dos indivíduos de trabalhar em equipe**. Portanto, promovendo o trabalho em equipe e a colaboração, lidamos com dois aspectos essenciais da camaradagem. Contudo, até mesmo nas equipes, a necessidade de equidade e realização não deve ser ignorada. Talvez seja aconselhável lembrar os gestores de que, para liderar uma equipe de alto desempenho, é necessário:

- Apresentar o contexto para a equipe, explicando por que ela foi formada e que desafios ela precisa enfrentar.
- Oferecer uma estrutura adequada para as pessoas, estabelecendo os limites dentro dos quais elas trabalharão e o rumo que elas tomarão, e confirmar se elas de fato compreenderam esses dois fatores.
- Garantir que a equipe desenvolva uma percepção em comum sobre a meta que ela está perseguindo e fazê-la identificar todas as possibilidades dentro da estrutura fornecida, selecionar a oportunidade mais significativa e comprometer-se com as medidas a serem tomadas.
- Estimular a participação ativa nas atividades e no processo de tomada de decisões.
- Dar autonomia aos membros da equipe dentro dos limites ajustados.
- Demonstrar os padrões de comportamento que são esperados da equipe e assegurar um tratamento equitativo.
- Defender a equipe contra distúrbios ou contratempos externos.

Gerencie e solucione os conflitos entre os indivíduos.

O conflito entre colegas de trabalho é uma das principais dificuldades relacionadas ao entusiasmo dos funcionários. Embora o conflito possa ter várias causas, com frequência ele provém de injustiças — por exemplo, se os colegas acharem que um determinado indivíduo não está contribuindo totalmente. Estimular os gestores a conversar com cada pessoa individualmente, averiguar os fatos e fazer uma avaliação rápida sobre as medidas necessárias é uma postura sensata.

Quando não é possível corrigir o desempenho ruim.

Algumas vezes existem casos em que os indivíduos simplesmente não conseguem elevar seu desempenho. É fundamental identificar o que está de fato

154 A Verdade sobre o Talento

provocando isso — habilidade ou vontade? Tome medidas para implantar um plano de melhoria formal e esteja preparado para agir se não houver nenhum progresso. Para ser prático, empregue o método "**três chances e então você está fora**", para colocar o indivíduo de volta nos trilhos. A maneira como você lida com isso é extremamente importante não apenas para o indivíduo em questão, mas também para toda a equipe e a cultura que você está tentando criar. Nós, autores, trabalhamos em organizações em que, embora se lidasse rapidamente com o mau desempenho — e os indivíduos em questão recebessem os pagamentos devidos —, eles simplesmente desapareciam. Essa abordagem viril quanto ao desempenho com o passar do tempo pode desenvolver uma **cultura de medo** na organização. As pessoas ficam constrangidas a falar a respeito disso e muitos temem, em segredo, que o mesmo possa lhes acontecer.

É aconselhável tirar as pessoas da equipe ou da empresa de uma forma honesta. Sem dúvida, é necessário ter sensibilidade à circunstância de cada indivíduo, mas é importante reconhecer a contribuição que cada um fez, por mais que pequena que seja, e apoiá-los em sua transição subsequente. Quando uma pessoa vai embora "de cabeça erguida", isso diz muito sobre você enquanto líder e é fundamental para fortalecer o envolvimento dos outros funcionários.

Enfrente o desempenho ruim e procure desenvolver parcerias.

Normalmente, mais de 40% dos respondentes do levantamento acreditam que as empresas fazem **"muito pouco"** ou **"demasiadamente pouco"** para lidar com o **desempenho ruim** (essa porcentagem não muda substancialmente entre organizações sindicalizadas e não sindicalizadas). Nessa situação, as empresas podem optar por uma das seguintes abordagens: gerenciar os conflitos a fim de diminuir os custos embutidos nesses conflitos; desenvolver parcerias em que os gestores trabalham como aliados em prol de um bem maior; ou bancar o avestruz, situação em que o problema é ignorado. A respeito dessas três opções, os dados demonstram que o desenvolvimento de parcerias é a mais eficaz e durável.

---

* N. da T.: Em referência à lei *"three strikes and out"* (três delitos e fora), que pune o criminoso condenado pela terceira vez, deixando-o fora do convívio com a sociedade. Inspirada no beisebol, onde o jogador tem três chances de acertar. Do contrário, corre o risco de ser eliminado.

** N. da T.: Tentar a todo custo não lidar com problemas difíceis e fazer de conta que eles não existem. Em referência à gestão tipo avestruz.

Os principais componentes e características de uma organização em que existe parceria já são conhecidos há muitos anos, mas vale a pena reafirmar alguns deles para nos lembrarmos desses princípios básicos:

- **Ganho mútuo** – As partes reconhecem que elas têm metas empresariais fundamentais em comum e que o sucesso de uma parte depende do sucesso de outra. O método de remuneração deve refletir esse princípio.
- **Confiança básica** – Os funcionários aprendem a confiar na palavra do chefe e a administração reconhece a contribuição dos funcionários, sempre que ela ocorre.
- **Perspectiva de longo prazo** – A empresa está comprometida com um relacionamento de longo prazo, que sobreviverá às vicissitudes de curto prazo dos negócios. Embora poucas organizações possam se comprometer realmente com o emprego permanente, a expressão clara da intenção de utilizar a dispensa apenas como último recurso pode criar um elo forte com os funcionários. Isso foi ressaltado pelo exemplo da South West Airlines, cuja recusa em demitir os funcionários na esteira da severa retração nos negócios após o 11 de Setembro de 2001 foi uma fonte de vantagem competitiva para a empresa.
- **Excelência** – As partes estabelecem altos padrões de desempenho para si mesmas e umas para as outras. Empresas de sucesso como a BP são conhecidas por ter altos padrões de desempenho — de cima a baixo da hierarquia organizacional.
- **Tomada de decisões conjunta** – Da forma mais prática possível, as partes tomam decisões importantes em conjunto sobre questões que afetam cada uma delas — particularmente em um ambiente sindicalizado.
- **Comunicação transparente** – As partes comunicam-se umas com as outras em todas as situações (e não apenas quando é necessário divulgar notícias ruins).
- **Tratamento diário** – Habitualmente, as partes se tratam com consideração e respeito. Os gestores com baixa pontuação nessa área devem receber ajuda para melhorar seu comportamento ou eliminá-lo, se não conseguirem melhorá-lo.
- **Participação financeira** – Na medida em que o propósito da colaboração é gerar melhores resultados financeiros, as partes compartilham equitativamente esses resultados. Os programas de **participação nos lucros** reforçam esse princípio.

156   A Verdade sobre o Talento

Informe os acionistas e analistas a respeito dos fatos.

Se o moral tiver melhorado e os *benchmarks* (referenciais) estiverem acima dos de outras empresas, incorpore os dados no relatório anual da empresa. Isso servirá não apenas para respaldar a afirmação de que os funcionários são o melhor patrimônio da empresa, mas também para informar investidores e possíveis candidatos sobre como a empresa vê o entusiasmo dos seus funcionários.

Há várias conclusões interessantes no trabalho de Sirota que vale a pena ressaltar. Primeiro, a abrangente pesquisa realizada por sua empresa ressalta uma clara correlação entre o entusiasmo dos funcionários e o desempenho organizacional. O entusiasmo dos funcionários (quando seu moral está alto) gera uma vantagem competitiva significativa para as organizações que preferem uma gestão que visa a resultados de longo prazo.

Além disso, a pesquisa de Sirota revela que existem poucos conflitos reais entre as metas da maioria esmagadora dos trabalhadores e as metas de seus empregadores. As pessoas e as organizações não estão em estado de constante hostilidade — e é prejudicial pensar que elas estejam. A questão básica não é como motivar os funcionários, mas como manter a motivação que eles levam naturalmente para o local de trabalho. Avaliar o entusiasmo dos funcionários é vital para reter e gerenciar talentos. Embora o entusiasmo dos funcionários afete diretamente o desempenho global, um benefício significativo de uma visão clara sobre essa questão é a oportunidade de avaliar, gerenciar e desenvolver o entusiasmo dos funcionários de talento da empresa.

Ademais, só é possível gerenciar a equidade, realização e camaradagem com uma clara percepção da prioridade das ações necessárias e com o apoio assíduo dos altos executivos da organização. É preciso ter um método de segmentação para compreender não apenas o que as pessoas sentem, mas também por que elas sentem o que sentem.

Em suma, vale a pena refletir sobre o triste fato de que, não obstante essa correlação entre o entusiasmo dos funcionários e o desempenho da organização ser amplamente aceita e reconhecida, relativamente poucas empresas tomam a medida certa para elevar o entusiasmo de seus funcionários. Isso pode ocorrer em virtude da falta de compreensão sobre a importância específica da equidade, realização e camaradagem ou por uma crença entre os altos executivos de que essa correlação não existe. A questão que se impõe para os profissionais de RH é clara: se você reconhece a correlação entre **entusiasmo** e **desempenho**, sua empresa está fazendo o possível para aumentar o entusiasmo dos funcionários?

A regra dos 150: Gore Associates.

Outra abordagem interessante ao constante desafio de estimular as pessoas a ter um bom desempenho e colaborar umas com as outras é a da Gore Associates, empresa de capital fechado multimilionária e de alta tecnologia com base em Delaware (EUA). Além de fabricar o tecido à prova d'água Gore-Tex, a empresa produz inúmeras outros produtos, de cabos isolantes a fio dental, concentrando-se nos produtos para os setores de semicondutores, farmacêutico e médico.

A abordagem da Gore é excepcional por sua adesão à **regra dos 150**. Essa visão baseia-se em pesquisas antropológicas que ressaltam o fato de que os seres humanos conseguem se socializar em grandes grupos porque somos os únicos que conseguem lidar com as complexidades dos sistemas sociais. Entretanto, existe um limite para os laços que as pessoas conseguem estabelecer, que é atingido em torno de 150. Os grupos com mais de 150 pessoas precisam de hierarquias, regulamentações e medidas formais complexas, mas nos grupos com menos de 150 pessoas essas mesmas metas podem ser obtidas informalmente.

Consequentemente, a Gore restringe a população de cada escritório a um número abaixo de 150. A empresa tem 15 fábricas em um raio de 19 de quilômetros em Delaware e Maryland, todas com um grupo coeso de funcionários que se entendem e trabalham bem juntos. Essa abordagem enfatiza os benefícios da **gestão coletiva**, como **comunicação**, **iniciativa** e **flexibilidade**, e possibilitou que uma grande empresa, com milhares de funcionários, mantivesse a postura de uma pequena *start-up* empreendedora. O resultado disso é um índice de rotatividade de funcionários um terço menor que o da média do setor e lucratividade e crescimento constantes nos últimos 35 anos. A empresa percebeu que os colaboradores consideram a **socialização**, o trabalho em equipe e atividades associadas, como inovar, colaborar e compartilhar conhecimentos, mais fáceis de conseguir quando eles são postos em grupos com menos de 150 pessoas (talvez comprovando a afirmação de Sirota sobre o significado da camaradagem). Nesse aspecto, uma grande corporação como a Gore pode obter o benefício dos grupos menores, que com frequência são mais unidos e mais entusiasmados, empreendedores, apoiadores e mais adequados.

A Gore tomou várias iniciativas para que essa abordagem funcionasse. A empresa dividiu sua força de trabalho em grupos ou áreas com menos de 150 pessoas e instituiu um sólido sistema gerencial para supervisionar as "áreas" menores e garantir que elas sejam coordenadas e eficientes. Além disso, a empresa promoveu um senso de comunidade e de trabalho em equipe dentro desses grupos. A **"regra dos 150"** simplesmente significa que os trabalhadores conseguirão formar laços positivos com todos os seus colegas — medidas complementares deverão ser tomadas para que isso de fato ocorra. Em suma, a empresa procura fazer com que os funcionários desenvolvam um senso de equipe **entre** grupos de 150 pessoas. Quer dizer, tenta encontrar formas de fazer com que eles se comuniquem em toda a extensão da empresa, em vez de desenvolverem uma série de grupos separados e competitivos.

Sears e a cadeia de lucratividade em serviços.

Os altos executivos da loja de varejo Sears, com base nos EUA, perceberam no início da década de 1990 que seu desempenho futuro não seria melhorado por meio apenas do desenvolvimento de uma estratégia diferente ou de ajustes em seus planos de *marketing*. A empresa estava registrando perdas significativas — na verdade, o que ela precisava era compreender com precisão três questões:

- O que os funcionários sentiam a respeito de trabalhar na Sears.
- De que forma o comportamento dos funcionários afetavam a experiência de compra dos clientes.
- De que modo a experiência de compra dos clientes afetava os lucros.

Em um único dia, a Sears perguntou a 10% de sua força de trabalho — 30.000 funcionários — quanto lucro eles achavam que a empresa fazia em cada dólar vendido. A resposta média foi 46 centavos de dólar, enquanto na realidade a resposta era **1 centavo**. Isso ressaltava a necessidade de que os funcionários, particularmente os da linha de frente, compreendessem melhor as questões que determinam a lucratividade e o sucesso. A resposta da Sears foi oferecer esclarecimento sobre a cadeia de causa e efeito. Como os funcionários estavam mais aptos a ver as implicações de suas ações, isso mudou sua maneira de pensar e agir — e isso, por sua vez, refletiu no desempenho financeiro da empresa.

A loja de varejo norte-americana Sears é um dos melhores exemplos sobre como o envolvimento dos funcionários afeta diretamente o desempenho nos negócios. A cadeia de lucratividade em serviços explicita os elos entre causa e efeito. Possibilitando que os funcionários vejam as implicações de suas ações, é possível mudar sua maneira de pensar e os resultados que eles obtêm.

O ponto de partida da cadeia de lucratividade em serviços é a visão de que, para obter liderança no mercado, é essencial enfatizar a gestão dos **determinantes de valor** — os aspectos do negócio que fazem a maior diferença e oferecem o maior benefício para os clientes. Dentre esses determinantes de valor, a retenção, satisfação e produtividade dos funcionários determinam a lealdade do cliente, o aumento da receita e a lucratividade. Isso é mostrado a seguir, na cadeia de lucratividade em serviços (Figura 7.2).

Figura 7.2 - A cadeia de lucratividade em serviços.

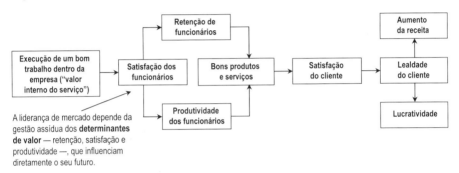

Outro método para avaliar a correlação entre o investimento em pessoas e o desempenho resultante da empresa é oferecido pela loja britânica de artigos domésticos B&Q e seu programa de **Envolvimento dos Funcionários**. Isso faz com que o envolvimento dos funcionários e a lealdade do cliente ocupem o primeiro lugar em sua pauta. Com essa abordagem da B&Q, todo gerente da empresa recebe um relatório regular de uma página com um resumo de seu desempenho em duas áreas: gerenciamento de capital humano e gerenciamento de medidas financeiras tradicionais. Em virtude desse programa da B&Q, a rotatividade de funcionários diminuiu de 35% para 28% (cada ponto percentual adicional custa à empresa pelo menos 1 milhão de libras esterlinas) e a lucratividade aumentou. Além disso, a rotatividade de funcionários aumentou em mais de 20% no período de quatro anos.

Entretanto, há uma questão que deve ser lembrada, agora e em todo este livro: liderança significa equilibrar dados e habilidades "técnicas" de processo com habilidades mais "interpessoais" — gerar confiança e inspiração, comunicar, compreender e promover o desenvolvimento de pessoas, construir relacionamentos e criar um clima positivo no local de trabalho.

Criando uma atmosfera de envolvimento.

Como já avaliamos os benefícios do envolvimento e as questões que o influenciam, vale a pena compreender o que pode ser considerado um **ótimo envolvimento**. Mais especificamente, como você pode criar uma atmosfera que mobilize o maior número possível de pessoas — estimulá-las a fazer mais e ir mais além do que jamais teriam imaginado possível — e possibilite que elas liberem o que chamamos de **potencial discricionário**? Quais são as regras, qual é a mentalidade ou abordagem correta e onde se encontram as possíveis armadilhas?

Percebendo o que não funciona.

Primeiro, podemos ser claros a respeito do que **não** funciona. O envolvimento, do mesmo modo como a confiança e outros aspectos da liderança e da vida, não é uma carapaça, um "paliativo" temporário que podemos utilizar quando nos convém e descartar quando queremos. É um sistema de crenças autêntico. Não envolvemos nem estimulamos as pessoas em prol exclusivamente de nosso ganho pessoal. Envolvemos e estimulamos as pessoas porque estamos verdadeiramente interessados em trabalhar com elas e obter algo em conjunto. Prova disso é a resposta para uma pergunta que fizemos a vários altos executivos e líderes durante muitos anos: quais são as três principais qualidades de um líder bem-sucedido? Por várias vezes, uma resposta evidenciou-se: **é necessário gostar de pessoas**. Parece bastante provável (e plausível) que nenhum líder jamais colheu os benefícios do envolvimento ou garantiu que as pessoas dessem o melhor de si no trabalho sem um interesse autêntico ou um elo autêntico com as pessoas ao seu redor.

Além disso, envolvimento não é somente um conjunto de ferramentas e técnicas que podemos aplicar quando julgamos necessário. Com certeza, existem técnicas adequadas que podem ajudar a se envolver e entusiasmar as pessoas (essa questão é discutida a seguir) e existem fatores significativos que devem ser lembrados, mas envolver-se com pessoas é um estado de espírito — uma postura —, e não se resume a um *kit* de ferramentas.

Isso está associado com a seguinte questão: a necessidade de ser positivo em relação às pessoas ao seu redor: tentar levar em conta a situação delas, fortalecer suas habilidades, permitir que elas atinjam as metas que você e sua organização estabeleceram e também as metas pessoais delas. Isso não significa ser "benevo-

Envolvendo-se com os talentos 161

lente" ou indulgente, mas saber extrair o máximo das pessoas trabalhando com a natureza humana. Obviamente, é indiscutível que a **intimidação** e a **agressividade** podem gerar resultados, mas eles são **frágeis** e **limitados**, e esse método é insustentável e, na melhor das hipóteses, **efêmero**.

Envolvendo as pessoas.

Um exemplo de líder atraente, confiável e extremamente eficaz é Carlos Ghosn, presidente e diretor executivo da Nissan e Renault. Nascido no Brasil em 1954, Ghosn tornou-se diretor executivo da Renault em 2005 (ele havia se tornado diretor executivo da Nissan em 1999 quando essas duas fabricantes de automóveis formaram uma aliança). No Japão, ele comandou a recuperação da Nissan. Carlos Ghosn identifica quatro elementos vitais na liderança de confiança, particularmente durante uma época de rápidas mudanças globais:

- Habilidade para gerenciar transculturalmente.
- Comprometimento com o desempenho.
- Capacidade de sempre seguir valores claramente estabelecidos.
- Transparência.

Habilidade para gerenciar transculturalmente — Significa extrair o melhor das pessoas, independentemente de sua nacionalidade ou antecedentes. Isso é particularmente significativo para um homem que enfrenta o desafio de associar duas culturas nacionais sólidas — francesa e japonesa. Contudo, a gestão transcultural também é fundamental porque a globalização requer que nos relacionemos com pessoas (mais particularmente com clientes) de diferentes culturas. Valorizar as diferenças culturais gera **afinidade**, que, por sua vez, **desenvolve a confiança**. Ghosn identifica a capacidade de "trocar as melhores práticas, sem que nenhuma cultura seja considerada a cultura de referência" como um fator indispensável para o desempenho e para obter confiança, motivação e comprometimento.[*]

Comprometimento com o desempenho — É outro elemento essencial da liderança corporativa que conforma a estratégia, as escolhas e as principais decisões da organização. Não se trata apenas do desempenho a curto prazo,

---

[*] Essas citações de Carlos Ghosn foram divulgadas pela Unidade de Inteligência da Economist no artigo *CEO Agenda: Carlos Ghosn on Leadership*, publicado em www.eiu.com, 29 de outubro de 2002.

mas de todos os aspectos que determinam a solidez financeira futura da empresa. Em resumo, se os clientes, acionistas, funcionários, parceiros e fornecedores confiam no compromisso da organização de se dar bem, tal como explicita sua estratégia e suas ações, o sucesso será mais provável.

Capacidade de sempre seguir valores claramente estabelecidos — Com frequência, os líderes adotam missões ou valores corporativos apenas para abrir mão ou se livrar deles quando os tempos mudam. Carlos Ghosn acredita que seguir os valores estabelecidos é particularmente importante em momentos de mudança. Ele cita o exemplo da aliança entre Renault e Nissan. A prioridade declarada na época foi incrementar o desempenho por meio de sinergias entre as duas empresas, embora, ao mesmo tempo, ele tenha ressaltado a importância de manter separada a identidade de marca de ambas, por serem seus principais ativos. Isso a princípio foi visto com muito ceticismo, conquanto Carlos Ghosn acredite que um dos motivos dessa aliança ter dado certo tão rapidamente foi o fato de as pessoas terem reconhecido que tudo era feito de acordo com esses valores estabelecidos de maneira clara e consistente.

Quando foi necessário contestar métodos e atitudes passados, uma das tarefas mais difíceis da liderança, esses valores consistentes e claramente estabelecidos foram extremamente importantes. Na Nissan, Carlos Ghosn conseguiu contestar várias tradições corporativas japonesas estabelecendo a intenção de melhorar o desempenho em detrimento de outros valores, como o **emprego permanente** ou o **antigo sistema de tempo de serviço para promoções**. De acordo com Carlos Ghosn: "Desde que as pessoas saibam que você está seguindo os valores estabelecidos, elas os aceitam."

A **transparência** está intimamente relacionada com a liderança fundamentada na confiança e, para Carlos Ghosn, isso significa: "Dizer o que se pensa e fazer o que se diz." Com regulamentos só conseguimos uma forma de transparência limitada, frágil e tênue. Se não houver a convicção de que os executivos estão defendendo verdadeiramente o espírito e também as regras de transparência, ela sempre terá pouco valor e uso. Um exemplo de transparência é o plano de renovação da Nissan, desenvolvido imediatamente depois que Carlos Ghosn tomou as rédeas. "Em outubro de 1999, disse sem rodeios que diminuiríamos o número de funcionários para 21.000, fecharíamos cinco fábricas no Japão e reduziríamos 50% dos fornecedores. Mas expliquei por quê, expliquei como e expliquei qual seria o benefício", lembra Carlos Ghosn. A liderança fez promessas específicas de lucratividade e diminuição da dívida e prometeu renunciar se elas não fossem cumpridas. "Não posso dizer que isso foi fácil, mas anunciamos sem rodeios que haveria tempos difíceis, que tentaríamos fazer tudo o que pudéssemos para tornar isso o mais suave possível para as pessoas, mas que havia limites", recorda-se Carlos Ghosn. "O fato de termos feito isso com transparência desde o início foi a condição básica para o sucesso do plano e para transformar a empresa bem rapidamente", complementou Carlos Ghosn.

Reflexões sobre liderança.

As pessoas gostam de ser mobilizadas e se envolver e, quando isso é incentivado, elas se saem melhor ainda e vão mais a fundo do que se não estivessem envolvidas. (O oposto do envolvimento poderia ser uma **"gestão-cogumelo"**, em que as pessoas são alimentadas de porcaria e mantidas no escuro.) A construção do envolvimento começa de dentro — o que significa que você precisa de fato querer envolver-se com outros pessoas, compreender e valorizar a interação. As questões a seguir pretendem ajudá-lo a desenvolver o método adequado em sua mente e também a passar para os aspectos mais práticos do envolvimento.

1. Desenvolva uma percepção pessoal sobre envolvimento — Para você, o que significa envolvimento? Por que ele poderia ser importante para sua empresa, sua equipe e você mesmo?

Talvez ajude refletir sobre um momento em que um projeto ou situação envolvendo várias pessoas de fato deu certo e as pessoas estavam envolvidas. Que fatores e condições viabilizaram esse envolvimento? O que as pessoas que estavam entusiasmadas e envolvidas conseguiram? Como elas trabalharam e o que elas concretizaram?

2. Conheça seus relacionamentos e seus grupos de interesse — Quem são as pessoas com as quais você precisa se envolver? Suas relações com essas pessoas são fortes o suficiente para você ter êxito? Mais importante, como você pode desenvolver e fortalecer esses relacionamentos?

Para ajudá-lo a responder essas perguntas, talvez seja aconselhável refletir sobre uma interação ou uma conversa bem-sucedida que você teve com alguém. Como ela transcorreu — qual foi o padrão e o tom dessa interação? Qual foi o resultado? Como você se sentiu? O que você faria de diferente na próxima vez?

164   A Verdade sobre o Talento

3. Escolha a melhor abordagem — Que tipo de envolvimento funcionaria bem em uma situação específica?

As opções variam consideravelmente, mas podem abranger, por exemplo: **fornecer** informações às pessoas, **vender** ideias, informações ou decisões para as pessoas, **incluir** pessoas em questões claramente definidas e específicas de uma situação, decisão ou processo (por exemplo, delegar tarefas específicas) ou **colaborar** com as pessoas em uma série de atividades, procurando e beneficiando-se de seus pontos de vista e geralmente trabalhando e criando em conjunto.

4. Determine o escopo e os limites do envolvimento — Que grau — e que tipo — de envolvimento você deseja que as pessoas tenham com uma situação ou decisão específica?

É tentador pensar que o envolvimento é algo que um líder desenvolve com seus colegas ou os membros de sua equipe, mas alguns dos exemplos mais interessantes e convincentes de envolvimento são oferecidos por empresas que interagem e se envolvem com seus funcionários. A Harley-Davidson é um desses exemplos. Desde seus primórdios em Milwaukee, em 1909, a Harley-Davidson desfrutou de uma longa história como a principal fabricante de motocicletas dos EUA. Entretanto, por volta do início da década de 1980, sua reputação e seus negócios enfrentaram sérios problemas após o ataque violento e constante das motos japonesas de alta qualidade e preço acessível, fabricadas por empresas como Honda e Kawasaki. Após a aquisição de ações pelos administradores, a Harley-Davidson tentou resolver os problemas de qualidade de seu produto utilizando as técnicas de produção de W. Edwards Deming (paradoxalmente, um norte-americano cujos métodos de qualidade transformaram o processo de produção japonês). O desafio seguinte foi reaver — e manter — sua participação de mercado. Isso a Harley-Davidson conseguiu, tornando-se a principal fabricante de motocicletas dos EUA, fazendo com que, surpreendentemente, 90% de seus clientes se mantivessem leais à empresa.

A Harley-Davidson utiliza vários métodos para construir confiança e laços com seus clientes, e esses dois fatores associam conhecimento sobre as necessidades individuais dos clientes e um apelo habilmente premeditado às suas emoções. O resultado é que os clientes confiam na empresa e a empresa valoriza isso, utilizando essa confiança para desenvolver laços mais fortes, aumentar a lucratividade e gerar maior confiança, como em um círculo virtuoso. Por exemplo, os gerentes da empresa reúnem-se com seus clientes regularmente em encontros, onde novos modelos podem ser mostrados em passeios (rallies) de demonstração gratuitos. Além disso, o Harley Owners Group (HOG) ou Grupo de Proprietários de Harley é um **programa de lealdade** destinado aos membros com atividades que desenvolvem laços entre os clientes e a empresa. Em vez de oferecer benefícios corriqueiros ou quase sem valor, a Harley dedica recursos consideráveis para que seus clientes recebam benefícios que eles valorizam. A afiliação ao HOG é gratuita no primeiro ano para os novos proprietários de Harley. Após esse período, paga-se uma taxa de afiliação (de aproximadamente 40 dólares) — e mais de dois terços dos clientes renovam. Ao longo das décadas de 1990 e 2000, a Harley-Davidson registrou anualmente um crescimento estável, bem como recorde em suas receitas e rendimentos.

Rich Teerlink, ex-presidente e diretor executivo da Harley-Davidson, ressalta os dois fatores que contribuíram para o renascimento do sucesso da empresa. "Talvez o programa mais significativo tenha sido — e continua sendo — o HOG, criado em 1983. A princípio criado para a empresa se comunicar mais eficazmente com seus usuários finais, o HOG transformou-se rapidamente no **maior clube de motocicleta do mundo**. E os revendedores (um grupo de clientes e um canal de vendas vital) recuperaram a confiança em que a Harley poderia e seria uma parceira da qual podiam depender." O segundo fator ressaltado por Teerlink foi a disposição e capacidade da empresa de desatrelar as ideias de seu pessoal. "Eu mesmo tinha um plano na manga para a empresa. Eu só sabia que captar as ideias de nosso pessoal — de todas as pessoas na Harley — era fundamental para o nosso sucesso futuro", afirmou Teerlink.

Pode parecer fácil vender um produto tão emocionante e atraente quanto uma motocicleta. Contudo, a Harley-Davidson também consegue fazer com que dezenas de milhares de seus clientes continuem comprando suas motos e pagando para frequentar *rallies*, nos quais eles se divertem, fazem amigos, oferecem um valioso *feedback* — e até mesmo se tatuam com o nome da empresa. **Quantas empresas você conhece que conseguem isso?**

5. Envolva-se na direção correta, no momento certo — Para você, qual a melhor forma de envolver as pessoas e entusiasmá-las? Se produzirem bons resultados, as questões anteriores devem levá-lo ao ponto em que o processo de envolvimento das pessoas é simples e fácil (como deve ser). Várias técnicas práticas podem ajudá-lo a **mobilizar pessoas** e, o que é mais usual, desenvolver uma cultura de envolvimento. São elas:

166 A Verdade sobre o Talento

- desenvolver empatia;
- dar autonomia às pessoas;
- ter autoconsciência;
- aconselhar e promover o desenvolvimento das pessoas;
- comunicar-se (com isso queremos dizer perguntar, ouvir, explicar e tomar iniciativas e coordená-las com um maior nível de compreensão).

No capítulo subsequente, ampliamos a discussão sobre o envolvimento e analisamos a relação entre liderança e talento. Consideramos particularmente quais são as **prioridades para o líder do século XXI**, além do envolvimento. Quais são as forças que moldam a liderança? As respostas ajudarão a evidenciar de que forma podemos atrair pessoas para trabalhar conosco e como podemos ajudá-las a concretizar seu potencial.

Capítulo 8

O significado do trabalho

"Todos nós conseguimos enviar *e-mails* nas noites de domingo, mas quantos conseguem encontrar tempo para ir ao cinema numa tarde de segunda? Se não conseguimos encontrar tempo para ir ao cinema das 14h às 16h, isso significa que estamos em apuros, porque simplesmente assumimos alguma coisa que desequilibra nossa vida e não a reequilibramos com alguma outra coisa."

Discurso de Ricardo Semler, *Leading by Omission* (*Liderando por Omissão*), Escola de Negócios Sloan do Instituto de Tecnologia de Massachusetts (MIT)

O significado do trabalho.

Na maioria das organizações, as pessoas desejam deixá-las melhor do que quando chegaram: elas almejam oferecer um trabalho de qualidade e também receber reconhecimento e recompensas. Isso não é nem um pouco de surpreender. Afinal de contas, pouquíssimas pessoas de sucesso ficam contentes apenas por trabalhar em um empreendimento sem sentido durante muito tempo. Prova disso é a Pearson, a **maior empresa do mundo no segmento de educação**, que possui algumas das marcas mais fortes na publicação de informações de negócios e sobre consumo, como o jornal *Financial Times*, Penguin e a própria editora Pearson. Os altos executivos da Pearson fazem o que podem para explicar para seus gestores de que forma a empresa iniciou, como ela ob-

A melhor maneira de obter o melhor das pessoas talentosas (ou da maioria das pessoas) é lhes dar um trabalho que tenha significado.

168   A Verdade sobre o Talento

teve sucesso e o que a torna especial. Especialmente os gestores de talento da Pearson, provenientes de várias partes do mundo, encontram-se todos os anos para uma reunião em que, dentre outras questões que se discutem, existe também uma oportunidade para contar a história da empresa. Isso, por sua vez, ajuda as pessoas a compreender e apreciar a cultura e os valores da Pearson — uma história inspiradora e instrutiva.

Weetman Pearson nasceu em julho de 1856 em Yorkshire, no norte da Inglaterra. Seu avô, Samuel, fundou a empresa hoje conhecida como Pearson em 1844. Durante vários anos a empresa concentrou suas atividades no setor de construção e com o tempo tornou-se a maior empresa de construção do mundo, mantendo a maior parte de suas operações fora do Reino Unido.

Aos 17 anos, já tendo dirigido uma das empresas de seu pai na Inglaterra, Weetman Pearson passou o ano de 1876 nos EUA. Foi uma experiência construtiva que o preparou adequadamente para desenvolver a maior empresa de construção do mundo, bem como para estabelecer a base para a empresa que hoje conhecemos como Pearson. Impressionado com a energia e o entusiasmo contagiantes dos EUA, Weetman Pearson aprendeu duas coisas que hoje são tão relevantes quanto o foram no passado: **não peça para as pessoas fazerem coisas que você mesmo não faria** e **trate os outros da forma como gosta de ser tratado**. Ele levou isso extremamente a sério, ajudando a construir fisicamente uns dos projetos que estavam sendo erguidos por sua empresa. Esses esforços o levaram para o hospital mais de uma vez.

Um dos primeiros defensores da globalização, Weetman Pearson assumiu o controle da empresa em 1880, ainda com a tenra idade de 24 anos. A empresa que ele desenvolveu construiu o porto de Dover e também estradas de ferro e alguns dos projetos de engenharia civil mais importantes ao redor do mundo. Em 1889, Porfirio Diaz o convidou para ir ao México para construir uma estrada de ferro do Atlântico ao Pacífico. Enquanto instalava os trilhos, sua equipe descobriu um dos maiores campos de petróleo do mundo, o Potrero del Llano. Ele então criou a Mexican Eagle Petroleum Company, umas das maiores empresas do México, cujo controle foi assumido pela Royal Dutch Petroleum Company (hoje Royal Dutch Shell) em 1919.

Após 1918, Pearson comprou vários jornais e foi isso, aliado aos seus valores e postura nos negócios, que estabeleceu o alicerce para a empresa do presente. Ele tratava seus funcionários com **cuidado** e **generosidade**, compreendendo que as pessoas precisavam ser encorajadas e direcionadas para que dessem o

O significado do trabalho   169

melhor de si. Tratamentos **desumanos**, **negligentes** e **irrefletidos** no trabalho seriam em última análise autodestrutivos. Obviamente, esse é um conceito empresarial que as sociedades civilizadas passaram a compreender e hoje é resguardado por lei, mas no mundo de Weetman Pearson do século XIX e início do século XX — e no mundo rude da construção civil — isso era praticamente um desvio da norma. Por exemplo, ele foi o primeiro empregador a oferecer fundos de pensão a seus funcionários e também acreditava na possibilidade de participação acionária dos funcionários por meio de planos de aquisição de ações.

Além de mentalidade internacional, Pearson tinha um forte espírito comercial e empreendedor e uma sólida noção de valores. Para ele, era importante que seus negócios estivessem sendo erguidos com base em um conjunto concreto de princípios. Weetman Pearson **sabia que era possível ser ao mesmo tempo confiável e honesto e ter lucro**. Depois de atuar como membro do Parlamento e de um período no governo de tempo de guerra de David Lloyd George em 1917, onde era responsável pela produção de aeronaves, Pearson com o tempo se aposentou, morrendo em maio de 1927. Seu obituário ressaltou sua "**ousadia**, **originalidade** e **inventividade**", embora sua filosofia enfatizasse a **perseverança** e **paciência**. Todas essas qualidades ainda são atributos inconfundíveis na Pearson do presente.

Da década de 1960 em diante, a empresa que Pearson havia construído começou a se concentrar ainda mais no setor editorial, tornando-se com o tempo uma das editoras mais bem-sucedidas do mundo. Essa mudança de um setor para outro pode parecer estranha, mas não é de forma alguma excepcional — outras corporações importantes como a Nokia mudaram de foco de modo semelhante (no caso da Nokia, da madeira para a telefonia móvel). A história de Pearson leva a crer que o mais importante não é simplesmente o que a empresa faz ou seu porte nem mesmo o que ela produz, embora esses fatores sejam vitais. O que importa aos funcionários e, essencialmente, aos clientes, é **quem** ela é. Weetman Pearson com certeza não era um santo, mas qualquer pessoa que ouve falar dele não consegue deixar de se impressionar com a história desse jovem corajoso, visionário e honesto que simplesmente apreciava seu trabalho e deixava sua personalidade transparecer através dele. Em última análise, ele transferiu para a empresa a personalidade e a cultura que ela tem hoje, uma personalidade que parece ter sobrevivido por mais de uma centena de anos e abarcado uma variedade de setores, países e desafios.

Hoje, os executivos da Pearson utilizam essa história para lembrar seus gestores da personalidade e dos valores da empresa: para a Pearson, esses valores são **coragem, imaginação e dignidade**. Atualmente, muitas empresas adotam valores magnânimos que talvez pareçam vagos para seus funcionários. Porém, se contextualizados em um passado que inclui as prioridades e o estilo de Weetman Pearson, e vistos pelo ângulo da atual posição da Pearson, que se encontra entre as maiores editoras e empresas de soluções educacionais do mundo, esses valores têm um significado real para seus funcionários. Foi assim que um dos legados de Weetman Pearson — os valores da empresa — foi descrito em 2009, 82 anos após sua morte:

- **Coragem** — Estar disposto a seguir adiante com entusiasmo e determinação é vital. Coragem também significa fazer coisas que você jamais imaginou que faria.
- **Imaginação** — A Pearson tem a ver exatamente com isso: relacionarmos com as pessoas e sermos previdentes e criativos em tudo o que fazemos.
- **Dignidade** — Na Pearson, as pessoas devem seguir o exemplo de Weetman Pearson e tratar os outros como elas gostariam de ser tratadas. Ser digno também significa pecar pela generosidade.

A Pearson tem êxito porque oferece um **significado** real ao trabalho de seus funcionários. Hoje, por exemplo, a empresa orgulha-se imensamente do fato de estar trabalhando em Angola para produzir livros escolares em sete idiomas nativos, alguns dos quais nunca antes reproduzidos em nenhum livro escolar. Não se trata apenas de **altruísmo**: a empresa emprega 30.000 pessoas no mundo inteiro e tem obtido retornos estáveis para seus acionistas, a despeito de circunstâncias econômicas algumas vezes desafiadoras. É óbvio que a empresa inevitavelmente comete enganos e de vez quando faz a coisa errada, mas é o caráter que conta e que pode ser moldado pelo passado e também pela liderança no presente. Ao dirigir a palavra para um grupo de gestores da empresa em 2008, o presidente da Pearson, Glen Moreno, comentou: "As empresas globais bem-sucedidas acreditam no que elas fazem. Elas têm um propósito."

É apenas coincidência ou acaso que uma empresa com esse caráter e história — uma história que é incansavelmente e orgulhosamente transmitida de um conjunto de gestores para o seguinte — seja também líder em vários setores importantes e extremamente competitivos (notadamente o de publicações no segmento de negócios, educacional e de consumo)? Certamente, é bem mais provável que esse caráter corporativo esteja atraindo pessoas talentosas e entusiasmadas, inspirando e mobilizando esses indivíduos para que se sobressaiam e, no final, produzam excelentes resultados (não apenas comercialmente).

A equação é simples: para a maioria, empresas como a Pearson têm um caráter e uma postura que dão significado e valor para seu trabalho; as pessoas (em sua maioria funcionários) reagem, e os negócios prosperam. Fazer isso acontecer é, obviamente, um desafio para a liderança.

A importância do significado do trabalho.

Os líderes ajudarão a si mesmos, sua equipe e sua organização se reconhecerem que a natureza variável de nossas economias influenciou em grande medida nossa vida enquanto consumidores e nossas experiências de trabalho. Entretanto, comprovadamente, os fantasmas do etos da era industrial, o trabalho de longas horas, os trabalhos forçados e a deferência ainda estão vivos no sistema. O ambiente de trabalho está consideravelmente defasado no que tange à imaginação, tanto que parece que nos esquecemos por que nós, seres humanos, na verdade trabalhamos: **realizar algo que tenha significado**.

Essa motivação por obter sentido por meio do trabalho foi descrita como um instinto humano profundamente enraizado. Consiste em poder empregar nossas aptidões, física e imaginativamente, para o mundo. Isso poderia ser conseguir se expressar, criar algo novo ou concretizar uma meta. Em todos os casos, alguma coisa torna-se diferente por sua causa — você obteve o reconhecimento merecido.

A psicóloga Estelle Morin fala sobre a importância do instinto do trabalho e que realizar um trabalho significativo é vital para gerar potencial individual.

"Quando um indivíduo realiza um trabalho significativo, ele na verdade desenvolve um **senso de identidade**, **valor** e **dignidade**. Ao obter resultados significativos, ele na verdade se autorrealiza, se desenvolve e até mesmo atinge seu pleno potencial. De alguma forma, ele tem oportunidade de se tornar quem ele é e de contribuir para a melhoria de suas condições de vida e de sua comunidade.

Quando alguém pensa em trabalho, com frequência pensa em emprego. Contudo, trabalho é muito mais que emprego. Embora o trabalho com certeza supra as necessidades básicas de subsistência e ofereça condições de vida decentes, essa não é sua única função. O trabalho é, acima de tudo, uma atividade por meio da qual um indivíduo se encaixa no mundo, cria novas relações, utiliza seus talentos, aprende, cresce e desenvolve sua identidade e um sentido de pertencer."

Pessoas: muito mais que "recursos humanos".

Portanto, o trabalho tem um propósito **emocional** e **social**. Nós o utilizamos para nos conectarmos com nosso potencial pessoal e também para contribuir para a sociedade em sentido mais amplo. Contudo, quanto espaço existe para que isso ocorra no atual ambiente de trabalho? Temos descrições de cargo, competências e funções, todas criadas com uma boa intenção: para nos dizer o que fazer e para nos dizer como fazer. Embora útil para os não iniciados, nos perguntamos o quanto isso deve ter castrado a relação de cada indivíduo com o trabalho. Onde se encontra o espaço para personalizarmos nossas funções e moldarmos nosso estilo para realizá-las? O perigo é que na realidade estamos vendo as pessoas e os indivíduos como **"recursos humanos"** — recursos impessoais que devem ser agregados, e não pessoas que devem ser dirigidas e conduzidas.

A nosso ver, existe nas organizações uma quantidade formidável de potencial inexplorado e a natureza discricionária desse potencial gira em torno inteiramente do quanto cada indivíduo está apto a se conectar novamente com seu instinto básico para o trabalho que tenha significado.

Os autores que escrevem sobre relações de trabalho há muito tempo afirmam que barganhamos essa necessidade pela estabilidade no emprego. A necessidade de alimentar nossa família e pagar o aluguel (afirmam eles) deu origem a uma relação financeira entre o empregador e o empregado. O fim da estabilidade no emprego no final da década de 1980 deixou esse relacionamento transacional em situação difícil. Tanto que acreditamos que, além do desafio demográfico, esse afastamento do trabalho é um dos principais dilemas quanto ao talento.

Fazendo com que o trabalho se torne mais significativo.

Significativo, obviamente, é algo extremamente pessoal e subjetivo. Seu sentido difere entre indivíduos e em diferentes estágios da vida. Autores dessa área identificaram inúmeros fatores que influenciam a maneira como os indivíduos extraem significado/sentido do trabalho. Isso pode ser resumido da seguinte forma:

- O significado que o trabalho dá para nosso senso de identidade.
- A postura que adotamos em relação ao trabalho; especificamente como conseguimos nossos valores pessoais. Isso pode variar de fatores como autonomia a promoção social.

O significado do trabalho   173

- O equilíbrio que podemos obter entre trabalho e outros aspectos importantes da vida; família, amigos etc.

Podemos passar por cada uma dessas áreas de importância à medida que avançamos na carreira ou simplesmente ter motivação por uma delas. O importante é compreender como o trabalho torna-se significativo para cada indivíduo. Estelle Morin e sua equipe fizeram uma pesquisa internacional sobre essa questão e estabeleceram os seis fatores (ver Tabela 8.1) que nos ajudam a tornar o trabalho mais significativo:

Tabela 8.1 – Os seis fatores que ajudam a tornar um trabalho significativo.

Fator	Descrição
Propósito social	Realizar algo útil para as outras pessoas ou para a sociedade, que contribua para a sociedade.
Correção moral	Realizar um trabalho moralmente justificável com relação aos respectivos processos e resultados.
Prazer decorrente da realização	Gostar do próprio trabalho, executar um trabalho que estimule o desenvolvimento do potencial pessoal e possibilite a concretização de metas pessoais.
Autonomia	Ser capaz de utilizar as habilidades pessoais e o julgamento pessoal para solucionar problemas e tomar decisões sobre o próprio trabalho.
Reconhecimento	Realizar um trabalho que corresponda às habilidades pessoais, cujos resultados sejam reconhecidos e cujo salário seja adequado.
Relacionamentos positivos	Realizar um trabalho que possibilite estabelecer contatos interessantes e a construção de boas redes sociais.

É interessante pensar em como isso é simples e universal. Tem havido muito alvoroço quanto à necessidade de considerar fatores como esses para a geração Y, embora acreditemos que eles sejam importantes quando quer que estejamos lidando com a evolução demográfica.

Em nossa opinião, a necessidade de gerar maior potencial em nossa força de trabalho forçará um novo **contrato psicológico**, no qual os funcionários trocarão seu potencial por um significado ou propósito. Acreditamos que, em vigor, isso já esteja ocorrendo na maioria dos locais de trabalho bem-sucedidos. Quanto mais nos sentirmos capazes de trabalhar em projetos estimulantes, quanto mais capazes formos de influenciar nosso modo de trabalhar, a qualidade dos relacionamentos que desfrutamos com nossos colegas e o orgulho que sentimos pela organização, melhor será nosso desempenho. Entenderemos o *feedback* sobre como podemos fazer melhor se compreendermos que isso tornará nosso trabalho mais agradável ou terá um impacto mais sensível.

O significado ou o propósito é a força que gera funcionários **engajados**; é com base no significado que diferenciamos um empregador de outro. O antigo contrato de trabalho está falido. Nossas forças de trabalho têm memórias antigas: toda geração experimentou ou uma recessão ou o desemprego. Você tem uma marca de empregador independentemente de gostar ou não dela — e cada vez mais seu controle sobre ela é muito pequeno.

Reflexões sobre liderança.

• **Propósito social** – As pessoas reconhecem o valor ou o impacto do trabalho que elas executam? Se esse trabalho for entediante e desinteressante ou tiver um *status* hierárquico inferior, será que as pessoas que aí trabalham conseguem reconhecer que fazem parte de um empreendimento mais amplo? Talvez isso não seja relevante para todos os indivíduos, mas o trabalho que tem valor e significado é muito mais difuso do que a maioria dos empregados imagina.

Além do propósito social, existe o fato de que as pessoas com frequência são estimuladas pelo progresso que estão fazendo para si mesmas e para sua organização — esse progresso pode ser em forma de ganhos financeiros ou comerciais.

• **Correção moral** – As pessoas são sempre gerenciadas de uma forma moralmente correta? O conteúdo do trabalho que elas executam é moralmente justificável com relação ao contexto e aos resultados? Se não, ou se isso ocorrer ainda que temporariamente, para a maioria das pessoas isso será menos recompensador ou menos sustentável do ponto de vista pessoal.

• **Prazer decorrente da realização** – As pessoas gostam do trabalho que elas realizam? Existe um sentimento de que as pessoas estão desenvolvendo seu potencial e concretizando suas metas? O sucesso é claramente reconhecido e recompensado?

• **Autonomia** – As pessoas são capazes de trabalhar com autonomia, de utilizar suas habilidades e capacidade de avaliação diante dos desafios da resolução de problemas e da tomada de decisões? As pessoas normalmente são guiadas pela compreensão da visão, dos valores e da estratégia da organização?

• **Reconhecimento** – As pessoas estão aptas a utilizar todas as suas habilidades e experiências? Seus interesses e aspirações estão sendo reconhecidos, valorizados e ampliados? Sua remuneração é justa?

• **Relacionamentos positivos** – As pessoas estão aptas a se relacionar com seus colegas e tirar proveito do estímulo de trabalhar com as outras pessoas? Elas estão trabalhando positivamente em equipe — por exemplo, trabalhando em conjunto em áreas organizacionais interfuncionais?

Igualmente importante é a necessidade de evitar a **fragmentação** e a **identidade de grupo**, pois ambas podem corroer o significado do trabalho. A fragmentação ocorre quando as pessoas estão em desacordo, tanto com seus pares quanto com seus superiores. Normalmente, a demonstração de que uma discordância está surgindo é disfarçada ou omitida, embora ela possa se demonstrar como uma "agressão passiva". As opiniões divergentes com frequência se inflamam nos bastidores. Elas são mencionadas informalmente nas conversas, em vez de claramente expressas em situações formais — por exemplo, nas reuniões. A fragmentação é corrosiva, pois impede que as pessoas analisem e tomem decisões eficazes, e pode tornar-se ainda pior quando as opiniões de um determinado grupo prevalecem. Além disso, a fragmentação se autoalimenta em um ciclo autossustentável, na medida em que qualquer ato de interrompê-la é visto como uma tentativa de um dos lados de ganhar domínio. Desse modo, a fragmentação pode se enraizar na organização e tornar-se extremamente difícil de reverter.

A identidade de grupo é o oposto da fragmentação. Ela ocorre quando o grupo abafa ideias que representam críticas ou não apoiam o rumo que ele está tomando. O grupo parece estar de acordo ou seguro, mas não está. Isso é provocado por vários fatores, como um sucesso anterior que gera a convicção em uma equipe **infalível** e **convencimento**. A identidade de grupo pode ocorrer porque há uma recusa em passar informações ao grupo ou os membros não têm segurança ou capacidade para contestar os pontos de vista predominantes do grupo. As pessoas podem estar preocupadas com a possibilidade de divergência, tanto por causa de acontecimentos passados, preocupações atuais ou medo do que o futuro pode lhes reservar. Por isso, procuram a segurança coletiva.

Vários princípios norteadores podem ajudá-lo a evitar esses problemas:

- Tenha coragem e não tema as consequências das decisões.
- Confie em seus instintos e emoções.
- Esteja preparado para representar o papel de "advogado do diabo".
- Evite irrelevâncias.
- Analise as decisões, os desafios ou as oportunidades por outro ângulo.
- Não permita que o passado o refreie.
- Questione a tendência à conformidade (identidade de grupo) — as pessoas muitas vezes têm medo de comentar ou agir em virtude de pressões sociais, o que é uma desculpa esfarrapada. Descubra o que as pessoas de fato pensam e utilize isso para tomar decisões fundamentadas.
- Quando necessário, tome decisões que talvez não agradem à maioria.
- Procure o consenso, obtendo um acordo sobre o propósito de uma determinada decisão.
- Reúna os fatos para que possa definir e compreender com precisão os problemas em questão.

Dar significado ao trabalho e obter o envolvimento das pessoas são alguns dos desafios mais significativos para a liderança. No capítulo subsequente, analisaremos a natureza da liderança no século XXI: quais questões são fundamentais e de que forma é possível garantir o sucesso.

Capítulo 9

Liderando talentos

"A metáfora da tempestade perfeita representa perfeitamente o ambiente atual. Estamos testemunhando a rara convergência entre complexidade e diversidade, uma convergência que contesta as suposições de nossa liderança. Imagine os líderes como capitães conduzindo o navio em meio a essa tempestade perfeita. Os mapas antigos já estão ultrapassados, e mesmo os estrategistas mais competentes ainda não conseguiram mapear adequadamente um novo mundo.

Estes não são tempos para líderes medianos ou que não consigam valorizar e utilizar as habilidades de pessoas fundamentais sob sua liderança. Para atravessar essa tempestade perfeita, os líderes como um todo terão de utilizar todo o seu potencial para conduzir a organização para uma era imensamente complexa, diversa e incerta."

David L. Dotlich, Peter C. Cairo, Stephen H. Rhinesmith, *Leading in Times of Crisis*, JosseyBass, 2009

Uma liderança brilhante é um catalisador de talentos essencial. Os líderes têm o poder de moldar a personalidade de uma organização e a vivência dos indivíduos no trabalho. Isso influenciará o tipo de pessoa que se sentirá atraída a trabalhar com você e as decisões de carreira daquelas que já se encontram em sua equipe. Mais imediatamente, isso tem impacto sobre o desempenho diário; em que medida as pessoas procuram novas oportunidades e aonde elas são capazes de ir para consegui-las.

A ordem do novo mundo ainda precisa ser estabelecida; o pano de fundo desse novo mundo é mais ambíguo com relação ao estilo de atuação dos líderes. Cada dia exige uma perspectiva diferente e uma correção nas previsões.

As estruturas mudam e as demissões tornam-se um elemento essencial para a sobrevivência da organização. Os clientes mudam e necessitam de mais por menos. Entretanto, o custo do atendimento continua subindo. Essa complexidade e esse ritmo desafiam a capacidade de todo líder (seja qual for sua capacidade ou experiência) e exige uma nova postura na liderança de pessoas; uma postura em que cada indivíduo tenha percepção e autonomia para tomar decisões e em que tenha as habilidades corretas para agir.

Trata-se de um salto evolutivo em relação à ideia do líder como o membro mais capacitado da equipe, para a ideia de que os melhores líderes desenvolvem as equipes mais capacitadas. Na verdade, isso significa compreender qual é a capacidade de cada indivíduo e sua aspiração de trabalho; e o reconhecimento de que isso exige atenção diária. Tal como analisamos anteriormente, não existe nenhum modelo pronto para isso; essa postura precisa ser pessoal. Se interpretá-las mal, as pessoas irão embora ou, pior, ficarão com você, mas **afastadas, à margem**. Quantas vezes você ouviu a frase: "As pessoas não abandonam a empresa, mas os chefes"? E, como líder, quanta energia você investe para lidar com o mau desempenho e qual foi a última vez em que você teve um fim de semana de folga?

Liderar visando ao talento significa obter o melhor desempenho de todos os membros de sua equipe e ensiná-los a obter o melhor um do outro. Isso exige um novo conjunto de capacidades de liderança; aprender a desenvolver confiança, identificar potencial, incrementar capacidades e saber deixar as pessoas irem embora. Mais importante, o primeiro passo exige que o líder tenha uma percepção de si mesmo, de seu estilo e de como ele pode adaptá-lo.

Neste capítulo, o convidamos a refletir sobre seu estilo de liderança e sobre como isso influenciará sua eficácia na liderança direcionada ao talento. No Capítulo 10, apresentamos uma série de técnicas práticas para isso, aplicadas ao ambiente de trabalho.

Os desafios para a liderança do século XXI.

Liderança é um tema controverso que fascina e enfurece na mesma proporção. Cada um tem uma visão particular sobre liderança e, embora exista amplo consenso acerca desse assunto, há também grande confusão e, fundamentalmente, um componente de cunho pessoal que é decisivo. Como se isso já não bastasse, o tema da liderança ganha maior complexidade pelo fato de existirem diferentes estilos de liderança e, talvez mais importante do que isso, pela forma como os líderes adaptam seu estilo ao contexto em que se encontram e às pessoas com as quais eles trabalham.

Tudo isso é importante porque desenvolver e envolver pessoas de talento é a principal função da liderança — esta é uma das verdades sobre o talento.

Pergunte às pessoas o que constitui um bom líder e elas lhe dirão que o bom líder é aquele que tem bom senso, cria oportunidades e estimula a mudança. Mais importante, os líderes exibem uma série de características: convicção, visão, integridade e uma capacidade de se relacionar com os outros, o que faz com que as pessoas sintam o desejo de segui-lo.

Essas qualidades são perenes. A única dificuldade com relação a essas qualidades e à liderança em termos gerais é que elas são muito universais e amplas. A questão da liderança pode ser considerada extremamente amorfa, desgastada e mal interpretada, e nos últimos anos tem sido mal empregada por políticos, religiosos e empresários que têm decepcionado um número cada vez maior de sua clientela.

Em vez disso, para liderar no mundo complexo e veloz do presente, talvez ajude considerar que as prioridades são estes três principais fatores:

- Estabelecer e implantar uma estratégia (isso abrange visão e direcionamento).
- Desenvolver relacionamentos de confiança.
- Tomar decisões e fazer a coisa certa sistematicamente, com base em valores pessoais.

Os líderes que obtêm sucesso parcial com relação a alguns ou todos esses fatores podem prosperar a curto prazo, mas com o passar do tempo quem perde é a organização. Autores de negócios como David L. Dotlich, Peter C. Cairo e Stephen H. Rhinesmith ressaltam essas três prioridades no livro *Head, Heart and Guts: How the World's Best Companies Develop Complete Leaders* [*Cabeça, Coração e Instinto: Como as Melhores Empresas do Mundo Desenvolvem Líderes Perfeitos* (Jossey-Bass, 2006)].

Talvez valha a pena reproduzir as três questões vitais que afetam fundamentalmente a liderança e o sucesso das pessoas e das organizações empregadoras:
- Acreditamos que todo e qualquer indivíduo tem potencial para se tornar mais talentoso; especificamente possui alguma habilidade para agregar valor.

- O potencial se concretiza por meio de trabalhos que tenham significado e uma boa orientação.
- Não é possível gerenciar um talento, mas apenas pedir para que ele compartilhe a sua capacidade criativa com os outros na empresa.

É óbvio que existem vários atributos nos grandes líderes, mas várias questões são especialmente significativas — e às vezes negligenciadas — na liderança de pessoas.

Antes de falarmos sobre essas três prioridades para os líderes (o que David Dotlich e seus colegas chamam de **cabeça, coração** e **instinto** ou **coragem**) e sobre como elas funcionam na prática, vale a pena considerar por que essas qualidades são tão significativas no presente. Na verdade, qualquer líder que queira envolver-se com os integrantes de sua equipe e ajudá-los a concretizar seu potencial deve perceber a dimensão do impacto de várias tendências e questões.

Globalização, interconexão e interdependência.

Para liderar no mundo complexo e veloz do presente, talvez ajude considerar que as prioridades são estes três principais fatores: estabelecer e implantar uma estratégia, desenvolver relacionamentos de confiança e tomar decisões e fazer a coisa certa sistematicamente, com base em valores pessoais.

Mais do que nunca, os líderes precisam de uma **"mentalidade mais aberta e tolerante"** e de uma perspectiva mais ampla. Existem várias qualidades que há uma geração eram praticamente ignoradas. Questões como diversidade, respeito, humildade e confiança ao relacionar-se com pessoas de diferentes países e culturas, bem como a necessidade de lidar com a ambiguidade e a capacidade para assumir riscos em face de uma maior incerteza. Isso se aplica não apenas aos funcionários, mas também aos clientes.

A **globalização** gera tanto oportunidades quanto desafios, liberta e restringe, cria mercados com uma amplitude jamais vista e possibilita que os concorrentes de respeito sejam menores do que nunca. Se o futuro mundo dos negócios tiver uma quantidade maior de paradoxos, a globalização semeará muitos deles. Portanto, quais são as forças desencadeadas pela globalização que afetarão os líderes?

Primeiro, o poder está cada vez mais desproporcional com respeito ao tamanho. O que importa na economia global interligada não é apenas o tamanho, mas outros fatores, como escassez ou reputação. As organizações que possuem recursos intangíveis, como lealdade, trabalho em equipe e envolvimento, são mais propensas a transformar essas qualidades em produtos inovadores, raros e valiosos. Anteriormente, essa raridade era disputada somente em mercados locais ou nacionais. Hoje, a demanda em potencial é bem maior. Desse modo, se tanto o preço quanto o volume aumentam: de uma forma ou de outra, a empresa beneficia-se. A Microsoft é um exemplo notório. Estabelecida em meados da década de 1970, hoje a Microsoft apoia milhões de negócios e indivíduos com seus *softwares* enquanto suas receitas e lucros eclipsam a renda de várias nações. A Microsoft continua fazendo isso não apenas porque hoje é imensa e desenvolveu uma sólida posição no mercado, mas em grande medida por causa de sua propriedade intelectual, reconhecimento de marca e reputação.

Além disso, os avanços e acontecimentos subjacentes à globalização, notadamente na tecnologia, exigem que os líderes ajam rapidamente e flexivelmente, se assim quiserem estar à frente da concorrência. Já faz 500 anos que podemos viajar pelo mundo. Hoje, a diferença é que podemos nos conectar **instantaneamente**. O *boom* da Internet fez com que as pessoas percebessem que os negócios poderiam funcionar praticamente sem restrições geográficas, 24 h por dia, 7 dias por semana e 365 dias por ano. Esse novo ambiente de negócios, de ritmo veloz e de mudanças rápidas, levou empresas de todos os portes a se estruturar em unidades menores e mais focalizadas e capazes de responder rapidamente. Por exemplo, afetadas pela crescente concorrência em seu mercado global, empresas de logística como DHL, UPS e FedEx reagiram, possibilitando que seus clientes rastreiem as remessas à medida que elas são transportadas. As empresas que são mais difíceis de gerenciar justamente por serem muito grandes podem ter dificuldade para ter respostas tão flexíveis e ágeis quanto as das unidades menores.

Outra questão decorrente da maior globalização que os líderes devem enfrentar é que, paradoxalmente, as pessoas estão reafirmando o comportamento tribal. Em seu livro *Global Paradox* (*Paradoxo Global*), John Naisbitt defendeu que, quanto mais nos tornamos economicamente interdependentes, mais nos apegamos ao que constitui nossa identidade básica. Temendo a globalização e, por consequência, uma cultura ocidental homogeneizada (predominantemente norte-americana), países como Indonésia, Rússia e França aprovaram leis para preservar suas características distintivas e sua identidade. A **humanidade é gregária**. Valorizar a comunidade e a capacidade de compartilhar informações e formar alianças além-fronteiras pode diminuir a organização tribal. Contudo, os problemas culturais são profundos e devem ser levados em conta pelos líderes. A fusão entre a Daimler e Chrysler, fabricantes de automóveis alemã e norte-americana, respectivamente, evidenciou imensos problemas transculturais em termos de cultura organizacional e administrativa, e de acordo com a opinião geral havia também muitos comportamentos tribais a combater.

A globalização também abriu caminho para que se percebesse que existem pessoas talentosas, clientes e mercados bem além das esferas de operação das empresas ocidentais tradicionais. Durante a maior parte do século XX, os países pobres continuaram pobres e os ricos continuaram ricos. Se a riqueza de um país mudava, normalmente isso ocorria ao longo de décadas. Agora, as sociedades desenvolvem habilidades, riqueza e oportunidades comerciais em um período bem mais curto. Por exemplo, no início da década de 1960, o produto interno bruto (PIB) da Coreia do Sul era equivalente ao PID atual do Sudão. Em 1945, o Japão e a Alemanha foram fisicamente destruídos e ficaram largamente desamparados na arena do comércio internacional e do desenvolvimento de longo prazo. No espaço de uma geração, eles ocuparam o segundo e o terceiro lugar entre os países mais ricos do mundo. Embora atualmente o desempenho econômico desses dois países fique atrás de outros, eles continuam entre as cinco maiores economias e desfrutam os melhores padrões de vida. Em contraposição, no início do século XX, a Argentina tinha um poder econômico proeminente, mas no início do século XXI enfrentou desordem e declínio econômico. A questão, agora, é que as fontes internacionais de potência e capacidade mudam.

Em uma época de globalização dos negócios e de aparente convergência entre culturas, ao menos em nível superficial — com marcas universais como Sony, McDonald's, IKEA e CNN —, os líderes e organizações bem-sucedidos ainda encontram espaço para uma maior variedade e diferenciação. A interdependência global exige que os líderes façam as perguntas: **de que forma posso compreender os valores mantidos pelas outras pessoas?** De que modo, portanto, compartilhamos um entendimento sobre isso, construindo uma relação de trabalho favorável?

Complexidade crescente.
Cada vez mais as pessoas precisarão se envolver com seu trabalho se quiserem ser bem-sucedidas e se sentir realizadas. Para criar um ambiente motivador e motivar as pessoas a realizar, é preciso **esclarecer** para persuadir sua mente e **inspirar** para ganhar seu coração. Um exemplo interessante de complexidade

crescente do trabalho e das medidas que as organizações tomaram para ter êxito encontra-se no setor de varejo. Nesse setor globalmente competitivo, já se foram os dias em que empreendedores como Jesse Boot, em Nottingham, Marcus Sieff, em Londres, e Sam Walton, em Little Rock, simplesmente estocavam as prateleiras com produtos atraentes e escancaravam as portas das lojas. A Sears associa o envolvimento dos funcionários diretamente com o desempenho organizacional com sua cadeia **funcionário–cliente–lucro**. Ao possibilitar que os funcionários percebam quais são as consequências de seus atos, ela consegue mudar a maneira de pensar dos funcionários e os resultados que eles obtêm, tornando explícitos os elos entre causa e efeito.

O desafio do crescimento sustentável.

"É importante que você saiba que não é obrigado a escolher entre uma empresa que investe grandes somas e uma empresa socialmente responsável. Você tem as duas."

Jack Welch, em seu discurso na Reunião Anual da General Electric de 1999, Cleveland, Ohio

Outra questão relacionada à configuração da liderança no século XXI é a **necessidade de crescimento**. Ao longo da última década, essa pressão implacável desencadeou alguns dos escândalos mais notórios na história corporativa, em que empresas antes respeitadas como a Enron vieram ao chão. Muitas outras empresas, particularmente a Lehman Brothers e outras empresas de serviços financeiros, bem como empresas em setores tão diversos quanto o de fabricação de automóveis e o de linhas aéreas, preocuparam-se apenas com o crescimento de curto prazo e os resultados do trimestre seguinte, sofrendo consequências desastrosas. Obviamente, é necessário ter muito mais que uma estratégia atraente e eficaz. Para que as pessoas se comprometam, se esforcem e ofereçam ideias inovadoras, os líderes devem ajudá-las a ter convicção sobre a visão, e essa visão precisa ser positiva — ser sólida tanto eticamente quanto comercialmente.

A Innocent Drinks Company reúne várias características de uma empresa que adota uma pos-

Para que as pessoas se comprometam, se esforcem e ofereçam ideias inovadoras, os líderes devem ajudá-las a ter convicção sobre a visão, e essa visão precisa ser positiva — ser sólida tanto eticamente quanto comercialmente.

tura positiva e envolvente para enfrentar o desafio do crescimento. Ela produz sucos de frutas e *smoothies*[*] de alta qualidade com uma paixão, profissionalismo e bom humor que inspiram confiança. Esse tom é estabelecido de cima para baixo. Do mesmo modo que muitos líderes de confiança, executivos como o fundador da Innocent Drinks, Richard Reed, não desperdiçam muito tempo preocupando-se com confiança. Na verdade, eles simplesmente expressam o entusiasmo e as habilidades que as pessoas (funcionários e clientes) valorizam — e a **confiança** é uma consequência. Isso evita o paradoxo da confiança, segundo o qual, quanto mais discutida, mais fraca ela se torna.

O etos da Innocent, desenvolvido por Reed e seus colegas em 2003, foi aprimorado e esmerilhado por uma visão clara e por princípios indeléveis: aquisição ética de matérias-primas, diminuição e compensação das emissões de carbono, reciclagem e contribuição social por meio de doações beneficentes. Os fornecedores de frutas da Innocent têm de atender aos padrões mínimos estabelecidos pela Organização Internacional do Trabalho e são pagas taxas de prêmio às propriedades agrícolas credenciadas à Rainforest Alliance (Aliança de Florestas Tropicais) ou locais. A eletricidade provém de fontes renováveis de energia para o desenvolvimento sustentável. Os veículos da frota utilizam biocombustíveis, gás liquefeito de petróleo ou híbridos. As emissões de carbono são medidas todo mês e compensadas em 120% para que sejam negativas em toda a empresa. E essas são apenas algumas das formas que a empresa utiliza para atender às aspirações de seus funcionários e consumidores. Como se isso já não bastasse, 10% de seus lucros são destinados a projetos comunitários por meio da Fundação Innocent, que administra as doações às comunidades dos países que fornecem frutas à empresa. A Innocent, além de gostar do que faz, é comercialmente astuta. As atividades de construção de marca, recrutamento, retenção e vendas estão vinculadas ao etos da empresa e todos os funcionários devem estar imbuídos desses traços considerados corretos.

"Somos uma empresa que se preocupa com crescimento e lucro. Nossos funcionários devem ser igualmente comerciais e altruístas", afirma Richard Reed. "É uma combinação difícil de encontrar porque as pessoas tendem a ficar em um dos extremos. Ou elas estão no extremo do reino dos *hippies* ou no extremo de Wall Street. Mas conseguir achá-las, incentivá-las, recompensá-las

---

[*] N. da T.: Bebida não alcoólica espessa feita de frutas e sucos de fruta, às vezes misturada com gelo, leite ou iogurte.

e estimulá-las a ter um bom desempenho nessas áreas é uma maravilha." (Consulte http://www.growingbusiness.co.uk/innocent-drinks-richard-reed.html. Reproduzida com permissão da Crimson Publishing.) Essa postura com certeza dá bons resultados. A Innocent Drinks goza de uma apreciável participação de 50% no mercado doméstico. Seu sucesso é suficientemente significativo para ter levado a Coca-Cola a adquirir 20% de suas ações em 2009, possibilitando que ela expandisse suas operações na Europa e apoiando sua postura de tal maneira que pudesse crescer no futuro.

A necessidade de inovação.
Um dos maiores desafios para os líderes é criar uma **atmosfera de inovação** na qual as pessoas não sejam inibidas por medos, tenham grande interesse por compartilhar ideias com os outros e sejam propensas a encontrar e integrar novas ideias. Uma empresa que conseguiu se sair melhor nisso do que a maioria é o Google, uma das mais bem-sucedidas do século XXI, que domina o mercado de busca e propaganda *on-line*. Algumas vezes é difícil distinguir qual aspecto de seus negócios é mais inovador: sua ambição e capacidade para organizar as informações do mundo ou sua capacidade comercial de obter lucro com seus serviços. Na verdade, essas duas facetas são vitais e refletem uma característica fundamental da empresa: uma atmosfera de inovação.

Crucialmente importante é o fato de os funcionários da empresa Google terem autoridade para agir por iniciativa própria e serem estimulados a aprimorar e trabalhar em novos projetos de desenvolvimento. Por esse motivo, a empresa consegue atrair e reter pessoas motivadas que gostam de melhorar e desenvolver coisas e valorizam a liberdade e a autonomia. Essa situação transforma-se então em um ciclo autossustentável: a autonomia e a delegação de poderes geram sucesso e atraem mais pessoas talentosas, e essas pessoas são então estimuladas e capacitadas para ser sucesso.

Além disso, pode-se dizer que um dos pontos positivos mais importantes da empresa Google seja sua capacidade de reconhecer o valor do insucesso e do caos. Isso é demonstrado mais visivelmente por seu ponto de vista a respeito de desenvolvimento de produtos, que é lançar uma variedade de produtos na expectativa de que alguns se tornem "campeões em venda". (Obviamente, isso também depende de sua capacidade de reconhecer um campeão e maximizá-lo o mais rápido possível.) Essa forma de trabalhar oferece *insights* valiosos que podem ser realimentados em desenvolvimentos futuros. Além de resultar diretamente em novos produtos, o frenesi criativo oferece o benefício indireto de desenvolver uma cultura não apenas inovadora, mas dinâmica, bem informada e determinada.

Mudando atitudes, elevando as expectativas.

Outro desafio para os líderes é reconhecer que hoje, mais do que nunca, os funcionários têm expectativas elevadas. Eles são, particularmente, mais esclarecidos e mais bem informados, e esperam mais do que ter que seguir um líder unidimensional, mas, sim, alguém que consiga "navegar" em uma conjuntura de risco e incerteza.

*O mundo do trabalho está mudando significativamente — ele sempre mudou e, pelo menos no futuro próximo, continuará. Nos próximos anos, por exemplo, várias empresas ocidentais serão desafiadas por uma onda de aposentadorias à medida que os **baby-boomers** deixarem a força de trabalho. Em 2012, aproximadamente um dentre três trabalhadores norte-americanos terá mais de 50 anos de idade.*

Nos últimos 50 anos, houve grande avanço na educação, maior liberdade de expressão e pensamento, maior igualdade, erosão de hierarquias tradicionais e da condescendência, maior mobilidade social e geográfica da mão de obra e muitas outras mudanças sociais. Há um século, milhões de pessoas trabalhavam em fábricas imensas e intimidadoras e aceitavam a estrutura de administração hierárquica e paternalista. Elas formavam sindicatos para proteger seus direitos e sua subsistência. Os gerentes dirigiam e controlavam em grande escala e a arte e a ciência da administração tomaram forma. Quando instruídas a lutar e, se necessário, morrer durante as duas guerras mundiais, as pessoas obedeciam. Hoje, os sindicatos são mais fracos, as fábricas empregam uma quantidade consideravelmente menor de pessoas, as pessoas empregadas tendem a ser mais qualificadas e instruídas, as hierarquias são mais niveladas e a lealdade ao empregador e a outras instituições é menos intensa. Por exemplo, é difícil imaginar no mundo desenvolvido milhões de recrutas marchando para a guerra tal como o fizeram duas vezes no século XX — e isso não apenas porque a natureza da arte de guerra mudou. No ambiente de trabalho, a mudança social exigiu a habilidade de gerenciar mudanças, demonstrar liderança, desenvolver equipes, ser inovador, gerenciar o conhecimento e possibilitar um trabalho flexível que beneficie tanto as organizações quanto as pessoas que trabalham para elas.

Além disso, mais do que nunca, mais mulheres são empregadas e muitas desejam carreiras flexíveis. Elas não são as únicas a querer isso: os homens também querem maior flexibilidade. As tendências demográficas nos países desenvolvidos indicam que as populações estão envelhecendo; um número cada vez maior de pessoas opta por (ou precisa) trabalhar após a idade tradicional de aposentadoria — com frequência meio período.

Se olharmos além do mundo desenvolvido, veremos que as corporações estão adotando diferentes pontos de vista sobre as economias mundiais em desenvolvimento. Durante a última metade do século XX, a lógica prevalecente no mundo dos negócios era de que nações como Índia, China, Brasil e outros países da Ásia, América Latina e Europa Central eram fontes imediatas de mão de obra barata e de novos mercados potencialmente lucrativos, visto que suas economias estavam em expansão. Entretanto, com a globalização, as corporações perceberam que nesses países existem bancos de pessoas talentosas e competentes. Pode-se dizer que faz relativamente pouco tempo que as empresas começaram a perceber o potencial da mão de obra qualificada em outras partes do mundo que antes ignoravam.

As atitudes das pessoas estão também mudando constantemente, geração após geração. Por exemplo, cada vez mais as pessoas estão reconhecendo que não existem mais **"empregos para a vida toda"**. Seja como for, um número crescente de funcionários ocidentais relata que eles não querem permanecer no mesmo emprego durante toda a sua vida profissional. Os indivíduos tendem a ter vários ou até inúmeros empregadores ao longo da carreira. Além disso, eles estão mudando suas atitudes em relação ao trabalho. Estudos realizados pela Comissão da União Europeia e pelo Departamento de Trabalho dos EUA ressaltaram que o número de horas médias trabalhadas é maior do que costumava ser e que as pessoas estão preparadas para trabalhar em horários flexíveis. Em troca, elas esperam maior satisfação no trabalho, remuneração mais alta, maior reconhecimento pessoal e um ambiente de trabalho mais flexível.

Um indivíduo que talvez venha a ser considerado um profeta de pensamento inovador quanto às atitudes novas e variáveis com relação ao emprego e à liderança é o desafiante brasileiro Ricardo Semler. Sua empresa, a Semco, no início uma empresa de fabricação de centrífugas que lutava pela sobrevivência, em poucos anos transformou-se em uma corporação lucrativa, inovadora e notável por meio da aplicação agressiva de políticas e procedimentos de trabalho que reconheciam sistematicamente que os padrões de trabalho estavam mudando.

Semler defende uma visão amplamente aceita de que as pessoas podem participar de uma democracia local e nacional, contribuir para a comunidade, criar

188 A Verdade sobre o Talento

filhos, expressar-se por meio de *hobbies* e outras atividades e ter acesso na ponta dos dedos ao conhecimento e potencial proporcionado pela Internet — elas são **valiosas e únicas**. Contudo, quando elas vão para o trabalho com frequência são tratadas, em **massa**, como **robôs**. Diante disso, Semler começou a procurar formas de reconhecer, respeitar, recompensar e libertar seus funcionários. Para ele, a resposta não era simplesmente enxertar a delegação de poderes e autonomia na estrutura hierárquica existente. Na verdade, ele adotou uma postura mais radical, dando autonomia aos funcionários (se assim eles quisessem) para fazer descobertas, discutir e ajudar a estabelecer o rumo da empresa e, também, a implantar essa visão. Por exemplo, os funcionários podiam decidir que rumo a empresa deveria tomar, quais deveriam ser suas metas, os níveis salariais e muitas outras questões tradicionalmente deixadas a cargo dos altos executivos. Essa postura permitiu que os talentos existentes em toda a empresa florescessem. Além disso, os funcionários eram pagos não de acordo com a hierarquia ou *status*, mas com base em seu valor real — isto é, na **escassez** — e no que eles faziam. Tudo isso pode se parecer com uma utopia socialista impraticável, mas isso, na verdade, atribuiu uma responsabilidade individual bem maior aos funcionários da Semco, uma responsabilidade que eles aceitaram prontamente. As pessoas passaram a ter maior poder de opinar sobre os destinos da empresa e um controle bem maior sobre seu próprio destino, e por isso elas reagiram positivamente.

Semler reconhece as dificuldades inerentes dessa postura. "A princípio, foi difícil para nós. Mas com muita comiseração e muitas consultas o choque do desregramento começou a diminuir, e nossos gerentes de nível médio começaram a tirar a armadura. Eu sempre digo a eles que uma tartaruga pode viver centenas de anos porque é bem protegida por seu casco, mas que ela só anda quando põe a cabeça para fora", salienta Ricardo Semler.

Curiosamente, os pontos de vista de Semler sobre mudança dos padrões de trabalho estenderam-se para a sua vida pessoal. Ele estabelece suas prioridades diárias e trabalha para cumpri-las diariamente; quando conclui, pode ir para casa e curtir a família. Dependendo dos acontecimentos e do andamento dos trabalhos, ele pode finalizá-las na hora do almoço ou no meio da noite, mas o que ele de fato não faz é criar uma lista longa e interminável de tarefas para concluir. Se os gerentes fizerem isso, acredita ele, estarão simplesmente se pressionando em demasia, o que gera desmotivação, avaliações deficientes e menor desempenho.

As organizações estão mudando.

As pressões competitivas por maior flexibilidade, produtividade e controle de custo estão forçando as organizações a mudar sua forma de empregar as pessoas, ao passo que mudanças sociais e demográficas estão mudando o que as pessoas desejam e esperam do trabalho. Embora filósofos como Karl Marx acreditassem em uma dissidência fundamental entre as necessidades do empregador e as necessidades do trabalhador, na verdade seus interesses são simbióticos. Ambos precisam e valorizam um ao outro.

Essa maior flexibilidade exige que as pessoas tenham várias qualificações: não apenas nas tarefas que elas realizam, mas também nos níveis nos quais elas trabalham. Consequentemente, as estruturas de gestão precisam mudar para que estejam aptas a coordenar, responder e aprender. É indispensável que as organizações burocráticas mudem e sejam mais flexíveis. A meta premente é focalizar a **aprendizagem organizacional adaptativa**, em que a percepção e interpretação das mudanças no ambiente externo são uma rotina e a capacidade de reagir rapidamente e eficazmente é uma constante. Os funcionários devem ser treinados nas habilidades que eles precisarão. Os sistemas de remuneração precisam estimular as pessoas a adquirir e empregar novas habilidades.

Para serem mais produtivas, as organizações precisam ter as pessoas certas e os recursos certos no momento certo. Elas devem igualmente instilar uma cultura que incentive a aprendizagem e a melhoria contínua. Isso gera obrigações importantes e relativamente novas para os tomadores de decisões. Dentre os vários fatores que ajudam a aumentar a produtividade, as técnicas de mensuração têm sido consideradas cada vez mais importantes, daí a popularidade a partir da década de 1990 do *benchmarking* (parâmetro comparativo), do método de indicadores de desempenho balanceados (*balanced scorecard*) e dos indicadores-chave de desempenho (*key performance indicators* — KPIs). David Norton, coautor de *The Balanced Scorecard* (*A Estratégia em Ação*) com Robert Kaplan, fala sobre a necessidade de gerenciar as coisas antes de medi-las. O professor Donald Marchand, coautor de *Making the Invisible Visible* (*Tornando o Invisível Visível*), leva esse ponto de vista mais adiante, falando sobre a necessidade de ver alguma coisa antes de medi-la para então conseguir gerenciá-la. A pesquisa do professor Marchand, conduzida na escola de Negócios IMD, em Lausanne, na Suíça, não tem similar no que tange à identificação do vínculo entre investimento em pessoas, informação e tecnologia e desempenho financeiro. Essa ênfase sobre a mensuração está sendo abraçada por uma gama diversa de organizações no mundo inteiro.

O conhecimento conta.

Tornou-se evidente que o que importa para o futuro são as habilidades e o conhecimento coletivos de uma organização e como eles são nutridos, gerenciados e desenvolvidos. Isso não quer dizer que os **trabalhadores do conhecimento** que constituem fontes raras e exclusivas de ideias excederão em número os outros tipos de empregado. Na verdade, significa que o sucesso e até mesmo a sobrevivência das organizações dependerão cada vez mais do desempenho dos respectivos trabalhadores do conhecimento. Thomas Stewart, autor de *Intellectual Capital* (*Capital Intelectual*) e um escritor proeminente nessa área, fez a seguinte observação: "O conhecimento tornou-se o fator mais importante na vida econômica. Ele é o principal ingrediente do que compramos e vendemos, a matéria-prima com a qual trabalhamos. O capital intelectual — e não os recursos naturais, o maquinário ou mesmo o capital financeiro — tornou-se o único patrimônio indispensável das organizações." (Reproduzida com permissão de Nicholas Brealey).

Portanto, o que se pretende dizer exatamente com o termo trabalhador do conhecimento? O guru da administração Peter Drucker foi quem introduziu em termo em seu livro *The Age of Discontinuity* (*A Era da Descontinuidade*), em 1969. Reconhecendo que o "homem corporativo" não duraria para sempre, Drucker percebeu a supremacia do profissional de gerência altamente capacitado e inteligente, que tem consciência de seu próprio valor e de sua contribuição para a organização. O trabalho do conhecimento é largamente especializado e, por isso, pode fragmentar as organizações. Considere a amplitude e profundidade das habilidades e do conhecimento necessários para gerenciar uma cadeia de lojas de varejo, um hospital, uma universidade, uma fábrica de automóveis, uma empresa farmacêutica ou uma empresa de alta tecnologia. Quanto maiores o escopo e a complexidade do que podemos realizar e do que nossos clientes esperam, maior é a dificuldade para coordenar esse conhecimento especializado e fazê-lo seguir a direção apropriada. A tarefa de empregar o conhecimento para conseguir isso é crucial.

O conhecimento representa tanto propriedade/posse/domínio (por parte do trabalhador do conhecimento) quanto poder — uma fonte decisiva de vantagem competitiva. Segundo Lew Platt, ex-diretor executivo da Hewlett-Packard (HP): "Se a HP conhecesse antes o que hoje conhece, seria três vezes mais lucrativa!". Tendo em vista a capacidade de encontrar, reter e analisar informações, impulsionada pelo avanço da tecnologia e da Internet no mundo inteiro, fontes novas e decisivas de vantagem competitiva surgiram.

Daí emana o conceito de **capital intelectual**, isto é, um patrimônio criado do conhecimento. Como Thomas Stewart ressalta: "A inteligência transforma--se em patrimônio quando é criada alguma ordem útil do fluxo livre da capacidade intelectual. O intelecto organizacional transforma-se em capital intelectual somente quando pode ser utilizado para fazer algo que não poderia ser feito se ele permanecesse espalhado como tantas moedas na sarjeta." (Reproduzida com permissão de Nicholas Brealey). Esse é outro desafio para a liderança que não era evidente nas gerações anteriores.

Uma nova abordagem sobre liderança.

A história do mundo dos negócios está cheia de influências de pessoas carismáticas e visionárias como Henry Ford, Alfred Sloan, Akio Morita, Harold Geneen, Richard Branson, Jack Welch, Herb Kelleher, Warren Buffett e Bill Gates. Entretanto, hoje, os empresários carismáticos não têm tanta influência sobre o ambiente de negócios. Até certo ponto, eles podem ditar a pauta, focalizar e direcionar, mas eles estão bem mais vulneráveis aos desafios da maior globalização, da complexidade crescente, da necessidade de inovação e da elevação das expectativas dos funcionários, dos clientes e das sociedades. Os líderes carismáticos sempre serão motivo de inspiração, mas as organizações que eles representam provavelmente terão sucesso somente se houver líderes competentes, bem preparados e imaginativos para apoiá-los. Essa equipe precisa compreender não apenas seu ambiente — os mercados atendidos e como eles estão mudando; ela precisa também utilizar esse conhecimento para fundamentar seus planos e decisões pessoais e igualmente seu estilo de conduzir e gerenciar outras pessoas.

A liderança tem várias funções vitais: por exemplo, envolver as pessoas e ajudá-las a ter o melhor desempenho possível; orientar seu trabalho; conceder--lhes autonomia e poderes para que possam ir mais longe e realizar mais; oferecer orientações, *coaching* (aconselhamento) e possibilidade de desenvolvimento de habilidades aos membros da equipe; desenvolver relações profissionais; promover a mudança de comportamentos e atitudes; gerenciar conhecimentos, informações, tecnologia, projetos e finanças; estimular o trabalho em equipe, a inovação, a tomada de decisões, a resolução de problemas, o atendimento ao cliente; garantir que os processos funcionem da melhor forma possível para o benefício dos clientes atuais e em potencial; e muitas outras funções. Várias funções dos líderes dependem da natureza da atividade que eles têm de realizar, bem como da situação específica e das pessoas que eles estão liderando.

Isso pode parecer óbvio — possivelmente até desgastado. Afinal de contas, muito já se escreveu a respeito de liderança, em vários contextos distintos. **Então, o que há de novo a dizer?** Para nós, entretanto, refletir sobre liderança é um pouco como olhar para o céu e verificar as condições do tempo. Ele está sempre ali e é fácil considerá-lo algo natural e subestimar seu valor. Pensamos que sabemos tudo o que há para saber (ou pelo menos os pontos mais importantes), mas a verdade é que não sabemos: ele é imprevisível, brilhante e vital, diferente em diferentes partes do mundo e em momentos variados e sempre muda ao longo de uma série de horizontes de tempo.

É por esse motivo que um dos componentes vitais de uma organização que leva o talento a sério é o fato de ela levar a liderança a sério. Os dois conceitos estão entrelaçados e a formação de uma organização de talento depende totalmente de líderes de talento.

Um caso de negócios

O argumento de negócios (*business case*) para a formação de líderes de talento apoia-se na experiência, o que leva a crer que as pessoas estão malpreparadas para lidar com os desafios organizacionais e de negócios do século XXI. Poderíamos utilizar como evidência o período de 1999 a 2009, que inclui fases de crescimento econômico contínuo entremeadas com uma instabilidade de mercado e pontuadas pela maior recessão global desde 1945. Os empresários produziram resultados de curto prazo, mas não demonstraram a coragem ou a avaliação pessoal necessária para fazer sistematicamente a coisa certa diante das necessidades conflitantes das partes interessadas, da pressão constante por desempenho e da necessidade de manter as pessoas envolvidas e motivadas no trabalho.

A ideia de que um mundo em constante transformação precisa de uma liderança mais competente é comprovada pela questão sempre fundamental da confiança. Admitamos por um momento que a vida é mais complexa agora do que na década de 1950. Hoje podemos nos comunicar mais rapidamente e facilmente, transpondo fronteiras geográficas e de tempo, em virtude da Internet. Nosso poder aquisitivo é maior e, portanto, temos mais opções, nossa atitude em relação ao dinheiro mudou consideravelmente e houve mudanças sociais (como diminuição dos níveis hierárquicos, vida profissional mais longa, atitudes mais liberais). Tudo isso significa que as oportunidades para que a confiança seja relevante em nossa vida diária são maiores agora do que antes. Além disso, poucos de nós vivem em sociedades homogêneas e, por isso, precisamos confiar em pessoas que não conhecemos e cujos antecedentes e cuja cultura não nos são familiares.

Desse modo, supondo que em 1950 nós confiássemos nas pessoas ou nas situações durante 80% do tempo e que tivéssemos em média dez oportunidades por dia de decidir se deveríamos ou não confiar em alguém ou em algo, isso quer dizer que duas vezes por dia preferíamos não confiar. Hoje, no século XXI, provavelmente temos 100 oportunidades por dia para decidir se devemos ou não confiar em alguém ou em algo. Talvez continuemos confiando nas coisas durante 80% do tempo, mas isso significa que 20 vezes por dia preferimos não confiar. O número de opções por não confiar parece bem maior e, em termos reais, obviamente, ele é, mas não no contexto de tudo o que ocorre ao nosso redor.

Além desse argumento quantitativo, existe um argumento qualitativo. Pelo fato de a frequência das decisões sobre confiar ou não ter aumentado à medida que o mundo foi ficando mais complexo, precisamos pensar mais a respeito disso, e nossas chances de tomar as decisões erradas são maiores. Até mesmo uma decisão errada de confiar em alguém ou em algo, dentre 99 corretas, pode ser desastrosa, e é por isso que a confiança é tão importante.

As pessoas são a resposta (especificamente sua cabeça, coração c instinto). Portanto, como os líderes podem acompanhar o ritmo e ter êxito nesse mundo de rápidas mudanças que descrevemos? Nossa busca por uma solução nos leva a enfocar novamente a cabeça, o coração e o instinto, descritos por David L. Dotlich, Peter C. Cairo e Stephen H. Rhinesmith. A dificuldade é que os líderes muitas vezes se valem exclusivamente de uma única qualidade: **análise de dados** e **análise racional**, **vínculo emocional** ou **coragem**, mas não as três. Focalizar apenas uma dessas dimensões significa ignorar outros aspectos necessários para um sucesso duradouro. Se você confiar em seu rigor analítico, pode ser visto como alguém insensível ou antiético ou talvez não tenha capacidade para reagir a circunstâncias fora dessa gama estreita de situações. Se você tentar criar uma cultura compassiva, talvez perca oportunidades que um líder mais estratégico teria visto. Valer-se somente da coragem de sua convicção e obstinação pode levá-lo a subestimar as consequências negativas para as pessoas que você está tentando liderar.

Pior do que isso, adotar apenas uma dessas posturas de liderança, em vez de associá-las e utilizá-las no momento certo, tem consequências negativas. Especificamente, os líderes intimidam as pessoas com seu intelecto, complicam as coisas ao ampliar os problemas ou dominam as conversas. Eles mudam de rumo sem serem transparentes, não associam a experiência das outras pessoas ao destino da empresa e promovem o desempenho sem incorporar outros valores, como honestidade, compaixão e confiança.

Mais do que nunca, os líderes estão gerenciando situações complexas e grupos de interesse que exigem uma variedade maior de atributos de liderança. Eles estão enfrentando decisões para as quais não existem soluções "corretas". Eles ainda precisam aprender a lidar com os paradoxos, em vez de tentar resolvê-los. Às vezes eles terão de agir anti-intuitivamente e outras vezes precisarão confiar em seus instintos. Não é possível lidar com essas situações difíceis e inconstantes se a cabeça, o coração e o instinto de um líder não estiverem trabalhando em conjunto.

Conhecendo seu estilo de liderança.

Todos têm um estilo de liderança natural e uma propensão a confiar no intelecto, na emoção ou na coragem. Embora isso tenda a ser fixo, o que muda e se desenvolve é uma disposição a pensar em opções que não se encaixam com seu estilo natural e uma capacidade para experimentar novas formas de liderar as outras pessoas.

A liderança que visa ao desenvolvimento dos talentos na empresa exige autoconsciência e que o líder conheça seu próprio estilo — como ele se comporta e as consequências para os outros ao seu redor, tanto internamente quanto fora da organização. Essa postura baseia-se no ponto de vista de que a liderança é situacional: é necessário ajustar o estilo para enfrentar desafios específicos. Por exemplo, uma postura que funciona bem com um grupo de pessoas talvez não funcione bem com um grupo diferente. Para determinar qual postura é mais adequada, é preciso levar em conta: o tipo de pessoa que se está gerenciando e o tipo de atividade que ela está realizando.

Conhecendo os diferentes estilos de liderança.

Estilos de liderança diferentes são apropriados em momentos diferentes. Os principais estilos são descritos a seguir (Tabela 9.1).

Tabela 9.1 – Os diferentes estilos de liderança.

Estilo de liderança	Características
Orientadora ou diretiva (explica) Exige estrutura, controle e supervisão, comunicação unidirecional.	Esse estilo é eficaz quando a equipe é nova, temporária ou está se formando. O líder é participativo e prático, decisivo e tem envolvimento com as necessidades da atividade e da equipe. Ele orienta a equipe e ressalta a importância das atividades e dos prazos.
Coaching **(envolve)** Exige orientação e apoio e habilidades para ensinar.	Esse estilo com frequência tem preferência quando os membros da equipe já trabalharam em conjunto por algum tempo e desenvolveram conhecimentos e competências. Ele funciona quando é necessário um equilíbrio entre questões de curto e longo prazo. O líder precisa monitorar a consecução das metas, mas fatores de longo prazo, como redes de comunicação e processos de tomada de decisões, são também fundamentais.
Apoiadora (desenvolve) Exige elogios, atenção e viabilização do desenvolvimento.	Esse estilo é adequado para uma situação para que uma equipe continue tendo um bom desempenho. O líder concedeu autonomia à sua equipe e não está mais envolvido com o desempenho de curto prazo e com as medidas operacionais. Além disso, o desempenho de longo prazo é significativo, caso em que o líder procura concentrar-se no desenvolvimento dos indivíduos e da equipe, no planejamento e na inovação.

Estilo de liderança	Características
Delegadora (facilita "sem interferir") Exige a transferência de responsabilidade com relação a decisões de rotina.	Esse estilo "sem interferências" funciona melhor quando a equipe é extremamente experiente e bem-sucedida. A equipe funciona bem com pouquíssimo envolvimento do líder; na realidade, a função da liderança com frequência é trabalhar externamente em prol da equipe, desenvolvendo redes, obtendo recursos, compartilhando melhores práticas e *know-how*. Os líderes podem intervir na equipe, se solicitado, para ajudar a definir problemas e encontrar soluções ou se surgir algum problema.

O sucesso do líder depende da utilização do estilo correto no momento correto. A liderança situacional inspira-se em quatro estilos de gestão: orientadora ou diretiva, *coaching* (envolvimento e aconselhamento), apoiadora e delegadora. Adapte sua postura para se adequar a cada situação.

Todos esses estilos são eficientes em momentos diferentes. A postura diretiva é mais apropriada quando o líder precisa dizer às pessoas o que elas devem fazer, talvez em um momento de crise ou quando se está lidando com problemas complexos de pessoal. Esse estilo deve ser utilizado somente em circunstâncias excepcionais. Os estilos delegador, apoiador e de *coaching* podem ser vistos como uma postura democrática, em que o líder procura obter consenso e envolver a equipe. Isso funciona melhor quando o líder precisa obter o comprometimento da equipe com um plano de ação.

Para desenvolver seu estilo de liderança, é necessário ter noção do impacto de seu comportamento e então adaptar seu estilo para que tenha sucesso. Existem várias maneiras de explorar isso, do *coaching* aos testes psicométricos ou utilizando as avaliações de 360 graus.

De uma forma mais direta e franca, faça sobre si estas três perguntas à sua equipe:

- O que eu faço bem feito?
- O que está faltando para você?
- O que eu preciso melhorar?

Você pode se surpreender com as respostas obtidas. Isso representa um afastamento da antiga hierarquia em que o líder precisa saber todas as respostas. Além disso, desloca a relação de poder entre você e seus colegas para uma relação mais em **pé de igualdade**. Esse tipo de liderança exige uma postura que é mais parecida com a de um **condutor de orquestra** do que com a de um **general**. Temos consciência de que isso será mais difícil particularmente se você sempre tiver se considerado o **"chefe"** e tiver desfrutado da autoridade desse comando. Reflita sobre o que está desencadeando essa necessidade de estar "no comando" e avalie os benefícios de liderar uma equipe que pensa e age de maneira mais autônoma.

De acordo com nossa experiência, quando as pessoas se conscientizam de seu desenvolvimento nessas áreas, com frequência concluem que podem se concentrar em seus pontos fracos em vez de se valer de seus pontos fortes. Os bons líderes são aqueles que têm consciência de suas fraquezas e tomam medidas para minimizá-las. Entretanto, os líderes excepcionais utilizam seus pontos fortes e criam uma marca de liderança distintiva. Eles sabem quando e como empregar suas aptidões e estão atentos para não as fazer parecer melhor do que são. Uma capacidade excepcional para a análise, por exemplo, não é apropriada quando o que se precisa é de ação. A questão básica, nesse sentido, é procurar se tornar um líder **pleno** e **ágil** e refletir conscientemente sobre como seu comportamento afeta as pessoas ao seu redor.

Em conclusão, seu estilo pessoal e seus comportamentos baseiam-se em suas crenças básicas e em seu senso de propósito. Isso representa a essência do que você é. Portanto, vale a pena refletir sobre como isso se tornou importante para você e se ainda é relevante para quem você é no presente.

Levando a liderança a sério.

Atualmente, muitas empresas ainda desenvolvem seus líderes do mesmo modo que faziam quando as necessidades em relação à liderança eram diferentes. Por exemplo, muitas vezes elas utilizam o método de treinamento tradicional em sala de aula, concentrando-se quase exclusivamente na **aprendizagem cognitiva**. Mesmo quando são utilizados métodos mais eficazes e imaginativos (como o trabalho por projetos ou atribuições temporárias), o risco é que as pessoas retrocedem para seu antigo estilo de fazer as coisas quando voltam para o local de trabalho. Entretanto, para desenvolver líderes competentes, as empresas precisam se afastar desse método tradicional e abraçar um estilo de trabalho mais holístico.

Desafios universais, como negociação, tomada de decisões e comunicação, exigem que os líderes associem e exibam capacidade intelectual, inteligência emocional e coragem. Infelizmente, os programas tradicionais de desenvolvimento de liderança não conseguem ajudar as pessoas a aprender a integrar esses três elementos. Além disso, os processos de contratação, remuneração e reconhecimento normalmente enfatizam a importância da competência de gestão.

E, como afirmamos anteriormente, o jogo mudou; é necessário dar prioridade à questão da agregação de valor por parte de todos os funcionários, e a responsabilidade do líder é conseguir isso para a organização e seus acionistas — e não simplesmente mudar os recursos de A para B.

A abordagem sistêmica significa afastar-se dessa superdependência para com o desenvolvimento de liderança em sala de aula e examinar uma série de atividades que lide com cada elemento da **ecologia do talento** de sua organização. Para tanto, é vital que você:

1. **Reveja** a estratégia empresarial e entenda claramente quais são as aptidões necessárias a curto, médio e longo prazo.
2. Forme um **quadro abrangente** das forças externas que afetam o desempenho da sua empresa. Converse com os clientes e vá ao encalço dos concorrentes! É impressionante como um líder pode se tornar **introspectivo** quando se preocupa exclusivamente em dar conta do serviço. Certa vez tivemos oportunidade de ver uma sala cheia de gerentes bancários cair em silêncio quando lhes foi pedido para dizer qual era a taxa de juros sobre um empréstimo hipotecário de um concorrente que ficava no centro comercial da cidade. Do ponto de vista do cliente, é essencial que você compreenda como as pessoas experimentam sua marca, produto, serviço ou campanha. Até que ponto foi fácil comprar seu produto ou serviço? O produto cumpre o que promete? Você voltaria a comprá-lo ou o recomendaria? Essas perguntas não devem estar apenas sob o domínio do departamento de *marketing*. Elas oferecem *insights* fundamentais sobre o desempenho de sua organização e as capacidades que os líderes e a força de trabalho como um todo precisam ter.

Diferentes combinações de posturas que utilizam a cabeça, o coração e o instinto são necessárias para diferentes situações. Além disso, à medida que as pessoas se deslocam pelos diferentes níveis da organização, elas precisam adaptar seus comportamentos e valores na mesma proporção.

3. Fique **atento aos problemas sistêmicos** que influenciarão na maneira como as pessoas se envolverão com as atividades de aprendizagem e utilizarão essa aprendizagem no local de trabalho. Isso significa expor os possíveis obstáculos — por exemplo, uma cultura organizacional avessa ao risco — que impedem que os líderes demonstrem comportamentos emocionais ou instintivos ou pensem em soluções possivelmente contrárias a essa cultura. Esse processo fundamental com frequência é negligenciado. A necessidade é clara: que sentido faz estimular um líder a pensar e comportar-se diferentemente, flexivelmente e de uma forma que possa estar à altura dos desafios cambiantes que ele encontra, se a expectativa dos chefes é de que ele atue da mesma e velha maneira de sempre?

4. **Envolva o comitê de executivos**. Isso está intimamente relacionado com a questão anterior: para a liderança ter êxito, ela precisa permear consistentemente toda a organização e todos precisam compreender e reconhecer a necessidade da postura que utiliza a cabeça, o coração e o instinto. Envolvimento não tem a ver apenas com revisão de desempenho e aprovação. Os altos executivos precisam se envolver com os detalhes e compreender que consequências eles terão para a organização. De acordo com nossa experiência, eles estão mais do que dispostos a fazer isso. Contudo, em vista de sua carga de trabalho, eles necessitam de um claro argumento de negócios (qualitativo e quantitativo) e também de um tempo exclusivo para configurar a pauta de políticas organizacionais. Além disso, é aconselhável que toda a equipe se envolva, indique por que é necessário prosseguir e responsabilize-se pelo projeto.

5. **Ensine seus líderes a ensinar**. Os bons líderes têm imensa influência sobre o desenvolvimento do talento. Entretanto, com frequência isso tem mais a ver com sorte do que com tino, e as pessoas que sabem fazer isso bem lhe dirão que é apenas "algo que elas sempre fizeram". É impressionante que as ferramentas para o bom desenvolvimento de talentos estejam cada vez mais concentradas no departamento de RH ou a cargo de consultorias externas terceirizadas. É recomendável ressaltar a importância dessa questão introduzindo técnicas de indução/orientação e ressaltando o comportamento inspirado em modelos nas conversas sobre desempenho.

6. Com relação à **indução** e **orientação** de novos líderes, é também impressionante perceber que isso raramente funciona como deveria. Tal como salientamos no **"ciclo fatal dos talentos"**, algumas empresas estimam que 25% dos novos altos executivos contratados deixam a empresa após o primeiro ano.

200   A Verdade sobre o Talento

Além disso, os indivíduos que conseguem promoção dentro da organização raras vezes recebem apoio para fazer essa transição eficientemente. Esses são dois momentos fundamentais na experiência de um funcionário com relação à proposição de valor da organização aos funcionários. O sucesso ou fracasso quanto à eficiência futura e ao grau com que os funcionários compartilham seu potencial com a organização é determinado por esses dois momentos.

7. Utilize o **desenvolvimento de liderança** como uma ferramenta para a melhoria da empresa. Os indivíduos que estão desenvolvendo suas habilidades de liderança podem chamar a atenção da alta administração para os problemas sistêmicos se oferecerem um *feedback* honesto e incisivo.

8. Lembre-se de estabelecer a **diversidade** na abordagem global. Isso significa ser claro a respeito das aptidões de liderança essenciais para a sua estratégia e dos diferentes estilos necessários para exercer essas aptidões. O contexto é fundamental. Além disso, é importante orientar os líderes sobre quando e como eles devem flexibilizar seus estilos. Com relação à diversidade de pessoas, analise quem está conseguindo posições de liderança e de que forma as promoções estão ocorrendo. Até que ponto a população de liderança de sua organização reflete a base de clientes desejada? O que pode estar impedindo que os grupos minoritários progridam?

9. **Personalize** a atividade de desenvolvimento de sua organização incorporando a postura **"cabeça, coração e instinto"**. Isso leva em conta a cultura e situação específicas e garante que esses três atributos sejam desenvolvidos de uma maneira mutuamente reforçadora. Seja realista quanto aos resultados de aprendizagem previstos; agarre-se àqueles que de fato fazem diferença e lembre-se de que cada pessoa terá uma postura diferente em relação a isso. Portanto, dê espaço para que os indivíduos explorem suas necessidades pessoais de desenvolvimento. Pense na possibilidade de utilizar ferramentas de aprendizagem mescladas (por exemplo, aprendizagem pela ação, mentoria, *podcasts*[*] e trabalho por projetos) para que os funcionários personalizem a experiência de aprendizagem. Vale a pena lembrar também que o veículo mais eficaz para a aprendizagem na verdade é o **ensinamento**. Portanto, experimente utilizar líderes que sirvam como modelos na atividade de desenvolvimento de novos líderes. De acordo com nossa experiência, os especialistas técnicos gostam de adotar a liderança

---

[*]   Conteúdo transmitido de arquivos sonoros ou Internet.

pelo conhecimento (*thought leadership*) e os altos executivos se predispõem a patrocinar atividades baseadas em projeto e mentoria.

10. Procure fazer com que a **cultura** e os **processos** funcionem para reforçar a necessidade de levar a liderança a sério. De que forma as pessoas são recompensadas e reconhecidas? O recrutamento e a promoção baseiam-se em critérios sólidos? Os líderes recebem autorização formal para liderarem outras pessoas? Com que frequência o conselho revê a qualidade dos líderes da organização?

As empresas devem ajudar os líderes a desenvolver sua capacidade de exibir cabeça, coração e instinto para que sejam líderes completos nos momentos certos e nas situações certas. Acreditamos que essa postura para liderar e envolver os talentos oferecerá uma solução inestimável e intelectualmente instigante para os líderes que desejam sair da zona de conforto no seu papel de liderança e corresponder aos desafios que se apresentam no século XXI.

O que a organização precisa fazer é desenvolver um método sistêmico e integrado, mas quais são as prioridades para o indivíduo? O que você deve fazer se quiser ter êxito em seu papel de líder no século XXI? Intelecto, inteligência emocional e coragem se associam, oferecendo em conjunto um foco vital para uma série de habilidade e técnicas. Isso é explicado mais detalhadamente no capítulo subsequente.

Reflexões sobre liderança.

Ao avaliar a qualidade e até que ponto seu estilo de liderança visa ao talento:

- Reflita sobre situações anteriores e sobre coisas que as pessoas lhe disseram, para compreender como você se comporta habitualmente.
- Pergunte a outras pessoas o que elas pensam a respeito de seu estilo.
- Verifique se você muda facilmente de um estilo para outro, de acordo com a necessidade, ou se você tem um estilo predominante.
- Procure o *feedback* de várias pessoas; seu gerente de linha, seus pares e seus subordinados diretos. Algumas ferramentas do *feedback* de 360 graus agora incluem amigos e familiares bem posicionados para fazer observações sobre diferenças em seu estilo no trabalho e em casa.

202 A Verdade sobre o Talento

- Examine criticamente o que as pessoas lhe dizem fazendo perguntas específicas. Por exemplo: seu estilo é extremamente formal, informal ou equilibrado? É um tipo de estilo que estimula e dá autonomia às pessoas? É prescritivo ou controlador? Que influência você tem sobre os outros? Por que e como ela poderia ser melhorada ou intensificada?
- Procure perceber seus pontos fortes e as qualidades que o tornam diferente. Pense nas características diferentes de seu estilo de liderança (*leadership signature*).* Elas refletem precisamente seu senso de propósito pessoal? Elas mobilizam suficientemente as outras pessoas a trabalhar com você?
- Quando você está nos seus melhores dias, você lidera com a cabeça, o coração ou o instinto? Em quais circunstâncias você talvez tenha exagerado em seu estilo e como poderia adaptá-lo para situações diferentes?
- Você tem certeza de seu próprio senso de propósito e de seu plano de carreira? Até que ponto suas crenças básicas influenciam seu comportamento em situações diferentes? Você está disposto a assumir riscos em circunstâncias ambíguas? Você se sente confiante para tomar decisões quando dispõe de poucas informações? Até que ponto você se interessa pelas motivações e aspirações das pessoas com as quais você trabalha? Até que ponto você está disposto a abrir mão dos conceitos tradicionais de *status*?

Ao longo dos anos, a coragem pode ser aprendida e as pessoas podem superar medos e aprender a assumir riscos, se elas tiverem consciência e praticarem comportamentos associados com cinco traços: propósito, vontade, rigor, risco e sinceridade. Os líderes não precisam demonstrar coragem o tempo todo — eles só precisam saber quando e como demonstrá-la em momentos decisivos.

- Pense em como suas crenças sobre talento foram moldadas? Elas provavelmente foram influenciadas pelas pessoas com as quais você trabalhou antes, pelos locais em que trabalhou e pelo código de sucesso específico das diferentes organizações. Sua ideia sobre talento é inclusiva ou exclusiva? Até que ponto isso é relevante para a empresa em que você trabalha no momento? Ela complementará a estratégia e fará a empresa prosperar?
- Qual é seu grau de conhecimento sobre a psicologia de desenvolvimento humano, motivação e aprendizagem adulta? Que novas técnicas você poderia experimentar para aumentar ainda mais a capacitação de sua equipe?

---

* N. da T.: Maneira exclusiva de um líder de fazer as coisas acontecerem.

Capítulo 10

Técnicas para concretizar o talento de toda a sua força de trabalho

"Com frequência se atribui a Michelangelo a frase: '**Em todo bloco de pe-dra ou mármore reside uma bela estátua: basta remover o excesso de matéria para revelar a obra de arte que há dentro dela.**' Se quiser-mos aplicar esse conceito visionário à educação, não faz sentido comparar uma criança com outra. Em vez disso, toda a energia deveria estar concen-trada na lapidação da pedra, em eliminar tudo o que obstrui as habili-dades de desenvolvimento, a mestria e a autoexpressão de toda criança.

Chamamos a esse processo de '**dar um 10**'. Podemos dar 10 a qualquer pes-soa em qualquer esfera da vida. Quando damos um 10, percebemos que estamos falando com as pessoas não com a postura de avaliar em que medida elas se comparam com nossos padrões, mas com uma postura de respeito que lhes dá espaço para se autorrealizar. Nossos olhos estão na estátua escondida na rustici-dade da pedra ainda não lapidada."

Rosamund Stone Zander, Benjamin Zander, *The Art of Possibility* (Harvard Business School Press, 2000, p. 26)

Tal como vimos no capítulo anterior, o século XX foi um período de grandes mudanças econômicas, tecnológicas e sociais. Muitas dessas mudanças são ní-tidas, óbvias e percebidas, mas algumas são menos perceptíveis, talvez porque elas tenham ocorrido durante períodos mais longos. Por exemplo, na década de 1990, vários acontecimentos importantes começaram a afetar como as pessoas são empregadas. Primeiro, a **globalização** começou a introduzir pessoas e so-ciedades inteiras na economia mundial de uma maneira nunca vista. Segundo, a **tecnologia** tem mudado profundamente nosso modo de trabalhar: o que fazemos e como fazemos. Na visão de Bill Emmott, ex-editor da revista *The Economist:* "O impacto da nova tecnologia é quase sempre superestimado a curto prazo e subestimado a longo prazo." Terceiro, as organizações estão **terceirizando cada vez mais as atividades relacionadas com gestão de pessoas**. Quarto, as organizações estão dependendo mais de pessoas que **não são funcionários em tempo integral nem permanentes**. Quinto, o **conhecimento** é tem sido reconhecido e valorizado de um modo que nunca se viu. E, por último, interligando todas essas questões, o fato de que os indivíduos têm sido vistos progressivamente não apenas como funcionários, mas como **pessoas valiosas que contribuem para o sucesso da organização**. Sua aptidão é um patrimônio e seu potencial é essencial para um crescimento sustentável.

Como discutimos no Capítulo 8, os grandes líderes devem ter habilidade para equilibrar intelecto, inteligência emocional e coragem — qualidades citadas por autores de negócios como David L. Dotlich, Peter C. Cairo e Stephen H. Rhinesmith no livro *Head, Heart and Guts: How the World's Best Companies Develop Complete Leaders* [*Cabeça, Coração e Instinto: Como as Melhores Empresas do Mundo Desenvolvem Líderes Perfeitos* (Jossey-Bass, 2006)]. Desse modo, enquanto líder, o que você pode fazer para de fato utilizar todos esses três atributos da maneira correta e no momento certo?

Este capítulo examina os elos vitais entre **liderança** e **talento** e responde várias questões:

Como você atrai pessoas qualificadas para a sua empresa e o que você pode fazer para que elas realmente concretizem todo o seu potencial?

Como você estimula, envolve e inspira pessoas de todos os níveis a atingir a excelência?

Qual apoio prático as pessoas de fato desejam no trabalho e o que elas obtêm?

Sobretudo, como você pode desenvolver uma equipe de trabalho dinâmica, ajudar as pessoas a concretizar seu potencial e possibilitar que elas tenham êxito?

Na verdade, ter habilidade para mobilizar pessoas talentosas exige grande discernimento e capacidade. Quando a questão diz respeito à relação entre trabalho, liderança e sucesso nos negócios, os elos são complexos, mas inegáveis e imensamente significativos.

Liderando com o coração.

De que forma você lidera com o coração? O que isso significa e exige na prática? A resposta é simples: o segredo é valer-se dos **sentimentos** e das **emoções** nas decisões de negócio, de um modo proveitoso e sustentável. Muitos líderes acreditam que a remuneração é o fator de motivação mais importante para as pessoas. Entretanto, estudos sobre a postura dos funcionários demonstram que na verdade o mais importante para as pessoas é a **qualidade do ambiente** em que trabalham, como elas são tratadas pelo chefe e se seu trabalho é significativo e contribui para o sucesso da organização. Afinal de contas, diz-se com frequência que as pessoas não abandonam a empresa, mas seus chefes. Várias medidas são importantes quando se lidera c om o coração.

Equilibre as necessidades dos indivíduos e da empresa.

'Obviamente, existe uma pressão cada vez maior para que os líderes tenham melhor desempenho. Porém, embora o foco **"sem coração"** e obstinado sobre os resultados possa atender às necessidades empresariais de curto prazo, essa postura acaba com o moral da empresa, aumenta a rotatividade de funcionários e não obtém um comprometimento verdadeiro para com a empresa. A capacidade de promover a abrangência ou "inclusividade" e de ser empático pode ter um impacto excepcional sobre o desempenho, particularmente a longo prazo.

Para desenvolver maior empatia e compreender melhor as emoções alheias, é necessário adquirir o hábito de pedir a opinião das pessoas e então aproveitá-las. É necessário também refletir sobre como e por que elas estão dizendo uma determinada coisa — e o que elas não estão dizendo. Em suma, para saber como as pessoas se sentiriam, precisamos refletir sobre como nos sentiríamos na mesma situação.

Procure se conhecer e relacione-se emocionalmente com os outros.

A inteligência emocional faz uma enorme diferença na capacidade de um indivíduo de liderar e influenciar. Os benefícios de manter um equilíbrio entre pessoas e resultados são sustentabilidade duradoura, inovação (as pessoas não têm medo de contestar as formas convencionais de realizar as coisas) e maior integração e interligação entre grupos para que as coisas aconteçam.

Desenvolver a autoconsciência é uma qualidade de liderança fundamental e perene e um ponto de partida vital. Para ter êxito no trabalho e construir sua carreira, você precisa desenvolver sua autoconsciência e perceber qual é seu estilo: como você se comporta e as consequências de seu comportamento sobre as pessoas ao seu redor, tanto dentro quanto fora da empresa. As pessoas autoconscientes

- sabem como se sentem e como tendem a reagir;
- percebem quais são as vantagens e as possíveis armadilhas do entusiasmo e da emoção;
- reconhecem e desenvolvem seus pontos fortes e procuram oportunidades para se superar;
- exibem inteligência emocional — elas são sensíveis aos sentimentos alheios e têm a habilidade de influenciar pessoas.

O primeiro passo é observar com atenção as emoções — as suas e as dos outros. Não obstante o fato de nossos estados de ânimo estarem diretamente relacionados com nossos pensamentos, raras vezes prestamos a devida atenção aos nossos sentimentos. Isso é fundamental porque nossas experiências emocionais anteriores oferecem um contexto para nossas decisões. Ter consciência dos sentimentos e ser capaz de administrá-los é essencial porque isso tem influência sobre fatores como controle, desenvolvimento pessoal, confiança e autoconfiança.

Para melhorar sua autoconsciência, pergunte-se quando, por que e como faz determinada coisa. Por exemplo: Em que situação você fica mais transtornado? Por que você não gosta de uma determinada coisa? De que forma você costuma reagir?

Procure sempre se conhecer.

A consciência é vital para os gestores. Se você não for autoconsciente ou se não prestou atenção ao seu próprio desenvolvimento como *coach*, é bem provável que você se veja escravo da rotina, irresoluto e sem opções. Portanto, o princípio básico é manter-se atento e observar seu próprio desenvolvimento profissional.

De acordo com as constatações de estudos como o de Malcolm Higgs e Victor Dulewicz, da Escola de Negócios de Henley,[*] estatisticamente, os fatores mais significativos que contribuem para o sucesso profissional (com base em

---

[*] Para obter mais informações, consulte Malcolm Higgs e Victor Dulewicz, *Making Sense of Emotional Intelligence* (*Dando Sentido à Inteligência Emocional*), publicado pela Fundação Nacional de Pesquisas Educacionais.

avaliações sobre promoção e aumento de salário) são a **autoconsciência** e a **resiliência emocional**. Certamente, a melhor forma de ajudar as pessoas a desenvolver a autoconsciência e a resiliência emocional, dois atributos já antigos e amplamente reconhecidos dos grandes líderes, é utilizar o aconselhamento (*coaching*) paralelamente a outras atividades de desenvolvimento, como o *feedback* de 360 graus[**] e o desenvolvimento experiencial ou empírico. Por exemplo, testes psicométricos como o clássico Indicador de Tipo Myers-Briggs (Myers-Briggs Type Indicator — MBTI) têm um valor inestimável para o desenvolvimento da autoconsciência. A importância do MBTI reside em ajudar as pessoas a compreender como elas e os outros percebem o mundo e tomam decisões.

Desenvolva a empatia.

A capacidade de compreender e ajustar-se às emoções alheias está intimamente associada à autoconsciência. Isso tem importância porque melhora o discernimento e o entendimento e, extremamente importante, aumenta a influência. A **empatia** gera maior **influência**. É uma forma de persuadir as outras pessoas a mudar, porque as ideias que você mantém estão calcadas na percepção do ponto de vista dessas pessoas e na necessidade de apresentar um motivo para uma mudança.

Ter empatia significa compreender a situação da outra pessoa. A maneira mais óbvia de conseguir isso é colocar-se no lugar do outro. A empatia o ajuda a compreender e controlar as preocupações das outras pessoas e a mantê-las comprometidas com você e o trabalho que elas têm em mãos. Empatia também significa **"falar a mesma língua"** e fazer-se compreender com termos que elas compreendam claramente e aos quais elas reagirão.

Existem várias maneiras de desenvolver e demonstrar empatia. Embora para algumas pessoas isso seja fácil, para outras isso pode ser um desafio. Conhecer e utilizar a linguagem corporal pode ajudar. Essa é uma das técnicas possíveis. Compreender a comunicação não verbal é fundamental para descobrir como as pessoas se sentem e o que elas pensam a respeito de uma questão. Além disso, antes de uma reunião, negociação ou diálogo, prepare-se para demonstrar empatia pensando em como você pode reagir ou se comportar nessa situação espe-

---

[**] N. da T.: Nesse tipo de avaliação, o empregado é avaliado por todas (ou quase todas) as pessoas que o rodeiam no ambiente de trabalho, com o objetivo de aumentar a produtividade e o crescimento profissional, identificar deficiências ou carências em termos de competência profissional e procurar soluções para superá-las.

cífica. Reflita sobre o que é razoável e quais motivações poderiam desencadear possíveis reações. Identifique diferentes causas de motivação.

Outra técnica é buscar um *feedback* específico — quanto mais específico o *feedback* obtido, mais fácil é acompanhar o progresso e desenvolver essa habilidade. Além disso, preste atenção ao que as pessoas estão de fato dizendo, e não ao que você acredita que elas estejam dizendo. "Fale a língua delas", assim, você se fará entender com termos que as farão reagir e compreender.

Outro método que ajuda a desenvolver a empatia é **questionar**, que é essencial para melhorar o entendimento, examinar suposições e demonstrar que você está ouvindo. Isso pode exigir também um resumo dos principais pontos discutidos em uma conversa para evitar mal-entendidos e poder para a questão seguinte.

Para desenvolver a empatia é imprescindível manter o profissionalismo e controlar as próprias emoções por meio da consciência crítica. Por exemplo: reagir às ideias, e não às pessoas, concentrando-se no significado da discussão sobre fatos e evidências e observar com atenção como as coisas são ditas (e o que não é dito). Além disso, evite decisões precipitadas — em vez disso, dê tempo a si mesmo para pensar e reagir. Lembre-se de reconhecer seus próprios pontos de vista e tendenciosidades e de ser sensível e diplomático, particularmente quando estiver discordando ou questionando. Escolha cuidadosamente as palavras.

Mantenha o controle.

Autocontrole é a capacidade de compreender e controlar os próprios sentimentos. É por isso que a autoconsciência é tão valiosa e fundamental para se ter êxito no trabalho. As pessoas que têm controle e autocontrole:

- lembram-se de seus êxitos passados para ter maior confiança e segurança;
- mantêm-se totalmente concentradas no que estão fazendo;
- têm consciência da influência elas exercem sobre os outros;
- reconhecem suas próprias limitações;
- analisam suas próprias reações;
- encontram tempo para renovar sua energia;
- têm critérios e valores claros.

Para melhorar o autocontrole, vale considerar quais situações provocam estresse, frustração, decepção ou outras emoções negativas. Além disso, o que o ajuda a se sentir confiante, sob controle, entusiasmado, criativo ou a ter qualquer outro possível sentimento? Como você lida com conflitos e problemas e em que sentido você pode melhorar isso?

Utilize diferentes formas de trabalhar.
A **postura da pessoa em relação ao trabalho é situacional**. Isso significa que você precisa adaptar seu estilo para corresponder a cada desafio ou situação. Por exemplo, uma postura que pode funcionar bem com um grupo de pessoas pode não funcionar bem com um grupo diferente. Para identificar a melhor postura, pense sobre as pessoas com as quais você trabalha e os tipos de atividade que estão sendo realizadas.

Seu sucesso com relação aos estilos de liderança depende de você saber utilizar o estilo correto no momento correto. Além disso, ao trabalhar com um membro de sua equipe, a questão a ser considerada é se você deve se preocupar com as habilidades (na competência) ou a atitude (comprometimento) dessa pessoa. Em suma, cada estilo é eficaz em momentos diferentes. Para saber qual é apropriado, observe com que eficiência a pessoa está trabalhando.

Para melhorar a autoconsciência, examine várias questões fundamentais (que são também úteis para os *coaches* melhorarem a autoconsciência das pessoas que eles aconselham):

Muitos líderes acreditam que a remuneração é o fator de motivação mais importante para as pessoas. Entretanto, estudos sobre a postura dos funcionários demonstram que na verdade o mais importante para as pessoas é a qualidade do ambiente em que elas trabalham, como elas são tratadas pelo chefe e se seu trabalho é significativo e contribui para o sucesso da organização.

- Quais são seus pontos fortes — as coisas nas quais você de fato se destaca?
- O que você aprecia e gostaria de melhorar?
- Quais são seus pontos fracos — em que isso o ajudaria a melhorar e como você faria isso?
- Quando, com que frequência e com que eficiência você analisa seus pontos fortes e fracos?
- Você dá vazão a seus pontos fortes e controla seus pontos fracos?
- Você tem consciência de suas limitações?
- Você conhece seu verdadeiro potencial e tem um plano para concretizá-lo?
- Você sabe quando precisa de um tempo?
- Você consegue administrar bem suas emoções e reconhece as emoções dos outros?

- Você delega quando sabe que outras pessoas obterão um resultado melhor?
- O que lhe provoca estresse e o que lhe dá energia?
- Você sabe em que sentido seu comportamento pode afetar os outros?
- Qual é seu potencial — o que você gostaria de concretizar no futuro?

O **aconselhamento** e outros métodos de desenvolvimento de liderança são igualmente valiosos, porque possibilitam que um líder reconheça a realidade de necessidades conflitantes que precisam ser equilibradas. O aconselhamento ajuda os líderes a entrar em contato com seu coração e suas emoções e a mudar da postura de dirigir para a postura de ouvir — algo difícil para a maioria dos líderes de personalidade forte.

Desenvolva a inteligência emocional (QE).

"Inteligência emocional" ou **"quociente emocional"** (QE) refere-se à capacidade de um indivíduo de adquirir e aplicar o conhecimento sobre suas emoções e as emoções alheias de modo que eles consigam ser mais bem-sucedidos e ter uma vida mais gratificante. A inteligência emocional é importante porque nos permite perceber e utilizar as emoções e nos ajuda a ter autocontrole e construir relacionamentos positivos e produtivos.

O psicólogo Daniel Goleman popularizou seu ponto de vista sobre inteligência emocional em 1995 com o *best-seller Emotional Intelligence: Why it Can Matter More than IQ* (*Inteligência Emocional: Por que Ela é mais Importante que o QI*). Baseando-se no trabalho de Howard Gardner e Peter Salovey, Goleman evidenciou que as emoções determinam fundamentalmente o sucesso de um líder. Em tempos de mudança, pressão ou crise, ter inteligência emocional é uma vantagem, visto que reconhecer, compreender e saber lidar com as emoções determina o sucesso. Por exemplo, todos nós podemos sentir ódio, mas inteligência emocional significa saber o que fazer com a emoção de ódio para obter o melhor resultado.

A inteligência emocional evidencia-se em cinco pontos:

1º) Conhecer as próprias emoções.
2º) Administrar as emoções.
3º) Motivar as pessoas.
4º) Reconhecer as emoções alheias.
5º) Lidar com relacionamentos.

Essas **"competências emocionais"** dependem hierarquicamente uma da outra. Na parte inferior da hierarquia ("1") encontra-se a capacidade de uma pessoa de identificar seu estado emocional. É necessário ter alguma experiência na competência 1 para mudar para a seguinte. De modo semelhante, é necessário ter experiência ou habilidade nas três primeiras competências para demonstrar empatia, interpretar e influenciar positivamente as emoções de outras pessoas (competência 4). As quatro primeiras competências melhoram a capacidade de iniciar e manter bons relacionamentos (competência 5).

Inspire confiança.

Quais são as seis regras básicas para gerar confiança? O que os indivíduos dignos de confiança fazem e o que eles evitam fazer? É útil trazer à lembrança vários pontos importantes. Primeiro, a **autoconfiança** é um fator imprescindível para gerar confiança — se você não confia em si mesmo, é improvável que os outros confiem em você. Além disso, confiança é um absoluto. Confiança parcial não existe; **"ou se tem ou não se tem"**. Ela existe ou não existe. Ou confiamos em alguém ou não confiamos.

As pessoas confiáveis têm grande discernimento de seus próprios padrões de comportamento e motivação. Elas conseguem responder perguntas como: "Por que me comporto dessa forma?", "O que me motiva?", "O que influencia meu comportamento?". Ter resposta para essas questões lhe permitirá atender às condições essenciais da confiança, como imparcialidade, transparência, coragem e outros elementos determinantes. Sem dúvida, esse discernimento pessoal é notoriamente difícil de conseguir e muitas pessoas ganham muito dinheiro ajudando outras a obter as respostas.

Os líderes precisam encontrar o equilíbrio exato entre controle e confiança. Confiança não é uma carapaça, uma postura paliativa que podemos usar quando nos convém e descartá-la quando queremos. É um sistema de crenças genuíno. Não confiamos nas pessoas para o nosso benefício pessoal. Confiamos nelas porque essa é a coisa certa a fazer e, no final, todos nós nos beneficiamos por fazer a coisa certa.

A confiança é vital para criar uma cultura positiva de envolvimento e comprometimento. Ela é fundamental para questões como dividir conhecimentos, criar ideias inovadoras, desenvolver a lealdade do cliente, fechar novos negócios, motivar pessoas e conduzir mudanças. Sem a confiança, todas essas questões ficam muito mais difíceis de conseguir.

Contudo, inspirar confiança não deve ser um problema complexo; exige apenas que sejamos confiantes, transparentes, coerentes, honestos e dinâmicos.

Significa, particularmente, fazer o que falamos que faremos e dar exemplo para que outros sigam. Curiosamente, pesquisas científicas recentes realizadas pelo ganhador do prêmio Nobel Vernon Smith e outros evidenciaram o fato de que as pessoas tendem a corresponder naturalmente e instintivamente quando são dignas de confiança. Se você confia em uma pessoa, há uma probabilidade bem maior de que ela confie em você.

Inspirar confiança significa dar exemplo, estabelecer e demonstrar padrões de integridade, valores pessoais, iniciativa, dinamismo e trabalho em equipe que outros possam seguir. De igual modo, a confiança depende de que os líderes estimulem e motivem as pessoas. Se você quer que seus colegas utilizem sua iniciativa e empenho para favorecer a empresa e abracem a mudança, então a existência de um ambiente positivo, transparente e não acusatório é um pré-requisito extremamente importante para que isso aconteça. Em suma, inspirar confiança é indispensável para dar foco, envolver e direcionar as pessoas para que elas concretizem seu potencial, concentrem-se em questões relacionadas ao cliente e adaptem-se positivamente à mudança. Na verdade, o significado da confiança é tal que vale a pena enfatizar sua natureza e por que ela é importante.

Primeiro, a confiança facilita a mudança. Ter uma liderança confiável é essencial para enfrentar os desafios apresentados por situações que vivem mudando. As pessoas precisam confiar uma nas outras quando todo o resto parece estar mudando. Aquelas que apreciam o apoio das outras são mais propensas a fazer as coisas de maneira diferente e mais adequada e a assumir riscos calculados, em comparação com as pessoas aflitas, solitárias e não propensas a confiar.

Além disso, a confiança é importante porque é uma moeda comum, compreendida e valorizada universalmente. Embora o contexto em que existe confiança possa variar, de uma relação pessoal à relação de uma empresa com milhões de clientes ou de uma fábrica em Cleveland (EUA) a um banco em Xangai (China), todo mundo sabe o que é confiança e por que ela é importante. Na adversidade, as pessoas procuram confiança e, quando a encontram, valorizam-na e apreciam. Adicionalmente, com frequência se negligencia o corolário de que a confiança é bem-vinda: a falta de confiança não dá lugar a uma situação neutra. Invariavelmente, ela significa algo bem pior. **Quando se perde a confiança, o preço pago é alto!**

Ademais, as pessoas reagem melhor às pessoas nas quais elas confiam do que às pessoas nas quais não confiam. Isso importa se você está tentando conseguir alguma coisa: motivar alguém, vender para um cliente, compartilhar

Técnicas para concretizar o talento de toda a sua força de trabalho   213

ideias, maximizar oportunidades ou evitar ou solucionar um problema — a lista é infindável.

A confiança é importante igualmente porque as regras formais nunca serão suficientes. O espírito de um acordo — o desejo real de trabalhar de boa-fé para atingir os resultados desejados — com frequência é tão fundamental para o sucesso quanto a lei escrita. Tendo em vista a imensa inventividade da mente humana, provavelmente sempre haverá formas de contornar as regras formais. Por isso, não devemos contar com elas isoladamente. Afinal de contas, até mesmo as leis mais básicas só têm êxito porque elas são defendidas pelas pessoas.

Além de seus benefícios morais intrínsecos, a confiança e a integridade são definitivamente as virtudes mais defendidas. As pessoas sabem que a honestidade é o melhor princípio e respeitam aqueles que demonstram essa virtude. Os clientes e da mesma maneira os colegas de trabalho valorizam a confiança; eles são bem mais propensos a se envolver com você de uma maneira que beneficie você e sua empresa. Em contraposição, a **desonestidade** provavelmente torna as decisões difíceis ainda piores e as decisões futuras talvez impossíveis, porque a confiança e o respeito das pessoas se esgotarão se elas forem manipuladas ou enganadas. Contudo, na tomada de decisões, ser honesto não significa ser impassível, mas apenas fazer a coisa certa. Às vezes isso pode exigir tato, sensibilidade e entendimento, fatores preferíveis à desonestidade e a outros comportamentos antiéticos que são contraprodutivos e prejudiciais.

Uma interessante pesquisa* sobre confiança pediu às pessoas para que classificassem uma série de atributos quanto à sua importância na decisão de confiar ou não em alguém. Constatou-se que os dez atributos mais populares são:

1. Imparcialidade.
2. Dependabilidade**.
3. Respeito.
4. Franqueza.
5. Coragem.

---

* Para obter mais informações, consulte *A Question of Trust* (*Uma Questão de Confiança*), de Sally Bibb e Jeremy Kourdi, publicado pela Marshall Cavendish.

** N. da T.: O termo original é *dependability*, que poderia até ser traduzido por confiabilidade ou fiabilidade. Entretanto, esses dois termos encerram uma ideia de confiança, atributo já empregado neste livro em referência a *trust*. Um neologismo possível seria "dependabilidade", no sentido de que é possível depender de alguém ou contar com alguém para uma determinada coisa.

6. Altruísmo.
7. Competência.
8. Apoio.
9. Empatia.
10. Compaixão.

Esses são os **determinantes da confiança**. Compreender e ter cada uma dessas qualidades é vital para criar confiança. Esses atributos em geral são os que procuramos quando temos de decidir se devemos confiar e, muito provavelmente, o quanto devemos confiar em alguém. No entanto, a realidade quanto à confiança — isto é, os atributos que normalmente encontramos — é bem diferente dessa lista. Quando foi perguntado às pessoas quais atributos elas mais encontravam na realidade, foram obtidos os seguintes resultados:

1. Carisma.
2. Dependabilidade.
3. Personalidade crítica.
4. Ambição.
5. Imparcialidade.
6. Profissionalismo.
7. Competência.
8. Respeito.
9. Superproteção.
10. Previsibilidade.

Esses atributos representam a **realidade da confiança**. Curiosamente, apenas quatro dos determinantes da confiança estavam entre os dez primeiros atributos mais encontrados: imparcialidade, dependabilidade, respeito e competência. Isso significa que os seis atributos mais valorizados são relativamente escassos: **franqueza, coragem, altruísmo, apoio, empatia** e **compaixão**.

Por meio de uma análise um pouco mais aprofundada, essa pesquisa identificou aqueles atributos em relação aos quais o que encontramos na realidade está distante do que procuramos — nosso ideal. Denominamos essa variação entre o que procuramos e o que encontramos de **déficit da confiança** — uma discrepância em nossas expectativas. Os atributos que apresentam a maior discrepância entre o que desejamos e o que encontramos são:

1. Coragem.
2. Altruísmo.
3. Imparcialidade.
4. Franqueza.
5. Compaixão.
6. Respeito.
7. Dependabilidade.
8. Empatia.
9. Visão.
10. Apoio.

Para gerar confiança devemos compreender que significado esses atributos têm em relação a como nos relacionamos com as pessoas. Essas são não apenas as qualidades que normalmente procuramos ao decidir sobre se devemos ou não confiar em alguém; são também as qualidades que mais deixam de corresponder às nossas expectativas.

A construção de confiança é considerada frágil e delicada. Por isso, não é nem um pouco de surpreender que essa lista pareça inflexível — talvez até intimidante. Para ter êxito, vale a pena dedicar um tempo e examinar cada atributo à parte.

Ser corajoso – Isso tem significados diferentes para pessoas diferentes, mas se refere sobretudo à capacidade de fazer e dizer o que se pretende, em particular diante da adversidade. Esse atributo também exige capacidade para assumir riscos, ser constante e determinado, admitir erros e ficar sozinho quando necessário. A importância da coragem é que ela é universalmente respeitada. Mesmo quando não concordarmos com uma ideia ou postura específica, admiramos a ousadia e as qualidades relacionadas à integridade, convicção e determinação. A coragem moral — a coragem de nossas convicções — está presente nas pessoas nas quais escolhemos confiar.

Comportar-se altruistamente – Um dos maiores oponentes da confiança é o sentimento de que as pessoas são motivadas por um egoísmo mesquinho, de que a vida (e particularmente o comércio) é um jogo de soma zero, em que o que é ganho de um é perdido por outro. Se essa visão prevalecer, a lógica imporá então que o único procedimento sensato é sempre se pôr em primeiro lugar. Entretanto, há dois problemas nessa visão. Primeiro, a vida não é simplesmente um jogo de soma zero em que para um vencer o outro precisa perder — ela é bem mais complexa (e interessante). Segundo, mesmo se ela fosse um jogo de soma zero — existem situações em que alguém precisa "ganhar" à custa de outro —, comportar-se egocentricamente nem sempre é a solução.

Valorizar a imparcialidade – O atributo significativo que procuramos ao decidir sobre se devemos ou não confiar em alguém é a imparcialidade. As pessoas que mais amiúde merecem confiança e que a obtêm com maior facilidade comportam-se de maneira imparcial. Isso significa que elas tratam os outros

- de acordo com o que é considerado e aceito como razoável;
- da forma como elas gostariam de ser tratadas;
- de uma maneira coerente e justa.

Ser imparcial não significa simplesmente evitar a iniquidade e impedir a injustiça; significa, mais exatamente, ter um desejo determinado e proativo de procurar o que é justo e daí seguir essa direção. Nesse aspecto, a imparcialidade está intimamente associada à necessidade de ter coragem, de ser altruísta, franco, empático, compassivo e coerente.

A franqueza mobiliza pessoas —- e, no caso das organizações, mobiliza clientes, bem como funcionários, fornecedores e outros.

Ser franco – A franqueza é discutida com maior frequência em relação a questões de governança corporativa, mas não é menos importante quanto à impressão e aos sentimentos passados a outras pessoas. Você é acessível? As pessoas se sentem à vontade para procurá-lo para conversar?

A franqueza é importante porque as pessoas que mudam seus pontos de vista ou que não são verdadeiramente claras a respeito de uma questão não atraem facilmente a confiança dos outros. Portanto, a **franqueza está relacionada** com uma qualidade essencial: a **autoconsciência**. Isso pode parecer um contrassenso quando se fala de confiança, que está centrada nas outras pessoas e em relacionamentos. Entretanto, a autoconsciência é uma questão fundamental e muitas vezes negligenciada. Desse modo, como podemos promover e manter a franqueza e gerar maior confiança?

- **Mobilize as pessoas** envolvendo-as nas decisões, solicitando e respeitando sua contribuição e estimulando-as a se contestar mutuamente.
- **Tenha autoconsciência** – Talvez você **acredite** que seja aberto às ideias, às percepções e aos comportamentos das outras pessoas, mas as pessoas o **consideram** verdadeiramente aberto?
- **Esclareça e explique** – Isso também é fundamental para a franqueza e a confiança, porque reafirma às pessoas que suas opiniões foram consideradas e lhes revela o raciocínio e a intenção por trás de uma decisão.

Desenvolver empatia, ter compaixão e oferecer apoio – Embora diferentes, esses atributos estão intimamente relacionados no processo de construção de confiança. Define-se empatia como a capacidade de um indivíduo para compreender e envolver-se com os sentimentos de outra pessoa, ao passo que na compaixão o indivíduo reconhece a necessidade de fazer algo com relação à situação com a qual ele se depara. As pessoas que demonstram empatia e compaixão são dignas de confiança porque transmitem aos outros um sentimento verdadeiro de que seus sentimentos e as circunstâncias nas quais se encontram estão sendo considerados e compreendidos. Em outras palavras, há muito mais coisas em jogo do que simplesmente o interesse pessoal do líder.

Demonstrar respeito e dar crédito aos outros – A confiança tende a se instaurar quando as pessoas demonstram nitidamente uma postura de respeito, porque o respeito é considerado uma virtude distinta, positiva e acolhedora. Às vezes, a demonstração de respeito pode criar um clima apaziguador e isso, também, é positivo para gerar confiança. Muitos indivíduos e organizações são considerados confiáveis porque são respeitados. Eles têm valores em comum — e, portanto, uma linguagem em comum em relação a outros indivíduos — e isso aproxima mais todos os envolvidos. A confiança então se instaura porque percebemos que essas pessoas e empresas estão em sintonia conosco, valorizam o que valorizamos, veem o mundo de uma maneira semelhante e dão às coisas uma importância relativamente igual à que damos. Essa ideia de **congruência** é o que sustenta fundamentalmente a confiança e o respeito.

Decisivamente, o respeito não está relacionado apenas à afeição ou a se sentir estimado — tem muito mais a ver com o desejo e o sentimento de fazer coisas que são levadas em consideração. A liderança, seja em que nível for, lida com uma série de decisões difíceis. As resoluções tomadas têm consequências importantes com relação ao nível de respeito que é concedido à liderança.

Existem muitos pontos de vista pessoais sobre como se ganha respeito; entretanto, as pessoas respeitadas — à semelhança das organizações — invariavelmente têm algumas ou todas as seguintes características:

- Elas sabem o que precisam conseguir e têm clareza sobre sua visão e propósito.
- Elas têm interesse pelo que fazem e demonstram vigor e entusiasmo em todos os níveis.
- Elas compreendem e aceitam as expectativas em relação a elas.
- Elas contestam e propõem novas formas de fazer as coisas, procurando novas ideias.
- Elas sentem que têm autoridade para tomar decisões e exercem essa autoridade de maneira responsável.
- Elas são apoiadoras, têm afeição pelos colegas e uma expectativa de respeito e apoio recíprocos.

Ser uma pessoa de quem se possa depender – A dependabilidade desenvolve a confiança. Isso porque a cooperação e a colaboração com frequência são essenciais para isso, caso em que as pessoas são incentivadas a se apoiar mutuamente, prestando assistência, comunicando-se com clareza e oferecendo outros tipos de apoio — do aconselhamento ao compartilhamento de suas melhores práticas e experiências. A dependabilidade também tem algo em comum com os outros atributos da confiança, como coragem, altruísmo, imparcialidade e compaixão. Tal como esses termos, ela pode significar abrir mão das coisas — informações, tempo, recursos, projetos favoritos — para ajudar os outros a ter êxito. Para dar um exemplo do impacto da dependabilidade, considere as três pessoas mais dignas de crédito que você já conheceu e pergunte-se: até que ponto você pode depender delas?

Ser uma pessoa de quem se possa depender simplesmente significa ser fiel e consistente nos compromissos assumidos. Isso permite que as pessoas saibam o que devem esperar de você e facilita a comunicação e a colaboração, além de oferecer a segurança necessária para incentivar e motivar.

Demonstrar uma mentalidade visionária – Para as pessoas confiarem em alguém, elas precisam saber para onde estão indo e também de motivação para realizar essa jornada. Se elas não tiverem certeza ou não tiverem a motivação necessária, a confiança será minada. A importância da liderança visionária, portanto, é que ela oferece uma direção clara ou um conjunto claro de valores — e isso motiva. Ser visionário significa incentivar as pessoas a olhar para as atividades com uma perspectiva de longo prazo, mantendo em mente as metas gerais. A direção é para o futuro, ver as coisas no contexto mais amplo e avaliar princípios gerais. Em um sentido mais contundente, significa inspirar outras pessoas com as metas a serem concretizadas.

A visão convincente que gera confiança tem as características a seguir. Ela é:
- **Realista** — Deve abranger metas factíveis.
- **Convincente** — Essa característica divide-se em duas: a visão deve ser **concebível** e passar uma perspectiva (uma imagem) do futuro; e também deve ser **estimulante** e **inspiradora** para o máximo possível de pessoas.
- **Comunicável** — Capacidade de transmitir a visão para qualquer pessoa **rapidamente** e **facilmente**.
- **Atraente** — A visão precisa ser atraente para os interesses de longo prazo dos grupos de interesse (*stakeholders*), que abrangem principalmente clientes, funcionários e acionistas.
- **Focada** — A visão deve ser suficientemente **específica** e **realista** para ser utilizada como base no planejamento estratégico e oferecer orientações para a tomada de decisões.
- **Adaptável** — A visão deve possibilitar iniciativas individuais com a como ela será concretizada e ser suficientemente flexível para se adaptar a circunstâncias variáveis.

Concentrar-se nas intenções – Nossas intenções são importantes — tanto os fins que procuramos quanto os meios que utilizamos. Isso é essencial para desenvolver confiança, mas o que mais é necessário para que isso se consolide e prospere? Como devemos nos comportar se quisermos criar confiança?

As definições de confiança variam, mas pesquisas sobre esse tema evidenciaram que para muitas pessoas a confiança tem dois significados diferentes, porém relacionados: poder prever como alguém se comportará e supor que alguém fará o que é melhor para o outro em questão. Diante disso, vale a pena considerar:

- O que confiança significa para você — onde, quando e por que ela é importante?
- Quem você respeita e confia — o que essa pessoa tem que gera confiança?
- Em que sentido a confiança beneficia sua empresa? Em que áreas a maior confiança melhora o desempenho? Por exemplo, construir a marca, fortalecer a lealdade do cliente, diminuir os custos de recrutamento, promover a inovação, aprimorar a liderança e melhorar a produtividade.
- Quanto sua empresa perde pelo fato de não haver confiança ou por ela ser fraca?

Várias outras medidas podem ajudá-lo a focalizar suas ideias a respeito da confiança.

Encontrar solução para os problemas e oferecer apoio – A colaboração desenvolve a confiança e isso pode ser conseguido das seguintes formas:
- Criando oportunidades regulares para que os funcionários se reúnam informalmente.
- Reservando tempo nas reuniões de equipe para um intercâmbio aberto de pontos de vista: descobrir o que as pessoas pensam e também procurar saber o que elas dizem.
- Desenvolver uma equipe de projetos com habilidades complementares, atraindo pessoas que normalmente não colaboram e possibilitando que elas se dediquem a uma questão ou desafio específico.
- Encarar o mau desempenho. Se as pessoas estiverem se comportando ineficientemente e não tiverem consciência de que seus atos são preocupantes, diga isso a elas (de preferência confidencialmente).

Desenvolver uma equipe competente – Essa é uma função vital da liderança: não se trata apenas de inspirar, mas estimular as pessoas a confiar umas nas outras. Isso garante fluência para os talentos da equipe. Para fortalecer o desenvolvimento de equipes:

- Mantenha os membros da equipe informados.
- Ofereça *feedback* construtivo.
- Reconheça o sucesso.
- Encontre meios para construir relacionamentos.
- Seja honesto e franco.

Ser decidido – Não espere simplesmente que a confiança surja assim que as pessoas passarem a conhecê-lo. Isso pode ocorrer, mas não será suficiente em situações de alto risco ou em que houver muitas pressões. É mais provável que você precise assumir o controle e determinar o resultado que você deseja e qual a melhor forma de consegui-lo. Isso talvez exija mais que a definição de um prazo e o acompanhamento de uma situação ou talvez exija maior envolvimento e intermediação.

Utilizar o círculo de confiança – A confiança pode ser construída por meio da repetição sequencial de cada um dos estágios mostrados na Figura 10.1. Se você pular um deles, terá de voltar ao início, e com isso ficará mais difícil construir confiança no futuro. Esse método pode ser empregado por membros da equipe ou por clientes — sempre que for preciso construir confiança.

Figura 10.1 – O círculo de confiança.

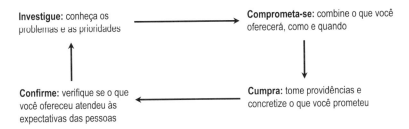

- **Evitar a emotividade e o estresse ou a perda de objetividade** – Ceticismo, fadiga, frustração, impaciência, atitudes críticas e outros comportamentos negativos devem ser evitados, visto que eles impedem o livre fluxo de ideias e põem em risco a confiança que as pessoas depositam em você. Você pode ser levado facilmente a se envolver em conflitos ou ser induzido a tomar partido. Você deve ficar atento às armadilhas e decidir logo no início de que forma lidará com uma determinada disputa. Ao lidar com a ansiedade, o primeiro passo é lembrar-se de que ela é natural e existe sempre que enfrentamos situações estressantes.

Para lidar com situações estressantes, reserve algum tempo para identificar as situações que lhe causam estresse. Por exemplo, algumas pessoas acham muito estressante falar em público. Para cada situação, relacione o que de fato o estressa. Anote o que poderia ocorrer de pior. Muitos medos não parecem nem um pouco alarmantes no momento em que os enfrentamos. Em seguida, pense no que você pode fazer para lidar com a situação estressante em questão. Organize o que você necessita, visualize seu sucesso e, se apropriado, imagine que você está se saindo bem antes mesmo que a situação ocorra.

Ser receptivo a ideias e desenvolver uma mentalidade otimista – As pessoas ficarão mais propensas a confiar em você e revelar opiniões, medos e ideias se acreditarem que elas serão acolhidas com entusiasmo e respeito. Isso talvez exija otimismo — ver o lado bom e extrair o melhor de uma ideia, ato ou comentário. Pode também exigir que você analise integralmente várias ideias antes de optar por apoiar uma delas, identifique os benefícios da mudança e da nova ideia e então tente efetivamente vendê-la e ampliá-la de maneira construtiva.

Algumas vezes as pessoas reagem ao estresse com críticas negativas e, por isso, provocam o próprio insucesso. Para ter uma mentalidade mais otimista, não tente ser perfeccionista — muitas pessoas se estressam mais por tentar produzir um resultado excepcional, quando um resultado aceitável é suficiente. Você precisa descobrir quando é necessário gerar um resultado perfeito e quando deve desprender-se e relaxar. Evite assumir a responsabilidade por todos os resultados, porque isso enfraquecerá sua atitude mental. O que estava sob seu controle? O que estava além de seu controle? Quando você assume essa responsabilidade, considerando-se a causa de um resultado negativo que está além de seu controle, você fica mais estressado e frustrado. Em suma, fale com otimismo e enfatize o otimismo. Identifique o que você fez bem, não apenas o que você não faz bem. Congratule-se por seus sucessos. Pense otimistamente — imagine o melhor, e não o pior.

Solicitar *feedback* – Pedir *feedback* é uma ótima maneira de demonstrar franqueza e confiança nos outros e de inspirar confiança em troca. O *feedback* é útil e, para solicitá-lo, é necessário escolher pessoas específicas para obtê-lo, ser específico a respeito da questão sobre a qual você deseja obter comentários e ser franco quanto ao motivo. É particularmente importante evitar atitudes defensivas ou contestar os comentários; em vez disso, reflita com cuidado sobre eles e decida se deve ou não agir. Em suma, perceba que talvez as pessoas tenham dificuldade de oferecer *feedback*. Portanto, seja delicado e agradeça.

Aumentar a colaboração – A colaboração pode ajudar a intensificar o envolvimento dos funcionários. Ela será fortalecida se as pessoas:

- Tiverem valores em comum e uma visão em comum.
- Tiverem uma única identidade e um único foco.
- Comunicarem-se com frequência.
- Tiverem autonomia e puderem trabalhar por iniciativa própria.
- Forem tratadas com cortesia e respeito.

Essa mesma questão pode ser vista de uma perspectiva oposta: **quais são os fatores que normalmente frustram ou diminuem a colaboração?** Algumas questões importantes são:

- Rivalidade dentro da empresa.
- Individualidades e interesses pessoais.
- Reconhecimento e recompensas centrados nos indivíduos, e não no comportamento coletivo.
- Planejamento empresarial que se desenrola largamente em "silos" da empresa. Isso ajuda a criar conflitos de interesses.
- Comunicação ineficiente e falta de uma visão em comum.

Várias técnicas podem ajudá-lo a desenvolver um **trabalho colaborativo**:

Conheça seus colegas – Perceba o que motiva, preocupa, desafia ou estimula as pessoas, pois isso pode ajudá-lo a oferecer apoio e estimulará as pessoas a trabalhar em conjunto. Você pode fazer isso de várias formas — organizando eventos sociais ou simplesmente prestando atenção nas pessoas.

Mantenha seus colegas informados – Para isso, peça para que eles indiquem quais informações lhes seriam mais proveitosas, divulgue abertamente as informações disponíveis e explique as questões com cuidado. Isso também significa oferecer informações antes que elas sejam solicitadas e verificar se elas foram compreendidas para confirmar se é preciso esclarecê-las.

Coloque os interesses da empresa em primeiro lugar – Identifique uma questão que você acredita que possa ser abordada para melhorar a situação e trabalhe com outras pessoas para isso.

Crie equipes de gerentes interfuncionais (por exemplo, em áreas específicas, como gerente de marketing, gerente financeiro, gerente de produto) – Esse grupo pode se reunir formalmente ou informalmente para oferecer apoio mútuo e conversar sobre: sucessos recentes, prioridades e desafios atuais e possíveis oportunidades.

Tome providências para que os membros da equipe apoiem outras áreas funcionais – Isso melhorará suas habilidades e promoverá o intercâmbio de conhecimentos e de melhores práticas. Além disso, organize treinamentos internos e convide membros de outras equipes.

Crie uma equipe interfuncional para um projeto específico – As seguintes providências serão extremamente úteis para isso:

- Procure compreender o que você valoriza em cada membro da equipe — e diga isso a eles.
- Identifique em que área outras pessoas podem demonstrar suas habilidades para tirar o melhor proveito possível.
- Observe se outras pessoas de sua equipe ou da empresa como um todo estão agindo corretamente e ofereça elogios.
- Demonstre apoio para a equipe como um todo, concentrando-se no progresso geral e também em contribuições individuais.
- Comemore o bom desempenho.
- Fale bem da equipe para outras pessoas.
- Faça mais elogios do que críticas.

Técnicas para concretizar o talento de toda a sua força de trabalho 225

- Reconheça o sucesso de outras equipes da empresa.
- Evite estabelecer expectativas muito altas.

Descubra em que lugar os membros da equipe precisam de apoio – Talvez você mesmo não consiga solucionar o problema, mas ajude as pessoas a encontrar soluções próprias incentivando-as a pensar criativamente e eliminando quaisquer restrições.

Incentive a franqueza sendo franco consigo mesmo – A franqueza o ajudará a atrair as pessoas, de modo que elas compreendam e apoiem sua visão e comportem-se de uma maneira tranquilizadora e amistosa. Você pode incentivar a franqueza servindo de exemplo e sendo franco. A franqueza exige também que você ouça as outras pessoas sem transmitir julgamentos, ofereça oportunidades que estimulem a franqueza sem intimidação e aumente a confiança dos outros. Procure ser você mesmo — qualquer tentativa de **fazer de conta** é facilmente percebida.

Analisar de que forma a equipe é remunerada – Na maioria dos casos a **remuneração** torna-se um problema quando a percepção de justiça das pessoas é contrariada. Isso ocorre com frequência quando elas ficam sabendo que um colega, em um cargo semelhante, tem um salário mais alto ou quando elas veem funções semelhantes com diferentes níveis de salário no mercado. As pessoas precisam compreender consistentemente de que modo seu desempenho é avaliado e como sua remuneração é avaliada comparativamente.

"Ser coerente com o próprio discurso" – É necessário envolver-se com o ritmo diário da empresa, observar/monitor as interações com os clientes e examinar em que área os membros da equipe precisam de ajuda e apoio. Talvez você mesmo não consiga resolver o problema, mas deve estar apto a ajudá-los a encontrar soluções por si sós, a liberar o pensamento e possivelmente eliminar restrições (como a burocracia).

Transmitir uma percepção de urgência e entusiasmo – Cinco qualidades valiosas dos líderes bem-sucedidos são: autoconfiança, entusiasmo, empatia, convicção e visão. Essas qualidades são essenciais para motivar e mobilizar os funcionários. Para transmitir uma percepção de urgência e entusiasmo — ou avaliar a liderança em geral —, talvez ajude fazer uma autoavaliação com base nesses atributos. Se você tiver perdido ou não tiver alguma dessas qualidades, talvez você seja um gestor competente, mas não um líder bem-sucedido.

Concentrar-se na automotivação e na determinação – A motivação é a essência da liderança e estar na linha de frente significa, por exemplo, demonstrar **motivação** e **determinação**, definir o rumo e estimular os outros a segui-lo. Isso será de grande auxílio para motivar e mobilizar as pessoas.

Superar o medo do risco – O enfoque convencional de controlar o negócio gerenciando os riscos continua predominando. Contudo, um pouco como ver o copo metade vazio em vez de metade cheio, essa é apenas uma das perspectivas e aquela razoavelmente limitada. Nos negócios, a prudência e a lógica convencional preconizam que, embora possa haver alguma vantagem em assumir um determinado risco e vencer, os riscos de fracasso são tão grandes que provavelmente é melhor não fazer nada ou então minimizar o risco o máximo possível. Esse ponto de vista limitado ocasionalmente pode ser válido, mas por si só está longe de ser adequado. Ele não leva em conta a natureza complexa do risco. Certamente, proteção e prudência têm sua função, mas nem sempre precisam ser a opção usual em situações de incerteza ou a melhor abordagem a adotar na maioria das vezes.

Infelizmente, as organizações tiram o que há de gostoso no risco. O risco é considerado um mal necessário e padece, consequentemente, por ser considerado burocrático e sufocante — e frequentemente é. As empresas não veem que o risco é ao mesmo tempo **desejável** — oferece novas oportunidades de aprendizado, desenvolvimento e avanço — e **necessário** — leva as pessoas a se aprimorar e a vencer o desafio da mudança.

Uma questão importante para os líderes é compreender que esperar que alguém demonstre confiança não funciona. A pergunta não é: "**Posso confiar neles?**", mas "**Confiarei neles?**" A confiança não é apenas **obtida** — ela precisa ser **concedida**. Lembre-se de que, quando você confia em uma pessoa, normalmente ela corresponde.

Além disso, não é possível criar confiança se ela for vista como um meio para um determinado fim. Se você tentar construir confiança ceticamente, é improvável que o consiga. São as pessoas que se importam em desenvolver relacionamentos por iniciativa própria, que assumem e mantêm compromissos e para as quais a honestidade e a integridade são importantes que conseguem construir confiança. Vários outros pontos a respeito da confiança merecem ser mencionados:

- Você não consegue criar confiança se não tiver os valores que são respeitados. A integridade e honestidade são valores básicos de todas as relações em que existe confiança e nas culturas em que a confiança é alta.
- A confiança com frequência é invisível ou admitida como natural. Você pode não perceber que as coisas vão indo bem porque existe confiança ou que elas vão indo mal por falta de confiança. Embora a confiança muitas vezes seja invisível, ela só existe em consequência dos atos e da atenção constante direcionados às relações e aos atos que a criam. Somente quando ela desaparece é que notamos sua falta. O fato de não chamar atenção não diminui seu poder. Na verdade, na maioria das vezes a confiança só se torna visível quando é perdida ou de alguma forma insultada.
- A confiança exige comprometimento. Ela não é fortuita. Ela exige compromisso, responsabilidade pessoal e vigilância.
- A confiança está fundamentada em relacionamentos recíprocos. As pessoas bem equilibradas sentem-se psicologicamente satisfeitas por serem dignas de confiança e, pelo fato de atraírem maior confiança, sua confiabilidade aumenta.
- A confiança abre possibilidades que jamais existiriam sem ela. Sem confiança, as pessoas e as organizações nunca poderão ser totalmente eficientes, criativas e bem-sucedidas, porque a confiança permite que as pessoas experimentem coisas novas, discordem dos outros e digam o que elas desejam dizer.

> *Os líderes podem aprender a ampliar a confiança aprendendo a estabelecer metas e limites, a dar liberdade para que as pessoas encontrem uma solução para atingi-las, a oferecer apoio e ao mesmo tempo acompanhamento e a reconhecer e avaliar os resultados.*

- Confiança significa compreender por que as pessoas devem respeitá-lo (ou por que elas o respeitam). Isto é, compreender qual é sua meta em uma situação específica e como você pode trabalhar com outras pessoas para atingi-la. Sem dúvida, confiança significa

228 A Verdade sobre o Talento

também se comportar eticamente, reunindo fatos e compreendendo onde se encontram os problemas, refletindo sobre as questões e avaliando as consequências de seus atos. Saber quais são suas obrigações e perceber seus motivos e sentimentos.

- A confiança muda com o tempo e é frágil e complexa. Por exemplo, uma empresa pode merecer a confiança de seus clientes e ser desprezada por seus funcionários e achar que está tudo bem. Não está. A confiança e a desconfiança são como água. Elas fluem, correm para outros lugares e podem ter uma força bem mais intensa do que a princípio transpareciam. A desconfiança é particularmente corrosiva. Por isso, por exemplo, a empresa em pouco tempo descobre que os problemas existentes em sua equipe de trabalho inevitavelmente estão sendo transferidos para seus clientes.

- Compreenda que as alternativas (ou substitutos) para a confiança são poucas ou não existem. Por exemplo, que os contratos e documentos **não** substituem a confiança autêntica. Eles podem servir para um determinado fim, mas isso não cria confiança e na verdade pode colocá-la em risco. O espírito de um acordo muitas vezes é tão importante quanto a lei escrita.

Mais importante, a confiança exige longo tempo para ser construída, mas pode ser destruída em um piscar de olhos. Ela pode exigir grande comprometimento, várias providências e muito tempo para ser construída e apenas um pequeno ato para ser destruída.

Utilize a visionariedade para aumentar a colaboração e o entendimento
"Visionariedade" significa desenvolver uma descrição coerente sobre a empresa no futuro. Uma visão clara e dinâmica oferece um foco claro para a ação, orientando as decisões das pessoas em todos os níveis e ajudando a infundir segurança e a encontrar soluções. Um elemento essencial do pensamento visionário é **direcionamento para o futuro** — a capacidade de transmitir uma visão clara sobre o futuro de uma empresa: suas intenções e o que ela está alcançando e alcançará. O direcionamento para o futuro vale para gestores de todos os níveis, ao passo que o pensamento visionário é mais relevante para os gerentes seniores e médios. As técnicas de visionariedade ou visualização

Como sempre ocorre, os gestores tendem a se preocupar em gerenciar o presente, mas somos menos competentes para nos preparar para o amanhã. Uma das funções que definem um líder é sua capacidade de determinar a rota correta e levar as pessoas consigo.

Técnicas para concretizar o talento de toda a sua força de trabalho   229

podem ser empregadas igualmente bem para finalidades pessoais, com o objetivo de possibilitar que a pessoa veja com nitidez uma meta de desenvolvimento pessoal ou de mudança comportamental (Tabela 10.1).

Uma visão clara e dinâmica sobre o futuro pode ser concretizada inspirando e mobilizando pessoas, fomentando o entusiasmo e o comprometimento, oferecendo um alvo claro para o futuro, orientando ações e decisões em todos os níveis e promovendo a confiança, a determinação e o sucesso.

A visionariedade pode ser aplicada favoravelmente em vários níveis diferentes (ver Tabela 10.1).

Tipo de visão	Propósito e valor	Características
Visão geral para a organiza ção (visão corporativa).	Oferece uma direção clara e aspirações para a empresa. Inspira, mobiliza e envolve as pessoas. Orienta comportamentos e decisões em todos os níveis (oferecendo um ponto de partida para outras visões empresariais).	Ela inspira e aspira, estabelecendo nitidamente uma direção, o tom e as prioridades para toda a organização e, ao mesmo tempo, informando clientes e acionistas.
Visão para uma unidade de negócios, um departamento ou uma equipe.	Oferece uma direção clara e norteadora para a unidade de negócios, o departamento ou a equipe. Apoia a visão geral traduzindo-a em uma aspiração realista para as equipes e, desse modo, mantém o comprometimento e o entusiasmo.	Ela é inspiradora e está diretamente relacionada com o trabalho da equipe, envolve e mobiliza pessoas para que trabalhem em conjunto e contribui para o sucesso global da empresa.
Tipo de visão	Propósito e valor	Características

Continua

| Visão para uma atividade ou resultado específico. | Oferece um alvo claro das providências a serem tomadas em uma determinada área ou para a realização de uma atividade específica. É utilizada para delegar ou quando se está formando ou remodelando uma equipe. | Oferece uma orientação quanto a como uma atividade ou função será abordada por meio de uma visão clara do que deve ser obtido. |

Tabela 10.1 – Tipos de visão

(Para obter mais informações, consulte Jeremy Kourdi, *Business Strategy*, publicado por The Economist/Profile Books.)

Não existe uma fórmula única para desenvolver o pensamento visionário e o direcionamento para o futuro. Entretanto, os passos a seguir foram concebidos para ajudá-lo a começar:

- **Determine o que você deseja** — não se restrinja a concordar apenas com o que as outras pessoas acreditam. Decida por si mesmo o que será importante no futuro.
- **Confie em sua intuição** – Se você sentir que uma situação está mudando e está diferente ou se tiver uma ideia que faça sentido para você, investigue-a fundo.
- **Ponha à prova suas suposições e explore o futuro** – As ideias não nascem prontamente de informações antigas. Portanto, antecipe tendências e tente compreender por que as coisas estão mudando, e não apenas como elas estão mudando.
- **Faça as pessoas compreenderem e apoiarem** a visão transmitindo-a de uma maneira estimulante e prática, falando com otimismo para despertar a curiosidade, desafiar e motivar, sendo honesto e franco, dando vida à visão preferivelmente com exemplos, ouvindo e agindo em relação ao que as pessoas dizem e estimulando-as a ver o que essa visão significa para os clientes.

Em suma, lembre-se de que as visões sobre o futuro têm as seguintes características:

- São **convincentes**. Essa característica divide-se em duas: a visão deve ser concebível e passar uma perspectiva (uma imagem) do futuro; e também deve ser estimulante e inspiradora para o máximo possível de pessoas.
- São **comunicáveis**. Capacidade de transmitir a visão para qualquer pessoa rapidamente e facilmente.
- São **atraentes** e **realistas**. A visão precisa ser atraente para os clientes, os funcionários e os acionistas.
- São **focadas**. A visão precisa ser suficientemente objetiva e realista para ser utilizada como base no planejamento estratégico e oferecer orientações na tomada de decisões.
- São **adaptáveis**. A visão precisa ser suficientemente genérica para se adaptar a iniciativas individuais e flexível o bastante para circunstâncias variáveis.

Desenvolva a criatividade e a inovação.
Em seu livro *Hot Spots: Why Some Teams, Workplaces, and Organizations Buzz with Energy — and Others Don't* (*Pontos Quentes: Por que Algumas Empresas Transpiram Energia e Outras Não*), a professora Lynda Gratton ressalta vários atributos importantes de uma equipe inovadora, que abrangem mentalidade cooperativa — as pessoas precisam de fato querer compartilhar não apenas o conhecimento explícito (o que é relativamente fácil), mas também o conhecimento tácito que está armazenado em sua mente. Essa mentalidade é uma consequência das práticas, dos processos, dos comportamentos e das normas da empresa, e o comportamento da alta administração é um fator que tem peso.

A transposição de fronteiras é o oposto da mentalidade de silos ou de feudos, em que as unidades ou funções ficam separadas umas das outras e desvinculadas ou mesmo concorrem entre si. As pessoas que conseguem transpor fronteiras são vitais para que esses **"pontos quentes"** prosperem. Diversos atributos pessoais e habilidades específicas são fundamentais, como não temer a distância física, acolher um conjunto diverso de ideias, *insights*, experiências e pessoas e estar disposto e ser capaz de investigar os problemas em conjunto. A princípio, não ser conhecido é uma vantagem porque o processo de familiarização entre as pessoas ajuda a desenvolver a criatividade e a inovação. É também importante formar redes e pontes para outras pessoas. Os indivíduos que conseguem transpor fronteiras têm competência para apresentar pessoas para outras pessoas com as quais é possível desenvolver uma valiosa relação de cooperação. Por exemplo, quando existem laços fortes entre pessoas com formação, experiências e preocupações emocionais em comum, isso significa que a confiança pode se desenvolver rapidamente. Os laços fracos, que envolvem menos tempo e emoção e são mais numerosos, podem ser associados de maneiras diversas para gerar novos *insights*. Em suma, isso ajuda a desenvolver a arte do diálogo construtivo, que exige que se ouça com atenção, e não que se enfatize um determinado ponto de vista, e também disposição para mudar ou modificar um ponto de vista ou perspectiva.

Desenvolver um sentido de propósito é outra técnica fundamental que associa visionariedade e capacidade de transpor fronteiras. A melhor maneira de conseguir isso é fazer perguntas instigantes (ou provocativas). Essas perguntas não têm uma única resposta "certa"; na verdade, elas nos convidam a explorar uma série de opções, em torno de uma intenção ou questão específica. Essas perguntas são importantes porque podem nos ajudar a encontrar a melhor maneira de inspirar e mobilizar as pessoas. A postura de questionamento que gera uma visão estimulante e provocativa oferece tanto motivação quanto entusiasmo.

Desenvolva uma equipe diversa e uma postura empática.
Esse outro aspecto da liderança com o coração significa estimular a colaboração entre as pessoas, independentemente de sua cultura, posição social ou ocupação profissional. A diversidade é realçada quando as pessoas se expõem a outras perspectivas e formas de trabalho, pois isso estimula novas ideias e desencadeia a inovação e criatividade. Isso é possível garantindo o acesso, por meio do recrutamento, a grupos diversos de possíveis funcionários (e, portanto, clientes) e treinando todos os funcionários para que sejam sensíveis às mensagens explícitas e implícitas de pessoas com diferentes formações.

Liderar pessoas de culturas diversas é outra forma de testar a capacidade colaborativa, e isso exige empatia. A empatia ajudará os líderes do século XXI a se deslocar com eficiência entre diferentes culturas. Os líderes empáticos são capazes de se identificar com as necessidades, os valores e as crenças alheias de uma forma que transmite compreensão e respeito por outros estilos de vida e de trabalho. Empatia e tenacidade não são mutuamente excludentes; ser empático não significa ter critérios e valores frouxos. Significa apenas se colocar no lugar das outras pessoas tão plenamente que é possível sentir o que elas estão sentindo. Isso vai além de compreender racionalmente as preocupações alheias. Significa tomar iniciativas que transpareçam uma compreensão sincera. Os líderes precisam contrabalançar sua motivação inerente pelo desempenho com a empatia verdadeira; eles devem ser sensíveis aos colegas e clientes que possuem valores diferentes, mas também responsáveis por concretizar os objetivos e representar os valores da organização a que pertencem, o que às vezes pode estar em conflito com as necessidades locais do país. Gerenciar o paradoxo significa estabelecer limites sobre sua empatia sem se tornar inflexível às preocupações locais.

Lidar com culturas ou grupos diferentes não é tentar reproduzir ou rejeitar o que você considera diferente. Fazer negócios e trabalhar em diferentes culturas e países consiste em grande medida em integrar os pontos fortes de um grupo ou de uma cultura com os pontos fortes de outro.

Utilizando o intelecto, a inteligência e a percepção.

Tal como ressaltamos anteriormente, a complexidade, instabilidade e concorrência crescentes exigem novas perspectivas. É preciso haver equilíbrio entre o uso do coração e do pensamento racional: **intelecto, inteligência** e **percepção**. Basicamente, não é apenas o que conhecemos que importa, mas como reagimos ao que não conhecemos.

Com respeito a **liderar com a cabeça**, existem várias técnicas e habilidades aplicáveis, algumas das quais talvez ignoradas, como:

- repensar e reestruturar;
- concentrar-se nos resultados e em fazer as coisas acontecerem;
- desenvolver e expressar um ponto de vista.

Repensar.

Em vista do ritmo das mudanças e do escopo de novos desafios desconhecidos e imprevisíveis que os líderes com frequência enfrentam, bem como da natureza competitiva do mundo dos negócios, **melhorar a capacidade de repensar** talvez seja de grande ajuda. A capacidade de repensar é indispensável para aprender e desenvolver novas habilidades — qualidades de liderança que sempre foram essenciais.

234 A Verdade sobre o Talento

Inúmeros líderes com frequência tendem a não repensar, por vários motivos, como pressão para produzir resultados, falta de tempo para pensar, o custo ascendente da invenção e a inércia criada por rituais e normas culturais. Todavia, os líderes do século XXI podem desenvolver sua capacidade nessa área de diversas maneiras. Primeiro, analisar informações e dados é um ótimo catalisador para gerar um novo ponto de vista. Além disso, as **informações** — desde aquelas sobre as tendências do mercado a pontos de vista sobre seus próprios comportamentos — invariavelmente desencadeiam posturas focadas, questionadoras e, talvez, reflexivas. Isso, por sua vez, pode gerar diálogos e discussões bem fundamentados.

Podemos romper com a tradição cultural, por exemplo, tirando as pessoas de lugares familiares e estimulando-as a recorrer a novas ideias e perspectivas para solucionar problemas empresariais complexos. É fundamental que os líderes aprendam a escolher o momento certo para repensar — se a cada instante eles exibirem uma nova postura, isso os fará parecer inconstantes ou impulsivos e sua equipe passará a filtrar suas ideias mais recentes. A capacidade de repensar é uma qualidade de grande eficácia, mas precisa ser utilizada com cuidado.

Reestruturar.
A **reestruturação** é outra técnica valiosa que está intimamente associada à capacidade de repensar. As fronteiras estanques e definitivas estão rapidamente desaparecendo. Isso exige que os líderes do século XXI reestruturem as fronteiras em torno de sua função, de seu trabalho e da organização e lidem emocionalmente com a incerteza de fazer as coisas de uma nova maneira.

Para lidar com fronteiras mutáveis, os líderes precisam estar atentos a cinco diferentes fronteiras cuja reestruturação é imprescindível:

- **Fronteiras externas** — Agora, tudo deve ser avaliado com base em padrões de nível internacional, e não com base no desempenho da empresa no ano anterior.
- **Fronteiras verticais** — Os líderes precisam se concentrar em sua capacidade de aconselhamento (*coaching*) e mentoria, e isso exige maior transparência.
- **Fronteiras horizontais** — A influência dos pares e as parcerias são cruciais para fazer as coisas acontecerem.
- **Fronteiras geográficas** — Globalização significa trabalhar com culturas desconhecidas em um mundo interconectado.

Em cada uma dessas fronteiras, o *status quo* é mantido por diversas barreiras, como: sistemas de incentivo, cultura corporativa, arrogância, estresse e falta de tempo. Para estimular os líderes a adotar uma mentalidade de reestruturação, é necessário fazê-los perceber que as fronteiras estão mudando e utilizar o aconselhamento e o desenvolvimento de liderança quando em algum momento eles se depararem com uma delas.

A reestruturação baseia-se na ideia de que, quando percebemos uma coisa de uma maneira específica, nossos atos respondem de acordo. Desse modo, por exemplo, quando acreditamos que algo é ameaçador, reagimos defensivamente. Entretanto, se mudarmos nossa estrutura de referência, examinando uma mesma situação de um ponto de vista diferente, poderemos mudar e melhorar nossa forma de reagir.

A reestruturação ou ressignificação de contexto baseia-se na ideia de que o significado de um determinado comportamento ou acontecimento está vinculado ao contexto em que ele ocorre. Basicamente, todo ato ou comportamento é apropriado em determinado contexto. Na ressignificação de contexto, uma pessoa considera o comportamento malvisto e pergunta: "Onde ou quando esse comportamento pode ser útil?" ou "Em que outro contexto esse comportamento específico poderia ter valor?".

Por exemplo, uma vez conheci uma pessoa que costumava trabalhar mais lentamente que seus colegas. Ele se sentia pressionado e era com isso que seu chefe se preocupava. Um dia ressaltei que a qualidade de seu trabalho era soberba — valorizada pelos clientes e um modelo para todos os outros. Esse meu colega não era lento nem improdutivo. Era meticuloso e eficiente. Subsequentemente, isso influenciou a forma como todos trabalhavam e a estrutura de trabalho do escritório — meu colega reunia-se com os clientes e estabelecia um padrão internamente preciso porque ele era extremamente competente.

Concentrar-se nos resultados e em fazer as coisas acontecerem.
Os líderes que associam intelecto, inteligência emocional e coragem têm maior competência para priorizar o trabalho, perceber a complexidade de uma atividade e compreender os problemas das pessoas e os riscos que afetam a execução. Na prática, alguns líderes são estrategistas brilhantes, enquanto outros se preocupam com questões operacionais, mas raramente exibem essas duas características. O grande desafio é encontrar um equilíbrio entre saber quando ser operacional e quando ser estratégico.

236   A Verdade sobre o Talento

Para fazer as coisas acontecerem em um ambiente caótico e irreconciliável, os líderes precisam utilizar diversas táticas básicas:

- Encontrar o equilíbrio exato entre a mentalidade operacional e a mentalidade estratégica para você mesmo, em sua função. Solicitar o *feedback* dos colegas sobre essa questão pode ajudar os líderes.
- Desenvolver influência por meio de relacionamentos laterais. Praticamente já se foi o tempo em que os líderes controlavam grandes equipes de acordo com uma estrutura hierárquica. Influência sem autoridade direta tem sido cada vez mais importante para o sucesso.

As organizações desesperadas para melhorar o desempenho ainda continuam escolhendo líderes considerados difíceis. Porém, não fazemos as coisas acontecerem por meio da força e do medo.

- Criar uma **atmosfera de responsabilização**. As pessoas precisam ser reconhecidas e as deficiências devem ser solucionadas. Com certeza não há nada que substitua uma postura positiva e dinâmica — e algumas vezes isso pode exigir uma chamada à responsabilidade.
- Desenvolver perseverança. Ninguém progride tranquilamente na vida profissional tendo sucesso em tudo logo de cara; a **perseverança**, que inclui a capacidade de aprender e melhorar, é essencial. Isso se aplica a todos, sempre, e é uma característica distintiva da maioria dos líderes bem-sucedidos.
- Focalizar os pontos fortes das pessoas, e não seus pontos fracos. Muitos líderes, profissionais de gestão de pessoas e programas de desenvolvimento de liderança concentram-se nos pontos fracos, quando o que na verdade funciona melhor é a maximização dos pontos fortes. É óbvio que algumas habilidades precisam ser formadas com um nível mínimo aceitável, mas a questão é que todos nós podemos encontrar coisas que sabemos fazer bem: o que precisamos fazer é tirar proveito do que sabemos fazer bem para atingir uma meta comum.

Desenvolver e expressar um ponto de vista.
Um **ponto de vista** é basicamente um sistema de crenças predominante e defendido com veemência que se aplica a tudo, desde um comportamento individual a valores e estratégias empresariais. Ter um ponto de vista nos dá a sensação de segurança e um alicerce para tomarmos decisões em ambientes algumas vezes complexos e obscuros e que envolvem interesses políticos. Desenvolver o comprometimento e a motivação e manter uma imagem consistente e confiável

pode ajudar os líderes. Expressar um ponto de vista também é um passo fundamental para desenvolver ou mudar a cultura de uma organização.

Algumas vezes os líderes não conseguem desenvolver um ponto de vista por terem uma ideia equivocada, que confunde lealdade à organização com promoção das metas organizacionais — e, certamente, eles devem se valer do questionamento crítico. A organização talvez incentive a adoção de uma determinada forma de trabalhar ou talvez simplesmente não investigue nem pense a respeito do mundo externo.

Para superar esses obstáculos e ajudar as pessoas a desenvolver um ponto de vista, várias iniciativas são fundamentais. Primeiro, identifique a dificuldade ou o desafio. É indispensável ter clareza sobre os problemas e suas implicações. Em seguida, colete informações práticas e convincentes que respaldem seu ponto de vista e também informações que apoiem o *status quo*. Isso o ajudará no passo seguinte, que é converter ideias em um ponto de vista específico. Para isso, considere: quais são as falhas da postura atual? Por que seu ponto de vista é preferível? Em seguida, teste a ideia com outras pessoas, ouvindo-as com atenção, e por fim reconfigure e refine seu ponto de vista.

Liderança com coragem.

Liderar com coragem não é ser **duro** e **agressivo**. É fazer a coisa certa com base no contexto, embora seja importante ter cuidado para que isso não se transforme em sentimento de superioridade, em uma visão bitolada e em uma obstinação inapropriada. Liderar com coragem envolve vários fatores:

- assumir riscos com informações incompletas;
- equilibrar risco e recompensa;
- agir com integridade, inexoravelmente;
- comunicar-se corretamente e no momento correto.

Assumir riscos com informações incompletas.
Liderar com coragem muitas vezes é uma questão de visão e valores, saber em que acreditar e quando agir de acordo com essas crenças. Isso significa tomar decisões que envolvem algum risco, com base em crenças e no instinto, e não exclusivamente em dados. Não significa ignorar os fatos. Algumas vezes não há

tempo para reunir todos os fatos, às vezes os dados são ambíguos e outras vezes existe uma quantidade excessiva de informações. Em determinadas situações, os líderes precisam **utilizar a intuição** aliada a quaisquer fatos existentes para chegar a decisões mais eficazes.

Os líderes podem ser motivados a confiar em seu instinto e também em dados relacionando-se com novos contatos e igualmente com pessoas periféricas (por exemplo, pessoas jovens, recém-contratados) que não conhecem as práticas tradicionais. O aconselhamento é do mesmo modo valioso, porque pode ajudar os líderes a revelar as suposições que estão por trás de suas decisões. Em suma, sair do escritório e visitar clientes, fornecedores e outras entidades externas é uma excelente solução para obter uma nova perspectiva e clareza de visão.

Equilibrar risco e recompensa.

Para tomar decisões em um ambiente complexo, os líderes do século XXI precisam equilibrar risco a curto prazo e recompensas a longo prazo e avaliar o nível de pressão que eles conseguem suportar em relação àqueles que devem enfrentar sacrifícios a curto prazo. Equilibrar risco e recompensa e lidar com a incerteza entre ambos exige mais coragem do que nunca. Alguns líderes assumem riscos insensatos que geram consequências financeiras catastróficas; outros são demasiadamente cautelosos, recusam-se a assumir riscos relevantes e privam a empresa de recompensas significativas.

Equilibrar os riscos verdadeiramente exige que o intelecto, a emoção e a coragem andem juntos. Os melhores líderes sabem quando pressionar e o que é ir longe demais. Eles têm não apenas coragem; eles moderam sua coragem com a cabeça e o coração.

Nos últimos anos, vários fatores ampliaram, intensificaram e tornaram os riscos mais complexos. Isso inclui a ênfase implacável do mercado de ações sobre o desempenho e o crescimento, a necessidade de entrar em mercados emergentes menos estáveis ou familiares, maior investigação regulamentar, interdependência entre as empresas, mudanças tecnológicas e importância crescente do conhecimento e dos intangíveis. E como se isso não fosse suficiente, hoje existem diversas categorias distintas de risco — pessoal, de reputação e estrutural. Consequentemente, não existe uma fórmula padrão ou uniforme para lidar com riscos e recompensas.

Os líderes devem procurar criar um ambiente em que eles possam equilibrar situações difíceis e paradoxais. Isso significa dar-se oportunidade de refletir sobre o equilíbrio e desenvolver a coragem necessária para manter o equilíbrio, em vez de se tornarem conservadores e evitarem qualquer risco ao primeiro sinal de problema. Isso será possível se houver uma explanação transparente a respeito das decisões sobre risco e recompensa, bem como se os líderes receberem aconselhamento para melhorar a autoconsciência e conscientizar-se de possíveis comportamentos sabotadores (o comportamento sabotador mais provável é a cautela desmesurada).

Agir com integridade, inexoravelmente.
A parte mais importante da liderança com coragem é a **personalidade** — saber o que você simboliza e defende e o que está disposto a defender. Isso significa ter um conjunto de valores que fundamentam seus atos. Os valores precisam ser transparentes e inspirar as outras pessoas. Ao mesmo tempo, a postura de agir com uma integridade inexorável nunca antes foi tão difícil e necessária para os líderes. Todavia, a integridade não é uma questão preto no branco; ela não é necessariamente uma questão de escolher entre uma linha de ação nitidamente certa ou nitidamente errada. A maioria das pessoas que violam sua integridade não percebe que está fazendo isso — diante da necessidade de agir ou de um desejo de atingir uma meta difícil, elas podem fazer coisas que só *a posteriori* percebem que foram um erro.

   Portanto, é possível desenvolver integridade? – A nosso ver, os valores e a integridade são formados bem antes de a pessoa começar a trabalhar em um determinado local, e eles devem ser levados para dentro do ambiente de trabalho. Contudo, no trabalho, a integridade beneficia-se do processo de formação e demonstração de caráter. É importante ressaltar que não é uma questão de ignorar questões políticas. Os melhores líderes escolhem os melhores momentos e estabelecem sua reputação por agir de acordo com um conjunto consistente de valores. A integridade emerge (ou não emerge) em momentos extraordinários e determinados. O segredo para manter a integridade é ter autoconsciência e clareza a respeito do que consideramos mais importante. Essa consciência pode ser intensificada com reflexões e discussões a respeito de problemas de integridade, do incentivo para que as pessoas expressem o que elas estão pensando em fazer antes que elas o façam e de perguntas intelectualmente instigantes que as ajudem a identificar o que elas acreditam e valorizam.

Comunicar-se corretamente e no momento certo.
Se você duvida do poder da comunicação no século XXI, considere o seguinte:

um dos motivos de Barack Obama ser tão popular é que sua personalidade, evidenciada vigorosamente por meio de suas palavras, encontrou apelo nas emoções e aspirações dos norte-americanos. E um dos motivos da impopularidade da maioria dos políticos é que isso não ocorre, ou seja, eles não conseguem se comunicar corretamente.

Hoje, é normal as palavras e expressões se generalizarem e perderem o valor. As pessoas acham que se comunicar é fácil, quando na verdade é o oposto. No mínimo a comunicação está em alta por dois motivos. Primeiro, a forma como as palavras são empregadas e os resultados que elas obtêm continuam sendo vitais para o avanço e o sucesso de um líder. Isso se aplica a qualquer lugar, a qualquer língua. Segundo, as palavras são ampliadas por meio das tecnologias modernas, difundem-se mais e cada vez mais rápido. Elas nunca foram tão instantâneas e influentes. Não obstante, as habilidades de comunicação correm o risco de se desvanecer e cair no esquecimento.

As grandes mensagens passadas pelos líderes têm várias características. Compreender isso pode ajudar a explicar por que existem (ou parecem existir) poucos oradores de qualidade atualmente. Primeiro, os melhores oradores não têm medo de ser transparentes e demonstrar sua personalidade ou mostrar suas emoções e valores. Isso cria confiança e vínculo e, portanto, significa que os ouvintes conseguem conhecer o orador. Por exemplo, Sebastian Coe abriu a apresentação da proposta de Londres para sediar os Jogos Olímpicos de 2012 com uma história extremamente pessoal e sedutora. Ele contou que assistiu à competição de dois atletas locais nos Jogos Olímpicos de 1968 no televisor preto e branco de sua escola. Emocionado, ele disse: "Naquele dia, uma janela para um novo mundo se abriu para mim. No momento em que voltei para a sala de aula, eu sabia o que queria fazer e o que queria ser."

Os líderes que se comunicam melhor também demonstram empatia, compreendem seu público e tentam encontrar apelo nos valores desse público. Isso é valioso para qualquer orador: quem é seu público? Que interesses vocês têm em comum? Por exemplo, Winston Churchill percebeu que as pessoas queriam um **líder confiante**, **desafiador** e **resoluto** — com um senso de objetividade e propósito.

Virtudes como honestidade, justiça e coragem são também atributos inconfundíveis em um grande líder e devem também ser expressas com convicção. Normalmente, queremos tê-las e as valorizamos nas outras pessoas. Além disso, os líderes fazem com que suas palavras sejam adequadas para o momento e isso com frequência significa ser claro, determinado e inequívoco. Os grandes oradores pensam no que desejam passar e em como mobilizar o público.

Talvez o motivo de existirem tão poucos oradores de qualidade atualmente (não só na vida corporativa, mas também em outras áreas, como na política) é que dominar a complexidade das comunicações modernas passou a ser mais importante do que os valores e as virtudes tradicionais. Por exemplo, Tony Blair e Bill Clinton são **grandes comunicadores**, mas ambos são criticados por terem valores considerados superficiais. Gordon Brown, em contraposição, é reconhecido por sua **"bússola moral"**, mas amplamente considerado um **comunicador ineficaz** e de **pouca influência**. Os oradores precisam **dominar a mensagem** e **ter domínio no meio de comunicação** que utilizam, e esse duplo desafio demonstra-se difícil para muitos. Além disso, hoje as pessoas parecem mais reticentes do que no passado com relação à devoção quando estão falando em público, talvez por medo de críticas ou do ridículo.

Em suma, talvez a verdade seja simplesmente que o que leva os líderes a não conseguirem se envolver com seu público seja o fato de haver poucos líderes que defendam autenticamente valores que encontram ressonância nas outras pessoas. Por exemplo, após os escândalos corporativos, prevaricações e excessos dos anos 2000, podemos de fato dizer que os políticos e executivos têm consciência de seu papel de liderança? Eles têm consciência de sua influência e das expectativas de seus grupos de interesse? Cremos que a resposta seja **não** — ou **não totalmente**. Nas áreas em que qualidades universais como coragem e dedicação ainda são preservadas — por exemplo, nas Forças Armadas —, as grandes comunicações persistem, como as dos generais David Petraeus (EUA) e *sir* Mike Jackson (Grã-Bretanha). O que funciona bem em qualquer lugar é a percepção clara do que as pessoas valorizam — basta perceber isso para se tornar um comunicador persuasivo e audacioso.

Dar autonomia e delegar poderes às pessoas.
A concessão de **autonomia** e a **delegação de poderes** (*empowerment*) estão fundamentadas no ponto de vista de que, quando as aptidões de um indivíduo são frequentemente subutilizadas, se lhe forem oferecidos o ambiente de trabalho correto e o nível de responsabilidade adequado, ele começará a contribuir mais e de uma maneira mais positiva. Quando damos autonomia e delegamos poderes a uma equipe, estamos deixando que ela leve o trabalho inteiramente adiante: ela passa a ser responsável e responsabilizada, de acordo com determi-

nados limites preestabelecidos. Delegar autonomia e poderes significa deixar que cada membro da equipe leve seu trabalho adiante; deixar que os membros mais próximos dos clientes tomem decisões; eliminar obstáculos e burocracias desnecessários; e estimular e possibilitar que as pessoas coloquem em prática suas ideias de melhoria.

A concessão de autonomia e a delegação de poderes exigem que o líder:

- Estabeleça uma direção clara e inequívoca e garanta que as pessoas sigam essa rota.
- Tenha total percepção do que está ocorrendo.
- Ofereça apoio e abra portas e o caminho para a ação sem controlar aqueles a quem delegou poder para realizar o trabalho.
- Tome decisões que outras pessoas não conseguem tomar, tanto por falta de tempo e de informações quanto por falta de conhecimento.
- Sempre avalie o desempenho, recompense a melhoria e apoie o desenvolvimento individual e de equipe.

*Solicitar **feedback** é uma excelente maneira de demonstrar abertura e confiança e, em troca, de também inspirar confiança. Obter feedback é importante e solicitá-lo significa saber quais assuntos você deseja que as pessoas comentem — e por quê. É fundamental evitar atitudes defensivas ou combater os comentários; em vez disso, reflita sobre o que foi dito e decida se deve ou não agir.*

Construa confiança compartilhando o sucesso e informações e conhecimentos sempre que possível.

Até que ponto você sabe fazer isso (e com que frequência)? Vários princípios podem ajudá-lo a conceder autonomia e delegar poderes aos membros de sua equipe. Primeiro, compreender o que você entende por dar autonomia. Tenha certeza do que você deseja obter ao dar autonomia à sua equipe; informe seus colegas e os altos executivos sobre seus planos e verifique se as expectativas deles correspondem às suas. Em seguida, avalie os obstáculos à concessão de autonomia — quais são (por exemplo, as pessoas talvez temam a responsabilidade ou talvez exista uma cultura de culpabilização) e como eles podem ser superados?

É também fundamental desenvolver a cultura certa dentro de sua equipe — algumas organizações têm uma cultura mais adaptável à concessão de autonomia do que outras. Se você quiser mesmo conceder autonomia à sua equipe para que ela tome suas próprias decisões e assuma maior responsabilidade, você deve promover a confiança e o respeito; dissipe o clima de medo e culpabilização e concentre-se nas necessidades do trabalho, da equipe e de cada indivíduo.

O passo seguinte é estabelecer os limites corretos — a delegação dá às pessoas maior autonomia e responsabilidade, mas é vital estabelecer em conjunto limites nítidos. Por exemplo, estabelecer limites para os gastos. Além disso, esteja preparado para testar esses limites: só então esses limites claros serão estabelecidos. Você precisará conscientizar melhor as pessoas ao seu redor sobre as implicações da concessão de autonomia: isso talvez exija que você tranquilize algumas pessoas, tente convencer outras sobre os benefícios da autonomia e obtenha o apoio de algumas outras.

Verifique se as pessoas têm as habilidades e os recursos adequados para se encarregarem do trabalho — analise o que cada membro de sua equipe está fazendo no momento e o que ele provavelmente fará no futuro. Essa é uma oportunidade para alterar e atualizar as descrições de cargo. Avalie as necessidades de treinamento e confira se sua equipe tem recursos suficientes.

Ajuste em conjunto objetivos e medidas de desempenho e monitore o andamento. Delegar autonomia significa atribuir responsabilidade às pessoas e oferecer recursos para que elas concluam suas atribuições. Assim como na delegação de autoridade, delegar autonomia não significa despejar uma carga de trabalho sobre as pessoas e deixá-las sozinhas. Além disso, você deve ajustar em comum acordo com elas qual será o nível necessário de agilidade, precisão e eficiência de custos. Você precisará também conscientizar as pessoas sobre o que está ocorrendo e tentar obter resultados iniciais que ressaltem a importância do processo. Monitore os acontecimentos e resolva quaisquer dificuldades, particularmente nos primeiros dias. Porém, tome cuidado para não interferir ou minar o processo.

É indispensável compreender que, quando você dá autonomia aos integrantes de sua equipe, você está lhes passando um trabalho inteiro e toda uma área de responsabilidade, que possuem limites definidos, e não uma tarefa ou um projeto específico.

Aconselhar e desenvolver talentos.
O aconselhamento (*coaching*) é uma habilidade fundamental que você pode aprender em seu cotidiano. Ele ajuda as pessoas a vencer desafios, conseguir oportunidades e superar o inesperado ou desconhecido. Além disso, é uma atribuição bastante gratificante: ajuda os indivíduos a desenvolver suas habilidades, a concretizar seu potencial e a ter sucesso. O aconselhamento possibilita que

os indivíduos afastem-se das pressões diárias e recebam apoio exclusivo de um profissional qualificado. Portanto, quais são os elementos de um bom diálogo de aconselhamento?

Primeiro, não pode haver instruções nem julgamentos no aconselhamento. Os bons *coaches* são confiantes, construtivos e "estão do seu lado". Além disso, eles assumem o controle e obtêm o controle. Isso significa que eles têm capacidade para oferecer clareza, foco, tranquilidade; eles contestam e provocam as pessoas; eles podem orientar e, sobretudo, estimulam as pessoas a superar obstáculos.

Outro aspecto indispensável do aconselhamento é o **questionamento**. Isso é possível demonstrando interesse, oferecendo ao outro a sensação de apoio e criando afinidade. Quando o questionamento é ponderado, ele revela, explora e amplia questões, metas, opções, realidades, ideias e possíveis mudanças e possibilita que as pessoas pensem sobre as questões de uma maneira diferente.

Saber discutir e reestruturar as questões é outra habilidade dos grandes *coaches*, porque oferece uma perspectiva nova e valiosa. Restringir-se a dar uma opinião ou ouvir com atenção um problema relatado pode oferecer às pessoas uma nova perspectiva. Além disso, o bom aconselhamento **contesta suposições básicas**. Para isso, faça as pessoas encontrarem ideias e um caminho a seguir eliminando as restrições, ressaltando novas oportunidades e promovendo uma forma diferente de pensar e uma realidade diferente daquela originalmente percebida. Os *coaches* utilizam também **modelos e técnicas**. Isso significa que eles procuram novas ideias e gostam de desenvolver suas próprias habilidades. Os modelos e as técnicas oferecem entusiasmo, foco e uma nova perspectiva.

No aconselhamento, um bom diálogo deve sintetizar, reestruturar e ajudar o indivíduo a estabelecer metas para o futuro. Programe uma série de diálogos para acompanhar essas metas. É imprescindível reconhecer que todos os indivíduos precisam "aderir" ao processo. Portanto, ajude seus colegas a compreender a técnica que você está empregando e dê-lhes espaço para questioná-lo. Um bom diálogo de aconselhamento desenvolve o discernimento e a percepção e cria entusiasmo pela mudança e pode ajudar os indivíduos a perceber como eles estão se saindo e a tomar decisões sobre sua carreira.

Inspirando confiança.

- As pessoas tendem a se abrir com você e lhe dizer coisas sobre elas mesmas que não contam para muitas outras?
- Você em geral é tolerante e acrítico em relação aos outros?
- Você oferece ajuda e apoio? Quando e como isso pode ser melhorado?
- Você observa se as pessoas estão se sentindo à vontade à sua volta?
- Quando você está errado ou cometeu um erro, admite prontamente (e pede desculpa quando necessário)?
- Você dá crédito imediatamente e efetivamente para as coisas que as outras pessoas fizeram?
- Você se comunica de uma maneira transparente, honesta e verdadeira?
- Você tenta compreender as intenções das pessoas em vez de julgá-las por seus atos?
- Seu interesse pelas pessoas é verdadeiro ou você tenta e faz de conta? (Se sim, é quase certo que as pessoas saibam disso.)
- Você dá oportunidade para que as pessoas tenham a palavra e as ouve verdadeiramente?

Construindo relacionamentos confiáveis.

Várias medidas práticas podem ajudá-lo a construir **relacionamentos confiáveis**:

- Faça o que você diz que fará e faça sua palavra valer.
- Crie uma expectativa de confiança tendo confiança nos outros.
- Mantenha os membros da equipe informados pedindo para que eles indiquem quais informações lhes seriam mais proveitosas, explicando com cuidado as questões e divulgando as informações disponíveis.
- Ofereça um *feedback* construtivo identificando claramente o comportamento para o qual você está oferecendo-o (concentre-se no comportamento e não na pessoa).

De uma maneira mais geral, procure:

- Tratar todos os indivíduos com respeito e oferecer apoio.
- Esclarecer seus comentários com exemplos práticos.

Continua

246 A Verdade sobre o Talento

- Chegar a um acordo sobre um plano de ação e o levar adiante.
- Fazer observações construtivas.
- Agir com integridade e sinceridade.
- Tratar os outros como você gostaria de ser tratado.
- Conhecer com quem você está lidando. Para isso, examine como essa pessoa trabalha e o que a motiva.
- Ser zeloso, aplicado e coerente.
- Reconhecer o sucesso e recompensar o bom desempenho.

Utilizando o *coaching* (aconselhamento).

O modelo GROW.
O modelo GROW, desenvolvido por *sir* John Whitmore, oferece uma estrutura para o *coaching.* GROW é um acrônimo que se refere a quatro etapas:

- *Goals* (Metas)
- *Reality* (Realidade)
- *Options* (Opções)
- *Will/When* (Vontade/Quando)

Cada etapa oferece uma orientação sobre uma parte vital do diálogo do *coaching.* Embora em geral isso seja feito em sequência, não é necessariamente um processo linear — os *coaches* podem mudar de uma etapa para outra quando necessário.

> **Metas** – Essa etapa está centrada nas metas dos *coaches*: suas intenções e prioridades. Ela estabelece a pauta para o diálogo do *coaching.* Durante essa fase, o *coach* deve ser flexível e estar preparado para investigar, questionar e contestar. Isso é possível por meio de perguntas

---

* Para obter mais informações sobre o modelo GROW, consulte John Whitmore, *Coaching for Performance* (*Coaching de Desempenho*), Nicholas Brealey Publishing. Se desejar examinar um guia prático sobre esse tema, consulte Patricia Bossons, Jeremy Kourdi e Denis Sartain, *Coaching Essentials: Practical, Proven Techniques for World-Class Executive Coaching* (*Princípios Básicos do Coaching: Técnicas Práticas e Comprovadas para um Coaching Executivo de Primeira Linha*), publicado pela A&C Black.

e da empatia. O resultado dessa etapa é um conjunto claro de metas tanto para a relação de *coaching* geral quanto a sessão de *coaching* em particular. As perguntas nessa etapa abrangem:

- Qual é sua meta? Quais são suas prioridades? O que você tentando conseguir?
- Como você saberá que conseguiu o que deseja?
- Você a definiria como um objetivo final (por exemplo, estabelecer uma nova equipe) ou uma meta de desempenho (fazer com que a equipe seja mais colaborativa)?
- Se for um objetivo final, que meta de desempenho poderia estar relacionada com ele?
- Essa meta é específica e mensurável?
- Como você saberá que ela foi atingida? Que cara terá o sucesso?

Realidade – A etapa seguinte refere-se à investigação sobre a situação atual do *coachee* (aluno ou aprendiz): a realidade das circunstâncias e preocupações em relação à sua meta específica. O *coach* precisa ajudar o *coachee* a analisar e compreender rapidamente as questões mais significativas associadas à sua meta. Isso pode abranger fatos ou números, obstáculos, recursos ou as pessoas envolvidas. O *coach* ajuda o *coachee* a compreender a realidade de sua situação fazendo perguntas que revelam a realidade. Além disso, se possível ele pode fornecer informações para ajudá-lo e também resumir a situação para esclarecer a realidade para o *coachee*. As perguntas nessa etapa abrangem:

- Em que medida você controla o resultado? Quais fatores não estarão sob seu controle?
- Você acha que a concretização dessa meta o fará crescer ou o enfraquecerá?
- Quando você deseja atingir essa meta? Até que ponto ela é viável?
- Quais são os marcos ou os principais pontos no caminho de concretização de sua meta?

Continua

248   A Verdade sobre o Talento

- Quem está envolvido e qual influência que essa ou essas pessoas podem ter sobre a situação?
- O que você fez a respeito dessa situação até o momento e quais foram os resultados?
- Quais são as principais restrições ou os principais problemas que você está enfrentado (ou pode enfrentar)?
- Essas restrições são grandes ou pequenas? Em que sentido seus efeitos poderiam ser diminuídos?
- Que outras questões estão ocorrendo no trabalho que poderiam ter influência sobre sua meta?

Opções – Durante essa etapa do processo, o *coach* ajuda o *coachee* a criar opções, estratégias e planos de ação para atingir sua meta. Às vezes, esse diálogo pode continuar revelando novos aspectos da situação atual do indivíduo e, consequentemente, pode retroceder para a sua realidade. Não há problema nisso, se for produtivo e esclarecedor — a intenção é ajudar o indivíduo, e não seguir rigidamente um processo. As perguntas nessa etapa abrangem:

- Que opções você tem?
- Quais opções você prefere e por quê?
- Se seus recursos fossem restritos, que opções você teria?
- Você poderia associar sua meta a alguma outra questão organizacional — isso geraria novas opções?
- Qual solução seria perfeita?

Vontade/Quando – A etapa final é vital, embora seja com frequência subestimada ou realizada às pressas. A intenção é chegar a um acordo claro sobre o **que** é necessário fazer e que medidas serão tomadas, **por quem**, **como** e **quando**, e garantir que haja vontade, comprometimento e determinação suficientes para que isso seja levado até o fim.

A elaboração de um plano prático para implantar a opção escolhida pode ser útil para o *coachee*. A função do *coach* é servir de caixa de ressonância, no sentido de evidenciar pontos fortes e fracos, pôr à prova a postura escolhida e oferecer uma perspectiva adicional que apoie o *coachee*. As perguntas dessa etapa abrangem:

- O que você fará?
- Quando você fará isso?
- Quem precisa saber?
- Que recursos e apoio você precisa e como você os conseguirá?
- Em que sentido isso o ajudará a concretizar sua meta?
- Quais obstáculos podem impedi-lo e de que forma você os superará?
- Como você assegurará seu sucesso?

Com frequência, os planos mais eficazes também utilizam um processo de revisão e *feedback*. Isso é fundamental para verificar os avanços obtidos e oferecer os recursos e a força de vontade que se fizerem necessários.

Conclusão

Criando uma roda volante de talentos.

Nosso objetivo ao escrever este livro foi ressaltar em que ponto o raciocínio da gestão de talentos é limitado e propor uma alternativa mais eficaz. Nossa experiência pessoal e nossa pesquisa nos indicam que essa alternativa já passou da hora. Nossas organizações precisam de um **método simples** e ao mesmo tempo **competitivo**. Nossos colegas precisam disso para serem convincentes. **Não podemos mais atuar** com base no ponto de vjista de que **talento é uma qualidade absoluta** que se aplica **estritamente** aos indivíduos **mais competentes**. Tampouco podemos continuar pensando a respeito do talento como algo que a organização **controla** e **gerencia**. O mundo mudou.

O mundo em que vivemos no momento exige muito mais de nós. Isso está mudando a forma como devemos trabalhar e modelar nossa carreira. A **"escassez de aptidões"** é a maior ameaça à nossa competitividade, e as empresas devem agir para concretizar o potencial de todos os seus funcionários. Isso não está relacionado a treinamento, mas a **envolvimento**. Significa estar decididamente consciente do propósito de sua empresa; por que ela existe e como ela fará diferença. Requer também uma organização do trabalho que possibilite que as pessoas "assumam mais ou menos responsabilidades" para equilibrar seus compromissos pessoais. Devemos igualmente perceber que os seres humanos precisam de trabalhos estimulantes. Adoramos aprender, sentimos prazer em resolver problemas e fomos criados para ser criativos. Podemos garantir que a falta de trabalhos estimulantes esgotará sua oferta de talentos.

Talvez a conclusão mais fundamental que conseguimos extrair de nossa pesquisa seja a importância da crença no debate sobre talento. Isso está relacionado com nosso modelo mental sobre talento, onde o procuramos e como o envolvemos. Na introdução, falamos sobre o **"ciclo fatal dos talentos"**, a forma como tentamos lidar com o problema do talento por meio de uma série de intervenções desconexas ou localizadas.

Demonstramos que as antigas hierarquias e ideias sobre controle estão entrando em dissolução. Demonstramos de igual modo que o acesso a pessoas talentosas não significa exclusivamente ter olhos para indivíduos brilhantes; significa encontrar uma forma de criar um *mix* genial de indivíduos com bom desempenho em sua força de trabalho. Isso requer uma mudança de perspectiva. Uma perspectiva que encare o problema sistematicamente, compreendendo que o talento é, em essência, uma questão social. Ele está relacionado à cultura, ao comportamento e ao foco de uma organização; os "fatores entre funcionários" ou o capital social que utiliza o potencial de toda a força de trabalho.

O oposto positivo do **"ciclo fatal"** (Figura C1) é a **"roda volante"** (Figura C2). A "roda volante" está fundamentada em um conjunto de condições, que, quando aplicadas simultaneamente, em passos pequenos e incrementais, criam um ímpeto persuasivo para a mudança. O ponto fundamental nesse sentido é trabalhar sobre o problema de uma maneira conjunta para que cada mudança

Figura C1 – O ciclo fatal do talento.

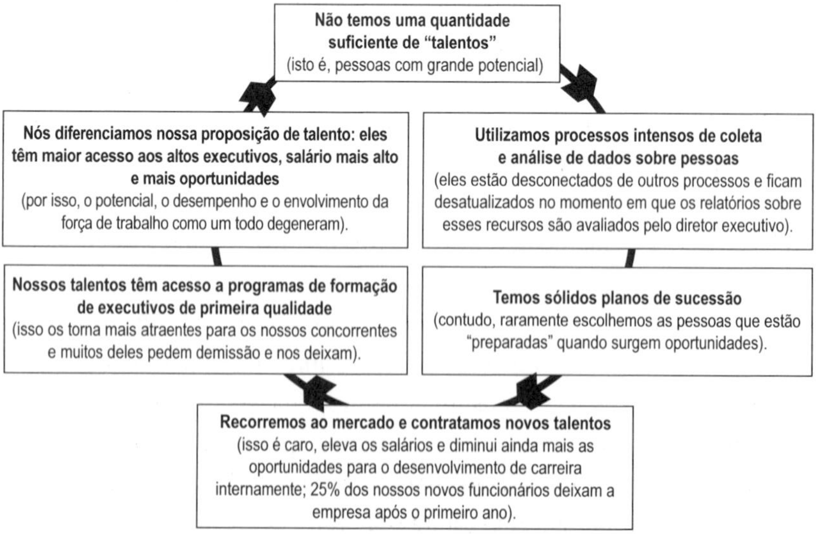

Não temos uma quantidade suficiente de "talentos"
(isto é, pessoas com grande potencial)

Nós diferenciamos nossa proposição de talento: eles têm maior acesso aos altos executivos, salário mais alto e mais oportunidades
(por isso, o potencial, o desempenho e o envolvimento da força de trabalho como um todo degeneram).

Utilizamos processos intensos de coleta e análise de dados sobre pessoas
(eles estão desconectados de outros processos e ficam desatualizados no momento em que os relatórios sobre esses recursos são avaliados pelo diretor executivo).

Nossos talentos têm acesso a programas de formação de executivos de primeira qualidade
(isso os torna mais atraentes para os nossos concorrentes e muitos deles pedem demissão e nos deixam).

Temos sólidos planos de sucessão
(contudo, raramente escolhemos as pessoas que estão "preparadas" quando surgem oportunidades).

Recorremos ao mercado e contratamos novos talentos
(isso é caro, eleva os salários e diminui ainda mais as oportunidades para o desenvolvimento de carreira internamente; 25% dos nossos novos funcionários deixam a empresa após o primeiro ano).

Conclusão 253

reforce a outra em uma parte correlata da organização. O objetivo da roda volante de talentos é potencializar os talentos latentes disponíveis para a organização e tornar o todo resultante maior que a soma de suas partes.

Essa é a verdade mais importante sobre o talento, e as condições que recomendamos para a roda volante de talentos são sintetizadas na Figura C2.

Analise o talento com base no contexto.
Primeiro, pense a respeito de talento com base em seu contexto. Examine a oferta e a demanda. Quais habilidades sua organização precisará para sobreviver e prosperar no futuro? Quando você precisará delas e por quanto tempo? Esboce uma série de cenários e elabore um plano com base nas abordagens **"formar ou contratar"**. Se você precisar de familiaridade dos planos de sucessão, lembre-se de que ele é uma ferramenta de gerenciamento de riscos que se torna rapidamente obsoleta.

Figura C2 - A roda volante de talentos.

Análise do talento com base no contexto

Temos um objetivo estratégico claro que se integra com nossa estratégia de gestão de talentos. Utilizamos cenários estratégicos para planejar nossa força de trabalho. Tomamos o cuidado de equilibrar nosso plano de "formar e contratar". Sabemos onde estão as pessoas que transpiram energia e onde estão nossos "pontos quentes" (profissionais talentosos).

Leve a liderança a sério

Tornar-se um líder é algo muito importante. Os líderes são modelos de vida, professores e conselheiros. As promoções exigem ampla aprovação. Todos os líderes têm formação em avaliação de desempenho, envolvimento e desenvolvimento de equipes e talentos. Nossos líderes mais talentosos conduzem nossas atividades de recrutamento e desenvolvimento.

Trate todas as pessoas como um talento

Contratamos nossos funcionários com base em sua capacidade de agregar valor. Nós os acolhemos e integramos. Temos uma proposição de valor básica aos funcionários que pode ser personalizada. Quando as coisas não dão certo, ajudamos as pessoas a sair com dignidade. A diversidade do mercado externo está refletida em nossa população de liderança.

Cultive a ecologia do talento

Temos um mercado interno aberto de recrutamento e desenvolvimento. Os rodízios são tranquilos. A aprendizagem é modular e personalizada para o plano de carreira de cada indivíduo. As pessoas mais talentosas têm acesso antecipado a essas proposições.

Nossos sistemas de desempenho procuram identificar e avaliar o valor oferecido. A excelência em inovação e relacionamentos atrai a remuneração mais alta. O talento é identificado por meio de um registro sobre agregação de valor sustentável.

Desenvolva o potencial de todos

Concentre-se na agregação de valor

Diferenciamos nossos funcionários por segmentos biográficos e de desempenho. Todo indivíduo tem uma proposição de trabalho personalizada, em que flexibiliza os elementos de sua função e seus planos de desenvolvimento de carreira de comum acordo com o gerente de linha.

Personalize o trabalho

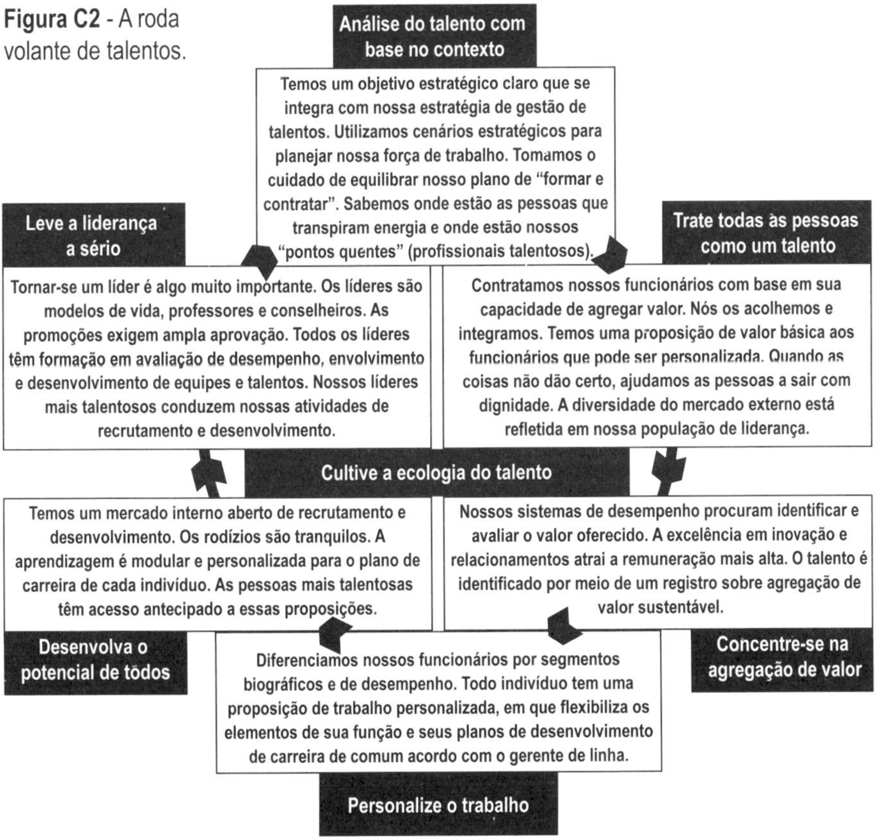

Pense, em vez disso, sobre as pessoas e a estrutura que você precisa para cumprir sua estratégia. De que forma sua organização será mais distintiva, eficiente e inovadora? Examine como as pessoas estão se saindo no presente e **com quem** elas estão atuando. Tente entender o que as motiva e de que forma um concorrente poderia enxergá-las. Isso não está relacionado apenas ao fato de o talento gostar de empresas talentosas; tem a ver com equipes de talento; saber onde estão as pessoas que transpiram energia e onde se encontram os "pontos quentes" (Gratton, 2007) *e* saber reproduzi-las.

Trate todas as pessoas como sendo talentosas.
Precisamos de uma perspectiva mais sustentável com relação às pessoas. Estamos exaurindo (metaforicamente e literalmente) a mina de talentos usuais e precisamos ampliar nossa busca para grupos diferentes. Saberemos em que momento teremos feito progressos quando tivermos uma representação mais diversa em cada nível de liderança. Isso equilibrará o portfólio de competências na organização, tornando-o mais inovador e mais adaptável.

Precisamos também nos conectar novamente com os "atores B" ou, como preferimos chamá-los, o núcleo vital da organização. Isso exige um afastamento da mentalidade de que as pessoas "atingem o teto em sua carreira" ou "atingem seu potencial". Sim, talvez elas estejam empacadas ou estejam apresentando um desempenho aquém do esperado — nesse caso, **mude-as de lugar!** Mude-as para um trabalho mais estimulante com base em suas características pessoais. Mude-as para uma função ou equipe diferente para inspirar outras pessoas. Ou então agradeça e peça para que elas deixem a empresa. Tratar todas as pessoas como um talento não significa manter aquelas cujas habilidades não se enquadram mais.

Concentre-se na agregação de valor.
É também chegado o momento de abandonar a ideia de que talento tem a ver unicamente com indivíduos com alto potencial. É fundamental identificar aqueles que aprendem rápido e superam seus pares em desempenho. É mais importante ser claro a respeito do potencial que você precisa, respondendo à pergunta: "Potencial para o quê?". Nossa pesquisa indica que, progressivamente, esse potencial está deixando de ser associado à capacidade de galgar postos executivos cada vez mais altos. Esse potencial tem a ver com **agregação de valor**. Isso significa produzir um impacto que faça diferença em áreas que

têm o mais alto valor para a organização. Poderia ser uma área técnica — por exemplo, uma previsão atuarial mais precisa; de atendimento direto ao cliente, para dobrar o volume de vendas; ou administrativa, para diminuir os gastos pela metade por meio de novos acordos de compra.

Seja qual for o contexto, isso significa encontrar os *animateurs* (animadores), as pessoas que dão vida à mudança e criam foco e energia em seus colegas de trabalho. Não se trata de previsões competentes sobre quais pessoas podem (ou não) ter êxito no futuro. Significa analisar seu desempenho no presente e prever que impacto ele terá no futuro da organização.

Personalize o trabalho.

As pessoas escolhem quando e como elas empregam seu talento. Não é simplesmente uma questão de pressupor que a aptidão de um indivíduo pertence à organização que paga seu salário. O potencial é moeda de troca no atual ambiente de trabalho. Ele é compartilhado quando o indivíduo acredita no propósito da organização e confia em seus líderes. Ele também depende da magnitude do significado que um indivíduo alcança por meio de seu trabalho e isso varia de pessoa para pessoa e em diferentes momentos da vida dessas pessoas.

Precisamos estruturar o trabalho de uma maneira diferente para que ele se concilie com isso. Não se trata apenas de encontrar esquemas de trabalho flexíveis com relação a definir funções e possibilitar que as pessoas assumam e recusem responsabilidade dependendo do que está ocorrendo no resto de sua vida.

Isso é terrivelmente complexo e exige uma estratégia de RH mais sofisticada. Precisaremos empregar técnicas de segmentação de mercado para compreender e responder às diferentes motivações de diferentes grupos. Isso também exigirá clareza na proposição de valor aos funcionários e sobre como essa proposição pode ser personalizada para cada funcionário.

Desenvolva o potencial de todos.

Em nossa opinião, um dos principais motivos de não termos talentos suficientes é o fato de a educação não ter acompanhado os passos do futuro. Isso ocorreu em nossas escolas e universidades. Ocorreu também em nos locais de trabalho. Parte do problema é que os empregadores têm se preocupado em preencher a defasagem de habilidades daqueles que estão ingressando na força de trabalho. Isso gerou uma oscilação na educação dentro da função de aprendizagem e desenvolvimento. Em um extremo, as prioridades são treinamento, habilidades básicas e competências de função; no outro extremo, programas de formação de executivos extremamente caros; e mais ou menos no meio, programas de formação gerencial medianos.

O problema disso é saber até que ponto o currículo da organização mantém-se relevante para sua estratégia e como os funcionários podem desenvolver suas aptidões de acordo com a necessidade deles. A aprendizagem precisa se tornar mais conveniente, contínua e personalizada. A segmentação nos permitirá modelar e obter proposições de aprendizagem mais eficientemente. Os mais competentes devem ter acesso antecipado (e não exclusivo) a essa formação.

Devemos também deixar de depender tanto dos *workshops* ricos em conteúdo ou do *e-learning*, para abarcar experiências mais variadas. Rodízios, transferências temporárias de cargo ou para estudos, participação em redes e liderança por parte de comunidades de especialistas são cada vez mais importantes para o desenvolvimento de talentos e para a saúde da organização. Eles também custam menos e geram melhores resultados do que as atividades convencionais.

Além disso, devemos abandonar a ideia do treinamento excessivamente sistematizado ou da difundida aprendizagem autodirigida (na qual você é "abandonado" para fazer o que quiser com as diversas **"engenhocas" eletrônicas**) e adotar uma mentalidade realmente educativa. A definição original de educação é "extrair", quase literalmente dar vida (ou animar) potencial de um indivíduo. Para fazer isso adequadamente, a organização precisa que seus líderes assumam o papel de mestres.

Leve a liderança a sério.

A organização talentosa é aquela que necessita de líderes de vários estilos. Líderes de ideias inovadoras, defensores do cliente, agentes de mudança, empreendedores e líderes de pessoas. Eles podem ser profundos especialistas em cada uma dessas áreas ou combinar todas elas. O que importa é que os padrões de desempenho sejam estabelecidos em torno do que significa ser um líder e que o desempenho exemplar seja reconhecido e celebrado.

Pode-se afirmar que a área mais influente de todas é a de **liderança de pessoas**, e isso requer grande atenção. É interessante que aquilo que é considerado a finalidade mais complexa da liderança — aconselhar, inspirar, envolver pessoas — em geral é deixado para um momento relativamente posterior da carreira do líder. Acreditamos que a função do líder seja tão importante para o talento (e para a organização) que ele precisa ser reconhecido e avaliado regularmente.

Cultive a ecologia do talento.

A roda volante depende da interação entre cada uma das condições anteriores com a ecologia do talento cultivada pela organização. Trata-se de um conjunto complexo de relações entre indivíduos, equipes, mercado externo, cultura organizacional, estratégia empresarial, estrutura e hábitos operacionais. Quando alinhados, esses elementos formam o giro final e vigoroso da roda volante e conduzem seu ímpeto. Eles são os mais difíceis de conseguir e os mais fáceis de perder.

Nesta consideração final e a **título de advertência**, lembramo-nos de uma história importante sobre como isso pode dar desastrosamente errado. Na pesquisa original *War for Talent* (*Guerra por Talentos*), os autores referiram-se à Enron como um exemplo brilhante de uma empresa conhecedora do assunto no que tange a talento. A empresa focalizava indivíduos de alto potencial, tinha um mercado de trabalho aberto e estimulava seus talentos a "pensar de forma não convencional". Entretanto, o que o talento da Enron talvez não tivesse era senso de integridade e capacidade para contestar o *status quo*. Desde então, muitas pessoas teceram comentários, dizendo que sem esses valores para ancorar sua estratégia de **gestão de talentos**, a Enron havia perdido o controle. A Enron tinha talentos suficientes, eles conseguiam pensar de forma não convencional, mas ninguém parou para perguntar se na verdade o que precisava mudar era a própria mentalidade da empresa...

Apêndice

Investigando a verdade sobre o talento

Recebemos 302 respostas para a nossa pesquisa. Os participantes eram principalmente do sexo feminino — 57%, em comparação aos 43% do sexo masculino. Eles também demonstravam uma tendência à geração X — 44% de 35 a 44 anos de idade e 19% entre 25 e 34 anos. Vinte e oito por cento eram *baby boomers* — 45 a 54 anos de idade — e 6% tinham mais de 55. Somente 2% tinham menos de 25.

A maioria de nossos entrevistados (80%) trabalhava em tempo integral. O grupo restante era composto de autônomos, que tinham um trabalho flexível ou haviam feito uma pausa na carreira; 61% trabalhavam há pelo menos 15 anos.

Eles têm uma qualificação acima da média: 41% são graduados, 46% possuem mestrado e 5% são alunos de doutorado. Como seria de esperar, isso também tinha desdobramentos em termos de renda; mais de 50% ganhavam entre 70.000 e 150.000 libras por ano.

Os participantes residiam principalmente no Reino Unido (68%) ou nos EUA (12%). Entretanto, o restante era de vários continentes: Europa, América do Sul, Ásia, Oriente Médio e África.

Quanto à profissão, 51% são profissionais de recursos humanos (RH) e 21% atuam na área de consultoria. A maior parte trabalha no setor de serviços financeiros, 43%, e o restante distribui-se em uma variedade de áreas técnicas/profissionais: vendas, *marketing*, contabilidade, propaganda e educação. Curiosamente, 5% eram de organizações sem fins lucrativos.

Segundo os participantes, o que mais os motivava a trabalhar era: **"evitar o tédio, viajar e fazer novos amigos"**. Eles também se sentiam bastante atraídos por empregadores que **"ofereciam um trabalho estimulante, gerentes de linha motivadores e sólidos valores corporativos"**.

260 A Verdade sobre o Talento

Havia grande concordância no grupo quanto à definição de talento. Para a maioria, talento era: **"pessoas de alto desempenho, líderes competentes, inovadores e aqueles que se destacavam em relação a seus pares"**. Eles descreveram o talento como as pessoas que desenvolvem relacionamentos, mudam as coisas e inventam coisas (nessa mesma ordem). Esses fatores eram vistos como os principais indicadores de valor. Além disso, **"percepção, paixão e visão"** foram identificadas como as características mais fundamentais para o talento. Mais importante, a grande maioria ressaltou que **"todos tinham potencial para se tornar mais talentosos"**.

O grupo acreditava que a genética de cada um continuava a desempenhar um papel importante em relação ao talento. Houve um índice de resposta comparativo quanto à importância dos fatores ambientais. Dentre esses fatores, uma cultura aberta e inovadora foi considerada o mais fundamental para o desenvolvimento do talento. Gerentes de linha motivadores, tempo para o aprimoramento e executivos acessíveis também foram considerados fatores essenciais.

Segundo o grupo, o desenvolvimento do talento era igualmente uma responsabilidade dos executivos seniores, do RH, dos gerentes de linha e dos indivíduos. Para os participantes, no momento essa responsabilidade não estava sendo cumprida e todos precisavam fazer mais. Quase 18% dos respondentes sentiam que o RH era muito invisível.

Agradecimentos quanto à pesquisa.

Somos gratos à experiência e às ideias oferecidas por nossos colegas no passado e no presente. É odioso apontar pessoas, mas gostaríamos de reconhecer particularmente aquelas que nos estimularam e inspiraram ao longo do caminho: Lisa Earnhardt, Rosemary D'arcy, Stephen Barrow, Barbara Simpson, Emma Mitchell, Ben Dunn, Catherine Phillips, Michelle Martin, Steve Mostyn, June Boyle, Claire Roberts, Ian Mackenzie, Ali Herdman, Ann Kleinsteuber, Andrew Mayo e Ben Summerskill.

Tivemos sorte em obter a contribuição de mais de 300 pessoas do mundo inteiro para a nossa pesquisa. As informações que elas nos ofereceram nos levaram a crer com firmeza que a pauta sobre talento de fato precisava mudar. Agradecemos a cada um de vocês, pelo tempo e pelas ideias. Relacionamos a seguir aqueles que ficaram contentes em ser reconhecidos na síntese da pesquisa ao final deste livro. Somos também gratos à rede London Goddess, que nos permitiu digerir os resultados da pesquisa durante o jantar — felizmente, não houve nenhum relato de indigestão.

Agradecemos também à paciente equipe da Wiley, por seu comprometimento com esse projeto.

Devemos nossos maiores agradecimentos a nossos amigos e familiares que acreditaram em nós e nos permitiram adiar nossa vida para dar forma a este livro. Nosso obrigado.

Por fim, a nossas respectivas companheiras, Tania e Julie, que, embora à sombra dos bastidores, trabalharam ao nosso lado em cada uma das palavras que digitamos. Agradecemos pela revisão de texto, por nos ter ajudado tanto para editar esse trabalho, pelo chá e por nos apoiar nos altos e baixos. Não poderíamos ter chegado aqui sem vocês.

1. Dr. Raymond Madden, diretor, Corporate Leadership and Learning.
2. Escola de Negócios Cass.
3. Jim Francis, fundador da Wavemaker Consulting.
4. Richard Colgan, diretor executivo, Oakleaf Partnership Limited.
5. Johan Ludike, MTN Group Limited South Africa.
6. Simon Hayward.
7. John Arnott, diretor de RH, Vaultex.
8. Amelia Hughes, psicóloga empresarial independente.

9. Dr. Piet-Hein Prince, MBA, CISA. Serviços de aconselhamento da Ernst & Young.
10. Lara Fascione.
11. Nicola Shearer, diretora, Little Springtime.
12. Keith Robson, Barclays.
13. Frances Middleton.
14. Lenore Beilings, África do Sul.
15. Peter Simpson, Escola de Negócios Bristol.
16. James Taylor, HSBC.
17. Barbara Simpson, Cancer Research, Reino Unido.
18. Allie Kerevan.
19. Tim Hopgood, Lloyds Banking Group.
20. Neil Lawson, diretor, Marton House plc.
21. Lizzie Holden, diretora, The Global Coaching House.
22. Shona Marshall, The Miller Group.
23. Philippe Husser.
24. Nick Warren, Performance Unlimited.
25. Jayne O'Hara, Oliver Wyman, Leadership Development.
26. Dimitra Manis, vice-presidente sênior, diretora global de talentos, Thomson Reuters.
27. Martyn Fricker, diretor, Desenvolvimento de Negócios, Emida Inc.
28. Marc Grainger, Credit Suisse.
29. Nikki Squelch, Scope.
30. Tariq Ahmed, Visa Inc.
31. Andy Nicoll.
32. Lillian Latto, diretora de pesquisa, Recrutamento e Seleção de Executivos, Burns Carlton.
33. Craig McLoughlin, diretor, Magnum Training Ltd.
34. Marc Hoodless, diretor geral de recursos humanos, Arqaam Capital, Dubai.
35. Diane Yates, diretora, Wyse People Development.
36. Lynn S. O'Connor.
37. Jacqueline Planner.
38. Brian D. Cawley, Ph.D., Corvirtus, LLC (Colorado Springs, Colorado, EUA).
39. Sarah Law, psicóloga corporativa, Meercat Consulting Ltd.
40. Karin Wills.

41. Chris Locke, diretora de Aprendizagem & Desenvolvimento em Liderança, Pearson International.
42. Rachel James.
43. Ettie McCormack, proprietária da STEP Forward Solutions Ltd.
44. Mike Fitzgerald, Celent.
45. Shari Casey, Betfair.com.
46. Josephine Storek, diretora de Relações Corporativas da Escola de Negócios EDHEC, Reino Unido.
47. James Gamage.
48. Ann Kleinsteuber.
49. Sally Bibb, cofundadora e diretora da talentsmoothie.
50. Liz Grant, diretora, Black Toucan.
51. Tim O'Rourke, consultor executivo da Woodcote HR Ltd.
52. Claire Roberts, Oliver Wayman.
53. Viv Taylor, diretora de Desenvolvimento Organizacional, Guardian News and Media.
54. Susan Chew.
55. Jeremy J. Lewis.
56. Russell Butler, diretor executivo e fundador, iVentiv Ltd.
57. Tanja Riechel, consultora de Gestão de Talentos em Liderança, MTN Group.
58. Simon Rodgers.
59. Lorraine Poole.
60. Anna Penfold, Korn/Ferry, Whitehead Mann.
61. Dra. Dena Michelli, *coach* executiva.
62. Preya Gopie, Barclays.
63. Daryl Murray, diretora de avaliação, Penna plc.
64. Kay Rolandi, mestre em ciências, FCIPD.
65. Gerente de Aprendizagem e Desenvolvimento na Europa, Parker Hannifin Ltd.
66. John Drysdale, diretor, Business Momentum.
67. Sean Miller, MCIPD.
68. Peter Little, parceiro de negócios sênior em RH, Lloyds Banking Group.
69. Alison Verheul, Crucible Consulting.
70. Jim Thornhill.
71. Matt Lowry.

Índice remissivo

A

Abundância de talentos   29–32, 74, 76, 77

Acima de 55   9, 66-67

Acionistas   77, 86, 156, 161, 170, 198, 219, 229

Aconselhamento (*coaching*)   19, 51, 89, 118, 151, 165–166, 191, 195–196, 210, 234–239, 243–249, 256

   estilos de liderança   234–239, 243–249

   modelo GROW   246–249

   problemas de desenvolvimento   243–249

África   30

África Ocidental, tendências à terceirização   39

Alemanha   39, 182

Alto potencial, indivíduos com   4, 8, 9, 22, 33–37, 42, 45–47, 52, 114, 133, 252, 254, 257

Altruísmo, atributo da confiança   213–214, 218

Amazon (varejista *on-line*)   126

América do Sul   6, 35, 259

Análise de cenários. *Consulte também* Mentalidade voltada para o futuro; conversas estratégicas

   benefícios   76–79

   checklist   82–83

   comunicação   21–22, 75, 85, 85–90

   conceitos   75

   entrevistas   83

   fatores contextuais   235

   Iniciativas de recrutamento   74, 77, 81–84

   problemas   84–85

   problemas de desenvolvimento   75

   verdade   23–32

Análise de "DNA" das empresas   69

Analogia com as árvores   26, 30, 100. *Consulte também* Ecologia do talento

Analogia com o comunismo soviético, gestão de talentos   28

Animateurs

   definição   50

Apple (empresa)   108

Aprendizagem   118, 130, 138, 155, 189, 197–202, 226–227, 236

266 A Verdade sobre o Talento

Aprendizagem contínua/melhoria contínua 188–189

Aprendizagem organizacional adaptativa, conceitos 188–189, 231

Aptidões 3–5, 7–8, 23–25, 30–31, 34, 37, 40, 44, 46–47, 53, 61, 68–71, 89, 90, 92–93, 102, 112, 114, 177, 178, 198, 200, 202, 251–255. *Consulte também* Competências; problemas de desempenho; habilidades

Aptidões básicas, ferramentas estratégicas de RH 93

Aptidões essenciais 47

Aspectos pessoais do trabalho significativo 173, 185–189, 208–210, 253, 255–257

Aspectos prazerosos do trabalho 173–176. *Consulte também* Satisfação profissional

aspectos psicológicos

contratos 26, 94–95, 126–139, 148–155, 173–176

As pessoas são o nosso maior patrimônio, afirmações 3, 5

Atitudes no trabalho 39, 65, 132, 185–188, 204, 209

Atividades de desenvolvimento de longo prazo, apreciação crítica 46

Atores A 53, 111. *Consulte também* Indivíduos com "alto potencial"

Atores B 51, 53, 254

Atores C 53

Autoconceito

desafios da globalização 161, 181–182, 187, 203, 234

trabalho significativo 171, 179

Autoconfiança. *Consulte também* Confiança

conceitos 211

Autoconsciência

conceitos 76, 146, 194, 205–210, 216, 239

perguntas-chave 209–210

Autoconvicção, conceitos 24–25, 206

Autorregulação. *Consulte também* Inteligência emocional

conceitos 208

Avaliações 3–4, 23, 47, 60–72, 133–139, 150–152

de pessoas de talento 3, 101

Avaliações de risco 77, 85–89, 212–216, 226

com dados incompletos 237–238

equilibrando com as recompensas 238

Avanços tecnológicos 8, 18, 29, 34, 42, 61, 82, 91, 104, 127, 130, 181, 189, 190, 203, 204, 239. *Consulte também* Profissionais de TI

Avatares 127

A verdade sobre o talento 26–32, 259–263

B

Baby boomers (nascidos entre 1943-1960) 9, 39, 41, 186

Bancos de dados 3

Banqueiros de investimento 33–34

Bean, Martin 40

Benchmarks 43–44, 46, 60, 156, 189

Benefícios de experimentação 31, 117

Berkshire Hathaway 86–87

Bernstein, Carl   8, 16–23

Biografia, conceitos de diversidade   61–62, 253

Blair, Tony   241

Blogueiros   42

Bolt, Usain   33

Bonificações   133–135. *Consulte também* Recompensas

Boot, Jesse   183

BP (empresa)   155

B&Q   159

Brailsford, David   112–113

Branson, Richard   191

Brasil   18, 39, 41, 187

BRIC, países (Brasil, Rússia, Índia, China)   18, 26, 39

Brown, Gordon   241

Buffett, Warren   86, 191

C

Cabeça/coração/instinto, perspectivas sobre liderança   180, 193–194, 198–202. *Consulte também* Processos cognitivos; coragem, emoções

Caçadores de talentos   6

Cadeia de lucratividade em serviços   147, 158–159

Cairo, Peter C   177, 179, 193, 204

Call centers   52, 56

Capital Consulting   103

Capital humano   8, 34, 108, 159

Capital intelectual   190–191. *Consulte também* Conhecimento

Capitalismo   146

Capital One   44

Capital social   108. *Consulte também* Redes

conceitos   7, 34, 100, 106–117

estruturas organizacionais   252

Cappelli, Peter   2, 44

Características do talento   20–21, 49–52, 54–56

Carreiras de vida   11, 154–155, 162

"Cavalo de Troia"   103

Cavando lacunas profundas, problemas culturais. *Consulte* Lacunas profundas, problemas culturias

Cenários do pior caso   79

Centrais de atendimento   52, 56

China   6, 18, 39, 42, 61, 187

Chrysler   182

Churchill, Winston   240

Ciclo de vida dos funcionários   135

Ciclo fatal dos talentos, conceitos   3–7, 8, 199, 252

Círculos virtuosos de autossustenção, problemas de envolvimento   143, 146, 175, 185

Cirovski (conselheiro)   111–112

Clientes

atendimento   21–22, 52, 143, 191

níveis de retenção   121–122

níveis de satisfação   121–122, 150

perfis de segmentação   69, 128–131

problemas de envolvimento   163–166

Clinton, Bill   80, 241

CNN   182

Coerência com o próprio discurso, benefícios   225

Coe, Sebastian   240

268   A Verdade sobre o Talento

Colaboração. *Consulte também* Parceria; confiança
  conceitos   19, 24–32, 107, 117, 153–156, 217–220, 223, 228–232
  problemas de desenvolvimento   217–220, 223, 228–232
  visão   230–231
Colegas incentivadores   8, 25, 70, 71, 90, 118, 129, 131, 152, 173, 174, 197, 211–212, 228, 231, 242
Collins, Jim   11, 82, 122
Comitês executivos, método de desenvolvimento de liderança   199
Compaixão, atributo da confiança   214–219. *Consulte também* Empatia
Companhias de energia   114
Compartilhamento   51, 94, 112, 113, 138, 151, 155, 157, 196, 211, 218, 224, 245
Competências   67–68. *Consulte também* Aptidões
  conceitos   9, 60, 91, 108, 116, 210, 254
Comportamento disfuncional. *Consulte também* Conflitos; problemas de fragmentação
Comportamento negativista   175, 221–222. *Consulte também* Problemas de fragmentação
Comportamento passivo-agressivo   175. *Consulte também* Problemas de fragmentação
Comportamento proativos *Consulte também* Análise de cenários
  oportunidades   56–57, 80–86, 235–236
Comportamento racional   125, 178–179, 193

Compromisso   75–81, 88, 142–143, 146, 152, 162, 183, 205–211, 220, 227–230, 236, 248. *Consulte também* Envolvimento, entusiasmo, paixão
  definição   142–143
  estatísticas   142
Compromisso emocional. *Consulte também* Compromisso; problemas de envolvimento
  definição   142
Compromisso racional. *Consulte também* Compromisso; problemas de envolvimento
  definição   142
Comunicação face a face   39, 42
Comunidade *gay*   9, 66–67, 70
Comunidades de especialistas   256
Comunidades LGB (lésbicas, *gays* e bissexuais)   66–67. *Consulte também* Gays
Conceitos de desregramento   188
Concorrentes   5, 37, 69, 76, 81, 102, 116, 132, 198, 252, 254
  risco de se transformar em sentimento de superioridade moral   237–238
Conector, trabalhadores   111
Confiabilidade, atributo da confiança   214–215, 217–218
Conger, Jay   115
Congruência, conceito   217. *Consulte também* Respeito; Confiança
Conhecimento   7–8, 21–23, 34, 63, 79, 82, 84, 107–110, 146, 157, 164, 186–187, 190–192, 204, 207, 210, 211, 231, 238, 242. *Consulte também* Recursos intagíveis; capital intelectual

Conhecimento experimental 49–56, 102–124, 130

Conhecimento tácito, definição 231

Consciência étnica 25, 60, 66, 133

Conselho de administração 3–5, 5–7, 34, 60, 90

Consumo em rede (consumo colaborativo), conceitos 9, 41–42

Contratos empregatícios personalizados 10, 126–139, 255

Conversas em vídeo 61

Conversas estratégicas. *Consulte também* Análise de cenários
conceitos 82

Coragem 13, 45, 192–194, 198–202, 204, 211, 213–219, 235, 237–241. *Consulte também* Cabeça/intestino; integridade; confiança
como atributo 213–214
definição 215

Coragem, característica, valores da empresa Pearson 170, 215

Coreia do Sul 18, 182

Corporate Leadership Council 142

Crenças 6, 8, 27, 28, 41, 103, 116, 131, 134, 197, 202, 232, 236–237. *Consulte também* Envolvimento

Criatividade, como característica do talento 55–57, 76, 78, 231–232. *Consulte também* Ideias; Inovações

Crise bancária, colapso econômico de 2007 1

Crise de crédito. *Consulte* Colapso de 2007

Crull, Pat 51

Culturas da culpa 212, 242–243

Currículo escolar 40

Curvas de sino 116–117

Customização em massa 11, 54, 126–127

Custos de oportunidade 52

D

Defensores 115, 256

De Geus, Arie 64

Delegação de poder 144, 185, 188, 223, 241–243

Delegadora (facilitação sem interferências), estilo de liderança, conceitos 196

DeLong, Thomas J 53

Deming, W. Edwards 164

Demissões. *Consulte* Roatatividade de mão de obra

Democrático, estilo de liderança 196

Demografia 29, 38, 60, 69, 106, 117, 129, 133, 147, 172, 173, 187, 189

Desafios à interconexão 12, 180–183

Desafios à interdependência 7, 12, 180–183, 238

Desafios ao crescimento 2, 183–185

Desafios gerenciais transculturais 161, 182

Desigualdade social 62. *Consulte também* Níveis de pobreza

Desqualificação, problemas de 62

Destruidores de fronteiras, conceitos 231–232

DHL (empresa) 181

Diagramas de sistemas e processos 84

270 A Verdade sobre o Talento

Diaz, Porfirio 168

Dignidade, característica, valores da empresa Pearson 168–172

Dimensões sociais

memética 130–132

princípio dos dois terços 62

problemas de confiança 193–194, 211–230

RSC (responsabilidade social corporativa) 104

talento 7

trabalho 7, 170–174

trabalho significativo 171–172, 179

Diretores 3–5, 5–6, 42, 60

Diretores de *marketing* 4

Diretores executivos 2, 3–6, 10, 33–34, 45, 48, 104–105, 114–118, 252. *Consulte também* Liderança

Diretores financeiros 4

Discernimento (*insight*), característica do talento 49, 55

Diversidade 9, 25, 42, 59–72, 91, 106, 120, 144, 177, 180, 200, 231, 232. *Consulte também* Homogeneidade

diretrizes práticas de implantação 68–71

mulheres no trabalho 66, 139, 186, 259

Dotlich, David L. 177, 179–180, 193, 204

Drucker, Peter 86, 190

Dulewicz, Victor 206

E

Ecologia do talento. *Consulte também* Problemas culturais

analogia com o comunismo soviético 28

antecedentes históricos 24, 40, 99

definições 24, 26–27, 33, 36–42

desafios 17–32, 36–57, 101

gestão de talentos 15, 17, 24, 26, 28, 34, 36–39, 43, 60, 99, 100, 101, 106, 114, 115, 133, 251

just-in-time, método de gerenciamento da cadeia de suprimentos 2, 100

métodos atuais 2, 5, 6, 34–35, 36–38, 42

perfis de segmentação 68, 133

setor em expansão 27

Edison, Thomas 122

Editores (editoras) 167–171

Educação 4, 9, 18, 22–32, 40, 61–62, 70, 102, 123, 252, 255–256

apreciação crítica 61–62, 255–256

definição 256

Efeito volante

conceitos 11, 37, 122, 252–253

definição 11

diagrama esquemático 253

e-learning 256

Emissões de carbono 1, 184

Emmott, Bill 204

Emoções 125, 164, 176, 205–211, 240

Empatia

conceitos 214–217, 225, 232–233, 240, 247

definição 207

problemas de desenvolvimento 166, 205, 207–211, 216

Empresas

de construção 168

de logística 181

de telecomunicações 116

Enron 37, 183, 257

Entusiasmo 20–32, 149–156, 218, 225–226, 244

Envelhecimento da população 187

Equilíbrio entre vida pessoal e trabalho 118, 145

Equipes 34, 71, 108, 224. *Consulte também* Redes sociais

Equipes de trabalho de ponta (*skunk works*) 108

Equipes talentosas

conceitos 3, 111–114, 254

Era das ponto.com 106

Escândalo de Watergate, investigação 8, 17, 20

Escândalos 17, 183, 241

Escassez de aptidões 9, 40, 251–255

Escassez de talentos 6, 8, 28, 62

falácia 26

níveis de remuneração 175, 177, 225

Escola de Negócio IMD 189

Escola de Negócios Cranfield 103

Escola de Negócios Henley 206

Espanha, níveis de desemprego 39

Estados Unidos da América (EUA) 1, 6, 35, 39, 41, 62, 66

Estatística populacional 80

Estilo de liderança encorajadora (de desenvolvimento), conceitos 68, 178, 194–202

Estilos de liderança autocráticos 194–202

Estratégias 68, 73–75, 77, 85, 86, 103, 129

de pessoas 75–76, 90–95, 123, 159, 256–257

de portfólio 48

empresariais 91, 101–106, 178–202.

Estratégias contratar e interligar, conceitos 100

Estresse 86, 208, 210, 221, 222, 235

Estruturas organizacionais

conceitos 11, 91–92, 101, 106–111, 123, 125–139, 185–189, 235–237, 251–257

ecologia do talento 101, 106–111, 123, 257

iniciativas de envolvimento 138–139, 141–166

problemas de complexidade 185–190, 224–226

tipos dinâmicos 12, 107, 203–249

Etapa de metas do modelo de aconselhamento GROW 246–249

Etapa de opções do modelo de aconselhamento GROW 246, 248–249

Etapa de realidade do modelo de aconselhamento GROW 246–249

Ética 144, 149, 184–185, 213, 227

Europa 6, 35, 66, 185, 259

Europa Oriental, tendências à terceirização 39

Executivos principais 3–5, 74

Expectativas dos funcionários 185–189

Exploração espacial 16, 24

272   A Verdade sobre o Talento

F

Fabricantes de automóveis   161–163, 182

Fabricantes de motocicletas   164–166

Facebook   41

Facilitadores. *Consulte também* Aconselhamento; patrocínio

Faro, característica das pessoas de talento   55

Fase de análise, estratégias de desenvolvimento   87

Fase de integração, estratégias de desenvolvimento   87–88

Fase de planejamento, estratégias de desenvolvimento   87

fatores contextuais   83

Fatores de escolha, estratégias   75–76, 144–145

Fatores de sucesso   2, 3–4, 8, 19, 25, 30, 150

Fatores internos dos funcionários   108

fatores significativos do trabalho   179–180

Fazendo as coisas acontecerem   49, 233–235

FedEx   181

Feedback   55, 70, 85, 138, 165, 174, 200–201, 208, 221, 223, 236, 242, 245, 249

de 360 graus   207

Filosofias   102, 103, 136–137, 183

Flandro, Gary   8, 15–24

Flexibilidade   20–32, 54–56, 70, 86, 137, 157, 187, 189

Ford, Henry   191

Formar e contratar, estratégia   2, 100, 253

Formas holísticas de trabalhar   197–198

Fórum de Pesquisas Corporativas (CRF)   74, 128

França   39, 181

Franqueza, atributo de confiança. *Consulte também* Transparência

conceitos   213–231, 241–244, 260

definição   215–216

problemas de desenvolvimento   215–216, 225

Funcionários de tempo integral   204, 259

Funcionários permanentes, tendências   203–204

Funcionários questionadores   20–32

G

Gardner, Howard   210

Gates, Bill   191

Geneen, Harold   191

General Electric (GE)   122, 183

General Motors (GM)   81

Genética, individual, como parte do talento   260

George, David Lloyd   169

Geração X (nascidos entre 1961-1981)   39, 119, 138, 259

Geração Y/do Milênio (nascidos entre 1982-2000)   39, 117–118, 130, 138, 173

Gerenciamento da cadeia de suprimentos, conceitos   44

Gerenciamento da qualidade   164–166

Gerenciamento de parcerias. *Consulte também* Colaboração

   problemas de envolvimento   150, 153–155, 234–238

Gerentes

   de grupo   47

   de linha de frente   47, 50–52, 51–52, 60, 90, 100, 119–120, 137, 139, 201, 253, 259, 260

   de negócios   48

   funcionais   47–48

Gerstner, Lou   60

Ghosn, Carlos   161

Gladwell, Malcolm   1, 17, 111

Glassdoor.com   117

Globalização   12, 29, 161, 168, 180–191, 203, 234

Goleman, Daniel   210

Google   104–105, 126, 135, 185

Gore Associates, regra dos 150   157–158

Grand Tour pelos planetas, missão   16

Gratton, Lynda   125, 231

GROW, modelo de aconselhamento   246–249

Grupo de Proprietários Harley (HOG)   164–166

Grupos de discussão   68, 134

Grupos de interesse (*stakeholders*)   6, 22, 69, 84, 191, 219, 231

Grupos minoritários. *consulte* Diversidade

Guerra por talentos   68, 115, 128

Guerras   186

H

Habilidade para ouvir   89, 165, 195, 208, 223, 225, 230, 237

Habilidades   2, 15, 21, 22, 38, 40, 41, 62, 103, 106, 159, 203, 253. *Consulte Também* Aptidões

Habilidades generalistas   42

Hábitos, equipes talentosas   112–113

Hábitos operacionais, ecologia do talento   101–111, 112–117, 151–153, 256–257

Handy, Charles   63

Harley-Davidson   164–166

Heidrich & Struggles   45

Hewlett-Packard (HP)   190

Higgs, Malcolm   206

Homogeneidade. *Cosulte também* Diversidade

Honda (empresa)   164

Honestidade   194, 213, 227, 240. *Consulte também* Confiança

Hooke, Robert   19

Hot spots (Gratton)   231

Hoy, Chris   113

HSBC   25

Human Value of the Enterprise (Mayo)   103

Humildade   180

I

IBM   60, 66

Ideias   48, 78–83, 90, 111, 120, 130–132, 164, 165, 175, 185, 207, 211–222, 232–234. *Consulte também* Inovações

Identidade de grupo 175

Identificando/nutrindo talentos. *Consulte também* Recrutamento

IKEA 182

Imaginação, característica, valores da empresa Pearson 169–170

Impacto diferencial, conceitos 54, 254

Imparcialidade, atributo da confiança

conceitos 137, 211–217, 225, 240

definição 215

Inaptidões 9, 60, 66

Incertezas 77, 147, 180, 186, 226

Índia 6, 18, 39, 61–62, 104, 187

Indicador de Tipo Myers-Briggs (MBTI) 207

Indicadores balanceados de desempenho 189

Índices de criminalidade 62

Indivíduos com péssimo nível de desempenho 153–155

Indústria farmacêutica 22, 146, 157, 190–191

Inércia ativa, conceitos 82

Influência, característica do talento 49–50, 55–57

Iniciativa, característica do talento 20–32, 49, 157, 211, 220

Iniciativas de recrutamento 2–11, 12, 20, 23–24, 27–32, 35–36, 43–45, 64, 68–72, 74, 99–124, 128–139, 178–202, 203–249, 253, 255–257

identificando/nutrindo talentos 11, 99–102, 253, 255–257

just-in-time, método de gerenciamento da cadeia de suprimentos 2, 100–124

problemas de multiplicidade 64, 68–72

Innocent Drinks Company 183–185

Inovações 8–13, 21, 23–24, 34, 56, 59–60, 69–71, 78–79, 95, 105, 107, 145, 146, 152, 185–186, 191, 195, 205, 231–232, 253. *Consulte também* Criatividade, ideias

Integridade, característica do talento 13, 56, 179, 212–216, 227, 246, 248–249, 257. *Consulte também* Coragem, confiança

Intelecto/inteligência 191, 194, 204, 233–239. *Consulte também* Processos cognitivos

Inteligência, característica do talento 55–57

Inteligência emocional (EQ)

conceitos 12, 126, 197–202, 204, 210–211, 235

problemas de desenvolvimento 210–211

Intenções, conceitos 219

Internet 42, 107, 117, 188, 190, 192

Intervenções governamentais, colapso econômico de 2007 1

Intuição 13, 49, 230, 238

Itália 39

ITV 5

J

Jackson, Mike 241

Japão 66, 161, 162, 182

Jogo de soma zero 215

Júpiter (planeta) 16

Just-in-time, método de gerenciamento da cadeia de suprimentos, gestão de talentos 2, 64, 68–72, 100–124

K

Kaplan, Robert   189

Kawasaki (empresa)   164

Kelleher, Herb   191

Kennedy, John F   80

Kodak   81

Krebs, Valdis   100, 108–109

L

Lacunas profundas, problemas
    culturais   114

Lançamento de sondas, Nasa   15–16

Langton, Stephen   45

Lealdade
    do cliente   158–159, 164, 211
    do funcionário   180, 186

Lehman Brothers   1, 81, 183

Letourneau, Josh   108

Levantamentos junto aos
    interessados   6, 68, 84

Liderança   9, 12–13, 15, 19–24, 26, 31,
    37, 47–51, 56, 62–64, 67–72, 75, 80,
    89–90, 103–104, 109, 111, 116, 122,
    144–145, 149–150, 160–166, 167–171,
    176, 203–249

Liderança do século XXI   201

Líderes carismáticos   191

Líderes que ensinam líderes,
    método   51–52

Linguagem corporal   89, 207

LinkedIn, usuários   42

Lin, Nan   108

Lucros
    metas/medidas da ecologia do
        talento   120–124
    recursos escassos   22, 29–30, 146, 158,
        181–183, 188
    Sears   183
    trabalhadoras   65

M

Make your Company a Talent Factory
    (Ready e Conger)   115

Making the Invisible Visible
    (Marchand)   189

Mão de obra mais ampla   4, 46, 252

Mão de obra única   11, 31–32, 74,
    125–139

Marcas. *Consulte também* Proposição de
    valor
    conceitos   11, 66, 68–70, 94, 102, 107,
        116, 127–132, 137, 144, 161, 172–173,
        181–182, 184, 198, 220
    elementos eficazes   128

Marchand, Donald   189

Marcos, problemas de desempenho   88

Marks & Spencer (empresa)   5

Marx, Karl   189

Maryland Terps (time de futebol)   115

Matriz de nove quadros, aplicações
    da   133–134

Mayo, Andrew   103

McDonald's (empresa)   182

McKinsey, estudos da   27, 65

Mecanismos de pesquisa   104–105, 136,
    185

Medos quanto à segurança 146, 172

Melhorias de produtividade. *Consulte também* Desempenho

aprendizagem contínua/melhoria contínua 189–190

benefícios do envolvimento 12, 143, 159–166

ferramentas estratégicas do RH 95–96

Memética. *Consulte também* Perfis de segmentação

conceitos 130–133

Mentalidades positivas, atmosfera de envolvimento 160–166, 182, 183–184, 210–212, 221–222, 225–226, 234–236

Mentalidade voltada para o futuro. *Consulte também* Análise de cenários

estratégias 76–82

Mercados

ecologia do talento 99–103

estratégias 73–75, 74–90

globalização 9, 12, 18, 29, 36, 161, 168, 170, 180–187, 203, 234

segmentação 129, 255

turbulência 7

Mercados de mão de obra externa, ecologia do talento 106, 115–116

Meritocracias, conceitos 60–62, 144

Metas de camaradagem 146, 148, 149–157

Metas de equidade relativa, teoria dos três fatores de motivação 147–157

Metas de equidade, teoria dos três fatores de motivação 147–158

Metas econômicas, teoria dos três fatores de motivação 147–156

Metas fisiológicas, teoria dos três fatores de motivação 147–159

Métodos de monitoração, problemas de desempenho 89–90, 195, 242

Métodos de patrocínio 70, 199–201. *Consulte também* Aconselhamento

Métodos de resolução de conflitos, problemas de envolvimento 153–154, 156

Métodos de seleção/triagem, talento 2–3

México 18, 168

MFI (empresa) 81

Microsoft (empresa) 181

Mind of the Strategies, The (Ohmae) 73, 97

Mineração de dados (data mining) 44

Missão 161–162

Mobilidade geográfica/social da mão de obra 11, 185

Modas 131. *Consulte também* Memética

Moral. *Consulte também* Envolvimento

empresa 205

funcionário 44, 149–156

Moreno, Glen 170

Morin, Estelle 171, 173

Morita, Akio 191

Motivação 105, 142, 147, 156, 161, 189, 208, 211, 219, 236. *Consulte também* Satisfação profissional

Motivação, característica do talento 20–32, 43, 47–49, 55, 225–226

Mozart 33

sinais de alerta 96

Mudanças

análise de cenários 76–85

conceitos 8–12, 68, 78–84, 210–213, 222, 252, 255

drásticas, apreciação crítica 82

econômicas/sociais 1, 186–187, 192, 203

efeito volante 11, 37, 252–253, 257

natureza do trabalho 7, 30

necessidade de previsão 84

sapo cozido (parábola) 63

tipos 82

Muitos vitais 7

Mulheres

como consumidoras 9, 65

comos funcionárias/líderes 65, 139, 186

multiplicidade 59–72

N

N11, países 18, 26

Nadkarni, Adent 104

Naisbitt, John 181

Nasa 8, 15–21, 24

Nativos digitais (nascidos de 2000 até o momento) 39, 40, 130

Natureza do trabalho 6, 7, 9, 11, 30–32, 37–57, 75, 111–113, 117–121, 125–139, 185–190, 203–204, 248–249, 251–257

Necessidade de autonomia. *Consulte também* Delegação de poder

fatores significativos do trabalho 172–174

Necessidade de previsão 84. *Consulte também* Mudança; análise de cenários

Necessidade de reconhecimento, fatores

do trabalho significativo 172–176, 185–189, 197–198, 205, 209–210, 256

Necessidade de responsabilização 236–237

Newton, Isaac 19

New York Yankees 112

Nike.com 127

Nissan (empresa) 161–163

Níveis de desemprego 1, 39–42, 60, 174

Níveis de pobreza 61–62, 144, 182. *Consulte também* Desigualdades sociais

Níveis de remuneração 5, 41–42, 117, 133, 136, 145–148

equipes 225

escassez de talentos 5

estatística 40

recompensas 118, 133

Nixon, Richard 17–19

Nokia 169

Nordstrom, Kjell 37, 59

Norton, David 189

Novas maneiras de pensar sobre o talento 9, 33–57

Novos atores 43–45, 99–100, 135, 138

O

Obama, Barack 240

Objetivos, estratégia de implantação 88–90, 121–124, 178–202

Oferta de mão de obra 9, 37, 39, 99

Ohmae, Kenichi 73, 97

Operadores de trem, disputas 79–82

278   A Verdade sobre o Talento

Oportunidades   1–2, 8, 12, 15–32,
  49–57, 80–85, 114–124, 135–139,
  136–139, 144–147, 168–176, 178–202,
  206, 234–238
Orçamentos   88
Organização tribal   181–182
Organizações sem fins lucrativos   24,
  259
Orientadora (diretiva), estilo de
  liderança, conceitos   195–196
Oriente Médio   6, 57, 259
Ousadia. *Consulte também* Coragem
    cabeça/coração/instinto, perspectivas
      sobre liderança   180, 193–194,
      198–202
Outliers (Gladwell)   15, 17

P

Paciência   169
Padrões de conduta   173–174, 212, 215,
  240
Paixão, característica do talento   20–21,
  49–52, 55–56, 110–111, 115–120, 206,
  260
Paradoxos, desafios à liderança   193,
  233, 238
Participação acionária compartilhada
  pelos funcionários   169
Participação nos lucros   151, 155
Pearson   167–171
Pendleton, Victoria   113–116
Penguin, livros   167
Pensamento anticonvencional   84, 257
Pensões   9, 138, 169

Percepções essenciais   7–8
Percepções, talento   33–37, 42–53,
  54–55, 206, 254–257
Perceptividade, característica do
  talento   22, 31, 36, 48–51, 55–58
Perfis de segmentação. *Consulte
  também* Memética
    benefícios   128–131, 136–137
    conceitos   128–131, 255–257
    definição   128
    estratégias   129
    pesquisa qualitativa/quantitativa   134
    problemas de desempenho   133–134
    talento   133
Perigos da complacência   79–81
Perigos do sentimento de superioridade
  moral, coragem   237–238
Perseverança   169, 224–225, 235–236.
  Consulte também Coragem
Personalidade das empresas   8, 15–32,
  167–176
Perspectivas sobre talento, verbo/
  adjetivo   50
Pesquisadores de mercado, perfis de
  segmentação   134
Pesquisa e desenvolvimento (P&D)   22,
  39, 110, 146
Petraeus, David   241
Pixar   108
Plano de sucessão   4, 5, 37, 42, 44, 93,
  102, 123
Planos de ação   84, 248. *Consulte
  também* Mudança
    definição   254
Planos de desenvolvimento de
  carreira   66, 69, 137, 253

Plantador de batatas chileno
(história)   62, 64

Platt, Lew   190

Playstation   39, 41

Políticas/procedimentos, RH   150–151

Pontos de vista. *Conuslte também* Crenças
conceitos   235–236

Pontos de vista sobre recursos,
conceitos   95

Porter, Michael   87

Posicionamento, conceitos   75–76

Potencial discricionário   20, 25, 32, 53,
53–56, 128, 160

Práticas de aconselhamento   71, 200,
220. *Consulte também* Patrocínio

Práticas reflexivas. *Consulte
também* Autoconciência
conceitos   233–235, 238, 241

Prêmio *Lord or Lady of the Sash* (Innocent
Drinks Company)   136

Presidentes de conselho (*chairmen*)   4,
10

Previsões, apreciação crítica   23, 34–37,
43–45

Princípio dos dois terços, conceitos   62

Problemas culturais   2, 11, 25, 35,
59, 62, 65, 69, 99–102, 113–118, 122,
134, 147, 161, 180–183, 200, 211,
226, 232–236, 252, 256, 260. *Consulte
também* Crenças; ecologia do talento,
valores
análise de DNA   65–70
atmosfera de envolvimento   157–163,
211–212, 223, 252–253
características de atração/
mobilização   13, 117–121

"cavando lacunas profundas". *Consulte
também* Lacunas profundas, problemas
culturais

culturas da culpa   212, 242–243

definições   102, 113–115

desafios gerenciais transculturais   161

memética   130–132

organização tribal   181–182

Problemas de alienação no
trabalho   172–173

Problemas de complexidade   106–107

Problemas de conectividade   107–
112, 150, 205. *Consulte
Também* Comunicações; redes

Problemas de confiança
atributos   215–231
atributos da realidade   200, 213–214
autoconfiança   211
ciclo   221
comportamento negativista   221, 222
conceitos   193, 211, 213, 216, 219, 226
definições   220
determinantes   211, 214
importância   193
problemas de desenvolvimento   4, 11

Problemas de controle acionário, análise
de cenários
benefícios   78–85

Problemas de desempenho   5, 8, 11,
15–32, 38–40, 42–44, 65, 69–72, 77,
88, 93–97, 104, 115–124, 117–121,
125, 133–139, 141–166, 172–176,
185–189, 197–198, 205–206, 208–209,
252–257. *Consulte também* Aptidões;
produtividade; recompensas

Problemas de envolvimento   5, 11, 30,

37, 46, 76, 107, 121, 128, 134, 141–166, 181–183, 211, 223, 252–253. *Consulte também* Compromisso

Problemas de espaço, trabalho significativo 172

Problemas de fragmentação, conceitos 175

Problemas de ganho mútuo, gerenciamento de parcerias 154

Problemas políticos, memética 130–133

Processo de tomada de decisão
cabeça/coração/instinto, perspectivas 180, 192–193, 198–202
conceitos 50, 74, 153, 155, 175, 191, 195, 213, 219, 231

Processos cognitivos 197–198. *Consulte também* Cabeça/coração/intestino; intelecto

Produtos 4, 76–77, 82–83, 95–96, 127, 129, 135–136, 144–147, 181–183

Profissionais de TI 53. *Consulte também* Avanços tecnológicos

Programas de tramitação rápida 27–28

Promoções 25, 34, 65, 67, 72, 100, 113–115, 117–124, 162

Proposição de valor dos funcionários (PVF). *Consulte também* Marcas; satisfação profissional
conceitos 11, 37, 135–137, 199, 253, 255

Psicólogos 3

PVF. *Consulte* Proposição de valor dos funcionários

Q

Qantas 45

QE. *consulte* Inteligência emocional

Questões
atmosfera de envolvimento 163–166, 205–206
comunicação 89, 205–209, 209–210
habilidade para aconselhamento 243–244

R

RateMyPlacement.co.uk 117

Ready, Doug 115

Recompensas 3, 33, 52–53, 89, 118–121, 131, 135, 138–139, 145, 154, 174–175, 184, 187–188, 223, 225, 238–239, 241, 245, 253

Recrutamento externo, apreciação crítica 45–46, 99–101

Recursos escassos, lucros 21–22, 28, 100, 146

Recursos humanos (RH) 12, 95, 172

Recursos intangíveis 181, 238. *Consulte também* Conhecimento

Redes. *Consulte também* Capital social
conceitos 24–32, 62, 102, 106–124, 126–139, 205–206, 232, 256
ecologia do talento 106–124, 256
importância 110–111, 123, 256

Redes sociais. *Consulte também* Equipes
conceitos 24, 41, 100

Reed, Richard 184

Reestruturação, conceitos 233–236, 243

Regulamentação
autorregulamentação 208–212
ecologia do talento 101–106
Reino Unido 1, 5, 9–10, 39, 66, 259
Relacionamentos 7–8, 12, 19–32,
36–39, 49–56, 69–72, 97, 100–124,
145–158, 163–166, 167–176, 191,
210–231, 236–237, 253–257, 260
Relatórios anuais, *benchmarks* de
moral 156
Renault (empresa) 161–163
Repensar, conceitos de 233–235
Reputações 66, 100, 102, 118–119, 145,
180–181, 239
Resiliência 39, 100, 207
Resiliência emocional, conceitos 207
Respeito 118–119, 145, 148, 155,
180, 213–232, 242, 245. *Consulte*
também Confiança
Responsabilidade social corporativa
(RSC) 104
Retenção 3–5, 68, 117, 121, 143–144,
159, 184 *Consulte também* Rotatividade
de mão de obra
Retornos sobre o investimento 2–3,
34–35, 100, 121
RH 4, 10, 27–32, 33, 37, 50, 63, 72,
73–79, 90–94, 110, 115–117, 137,
150–153, 156, 199, 255, 259–260
Rhinesmith, Stephen H 179, 193, 204
Ridderstrale, Jonas 37, 59
Riley, Brendon 67
Rituais 7, 8, 234
Rodízio de funções 120
Romero, Rebecca 112
Rosenfeld, Harry 18

Rotatividade de mão de obra 51,
99, 121, 157, 159, 205. *Consulte*
também Retenção
Royal Dutch/Shell (empresa) 77, 168
RP 128
Rússia 18, 39, 181

S

Salovey, Peter 210
Sapo cozido (parábola) 63
SARS 79
Satisfação profissional 159, 187. *Consulte*
também Motivação
benefícios do envolvimento 11, 143
Sears (empresa) 147, 158, 158–159, 183
Second Life 126
Segmentação comportamental,
conceitos 129–130
Segmentação fisiográfica,
conceitos 129–130
Segmentação geográfica, conceitos 129
Scmco (empresa) 187
Semler, Ricardo 11, 167, 187–188
Senge, Peter 50
Senso de oportunidade 8
Setor de varejo 183
Sieff, Marcus 183
Silos 223
Sindicatos 154–155, 186
Sirota Consulting, pesquisa 147–148,
156–158
Sistemas de avaliação 115–117,
133–139

282 A Verdade sobre o Talento

Sistemas financeiros, colapso econômico de 2007   1

Sistemas vivos   99. *Consulte também* Ecologia do talento

Sites de avaliação de empregadores   1

Skype   41

Sloan, Alfred   191

Smith, Vernon   212

Sondas espaciais pioneiras   16

Sony (empresa)   182

Sorte, impulso   21–32

Southern Company   90

SouthWest Airlines (empresa)   155

Start-ups, empresas   107, 157

Stewart, Thomas   190, 191

Stonewall   66

Sull, Donald   81

Sustentabilidade   34, 104, 205

T

Talento. *Consulte também* Recrutamento; criação de valor

   antecedentes de pesquisa   1, 6

   avaliações   1, 3, 37, 117

   características do talento   49

   ciclo fatal dos talentos   3–7, 199, 252

   conceitos   32, 144, 202

   constatações fundamentais   7–8

   crenças   6, 8, 27, 115, 202

   customização em massa   11, 54, 126, 127

   definições   8, 21, 23, 24, 25, 26, 33, 35, 36, 53, 55, 56, 260

   dimensões sociais   8

   efeito volante   11

escassez   6, 9, 29, 62

estratégias   68, 103

fatores contextuais   15, 29, 30, 35, 253–254

fontes   60–62

força de trabalho de um   11, 31, 75, 125–139

guerra por talentos   27, 68, 115, 128, 257

liderança   15, 19, 20, 21, 26, 31, 37, 63, 75, 103, 109, 116, 122, 166, 177–179, 204

métodos de seleção/triagem   2

multiplicidade   9, 123

necessidade de energia   17

novas formas de pensar   9, 32, 33–57

percepções   32, 42–43

perfis de segmentação   68

perspectivas de, verbo/adjetivo   51

pools   5, 27–28, 29, 33, 37, 44, 63, 186

potencial discricionário   20, 25, 32

teoria sistêmica   147–150

trabalho árduo   8, 17

Talento executivo   7, 33

Talent on Demand (Cappelli)   2, 44

Tata Corporation   103

Táticas, estratégias   75, 129, 236

Teerlink, Rich   165–166

Telefones móveis   41

Tendências à customização   2, 10, 126–127

Tendências à modularidade nos processos de aprendizagem   138

Tendências à terceirização   38–39, 95–97, 203–204

Teoria dos três fatores, conceitos   147–150

Teoria sistêmica   147

Testes psicométricos   207, 209, 241

The Balanced Acorecard (Kaplan e
Norton)   189

The Necessary Revolution (Senge)   50

Times de futebol   111

Time Warner   51

Trabalhadores do conhecimento,
conceitos   107, 190–191

Trabalhadores especializados   111

Trabalhadores polivalentes,
conceitos   188

Trabalho   1–2, 8, 29–32, 39–40, 42, 51,
65, 117–119, 126, 145–149, 159–160,
167–176, 208–211, 241, 251–255

Trabalho árduo   8, 17

Trabalho significativo   172, 179

Transferências temporárias   123, 138,
256

Transparência   137, 161, 162, 234

U

*Unlocking the Potential of Front-Line
Managers* (McKinsey)   51

UPS   181

V

Vale do Silício   107, 109

Valores   11, 131, 137, 161–163, 168–170,
172, 179–180, 194, 198, 208, 212, 217–
218, 223, 227, 232–233, 237–242, 257.
Consulte também Coragem; problemas
culturais; *Consulte Também* Talento
criação   108, 253–254
determinantes   159

van der Heijden, Kees   77

Vantagem, conceitos   55–56, 72,
107–110

Vantagens competitivas   78–79, 91, 108,
132, 150, 155–156, 191

Vestas (empresa)   52

Visão   49, 50, 55, 179, 183, 215, 218–
220, 223, 228, 231, 237, 260
tipos   230–231

Visão geral sobre o livro   5, 5–13, 31–32

Visões em comum   79
Benefícios da análise de cenários   77–79,
82

W

Walton, Sam   183

War for talent (estudos da McKinsey)   27,
257

Washington Post, The (jornal)   16–19, 24

Waterman, Robert H   86

We Are the People We've Been Waiting For
(filme)   41

Welch, Jack   122, 183, 191

Wells, H. G   9, 41

Wheatley, Margaret J   99

Whitmore, John   246

WII (console de jogo)   39, 41

Woodward, Robert (Bob)   8, 16–17, 20, 24

Woolworths (empresa)   81

Z

Zander, Benjamin   203

Zander, Rosamund Stone   203

www.dvseditora.com.br